Niko Strobach
Einführung in die Logik

Einführungen Philosophie

Die Reihe Einführungen Philosophie soll vor allem den Studienanfängern Orientierung bieten. Auf dem neuesten Stand der Forschung werden die wesentlichen Theorien und Probleme aller Hauptgebiete der Philosophie dargestellt. Dabei geht es nicht um Philosophiegeschichte, sondern um das Philosophieren selbst. Nicht Namen und Epochen stehen im Vordergrund, sondern Argumente. Jeder Band steht für sich und ermöglicht einen systematischen Überblick über das jeweilige Gebiet. Die didaktische Aufbereitung (Zusammenfassungen, Übungsaufgaben, Literaturhinweise . . .), eine übersichtliche Gliederung und die gute Lesbarkeit machen die Bände zu einem hervorragenden Hilfsmittel für Studierende.

Herausgeber:
Dieter Schönecker, Stonehill College, Easton, MA
Niko Strobach, Universität Rostock

Wissenschaftlicher Beirat:
Rainer Enskat (Halle-Wittenberg), Roland Henke (Bonn),
Otfried Höffe (Tübingen), Wolfgang Künne (Hamburg),
Wolfgang Malzkorn (Bonn), Enno Rudolph (Luzern),
Wolfgang Spohn (Konstanz), Ursula Wolf (Mannheim)

Niko Strobach

Einführung in die Logik

Wissenschaftliche Buchgesellschaft

Einbandgestaltung: schreiberVIS, Seeheim

Die Deutsche Bibliothek verzeichnet diese Publikation
in der Deutschen Nationalbibliografie;
detaillierte bibliografische Daten sind im Internet über
http://dnb.ddb.de abrufbar.

© 2005 by Wissenschaftliche Buchgesellschaft, Darmstadt
Die Herausgabe dieses Werkes wurde durch die Vereinsmitglieder der WBG ermöglicht
Gedruckt auf säurefreiem und alterungsbeständigem Papier
Printed in Germany

Besuchen Sie uns im Internet: www.wbg-darmstadt.de

ISBN 3-534-15460-6

Inhaltsverzeichnis

1. Einleitung

Bei einer Einführung in die Logik stellen sich drei Aufgaben vorab: (1) Es ist zu erklären, wie hier das Wort „Einführung" zu verstehen ist. (2) Es ist die Methode anzudeuten, durch die sich die vorliegende Einführung von anderen unterscheidet. (3) Es ist zu klären, ob und inwiefern die Logik überhaupt eine Subdisziplin der Philosophie ist.

1.1 Logik – ein schwieriges Feld?

(1) Eine Einführung in die Logik muss in einem etwas anderen Sinn einführend sein als eine Einführung in die Ethik, die Ästhetik oder die Erkenntnistheorie. Denn in der Logik muss man zunächst vergleichsweise umfangreiche technische Grundkenntnisse erwerben, um weiterführende Literatur lesen zu können. In einer Einführung in die Logik muss deshalb die Vermittlung grundlegender Techniken und des wichtigsten Vokabulars im Vordergrund stehen.

Die Absicht dieses Buchs

Dazu dienen die ersten sechs Kapitel dieses Buchs. Sie behandeln im Wesentlichen den weltweit ziemlich einheitlichen Stoff des ersten Logikkurses: klassische Aussagenlogik und Prädikatenlogik erster Stufe. Über den üblicherweise im ersten Logikkurs behandelten Stoff hinaus gehen innerhalb der ersten sechs Kapitel die Unterkapitel 2.2, 4.5, 5.3, 6.10 und 6.11, aber auch die historischen Einstiegsabschnitte 4.1 und 6.1. Einem einführenden Logikkurs im Umfang von vier Semesterwochenstunden könnte man die ersten sechs Kapitel als Lehrbuch zugrunde legen und dabei vielleicht 4.5, 6.10 und 6.11 weglassen. Ein Kurs im Umfang von zwei Semesterwochenstunden sollte bis zu Kap. 4.4 vordringen und könnte noch Kap. 5 umfassen. Die Kapitel 7 und 8 gehören nicht mehr zum Stoff des ersten Logikkurses. In ihnen soll ansatzweise versucht werden, einige weitere für Philosophen besonders interessante Gebiete der Logik vorzustellen. Gedacht ist an einen Ausblick, denn der Versuch eines Überblicks wäre illusorisch.

Die Literaturtipps sind insgesamt nicht so umfangreich wie in den anderen Bänden der Reihe „Einführung Philosophie". Das liegt einerseits daran, dass es um Standard-Stoff geht. Deshalb enthält in den ersten sechs Kapiteln auch nicht jeder Unterabschnitt Literaturtipps (andere Darstellungen desselben Stoffs finden sich in den im Anschluss an dieses Kapitel aufgelisteten Einführungen). Andererseits liegt das daran, dass man an einem Logik-Text vergleichsweise lange zu lesen hat. Das ist auch beim vorliegenden Buch zu beachten: Diese Einleitung und das Fazit lassen sich schnell lesen, Kapitel 2 und Kapitel 5 innerhalb einiger Tage. Jedes andere Kapitel enthält den Stoff mehrerer Wochen eines Logikkurses.

Da Logik intensive aktive Einübung braucht, stehen Fragen und Übungen am Ende jedes Unterkapitels. Lösungen zu ausgewählten Übungen finden sich im Internet. Ein Link ist auf meiner Homepage, die sich schnell mit jeder Suchmaschine finden lässt.

(2) Da sich ein weltweiter Standard für den ersten Logikkurs eingebürgert hat, gibt es viele Einführungen in die Logik, darunter auch viele gute. Die-

Die Methode

se Einführung ist – natürlich – etwas anders als andere. Das zeigen schon die Reihenfolge und der Umfang der behandelten Themen. Sie ist besonders an Leser gerichtet, die an Philosophie interessiert sind. Deshalb kommt schon Modallogik darin vor, spielen Logik- und Philosophiegeschichte eine große Rolle und sind philosophische Anwendungen auch in den Übungsaufgaben wichtiger als in anderen Büchern. Aus demselben Grund soll im letzten Kapitel auch schon ein Blick in die nichtklassischen Logiken gewagt werden.

Die Existenz einer weiteren Einführung damit rechtfertigen zu wollen, dass sie besser sei als die anderen, wäre schon deshalb absurd, weil nicht jede Einführung für jeden Leser gleich gut ist. Ich hoffe lediglich, dass manche Leser vielleicht mit dieser Einführung besser klar kommen als mit mancher anderen. Wenn dieses Buch vielleicht einigen nützt, die Bedenken gegenüber der Logik haben, dann nicht etwa, weil es besonders leicht, ja noch nicht einmal, weil es immer besonders anschaulich ist. Leichter als andere Einführungen kann es nicht sein, weil der Stoff derselbe ist, ja sogar vergleichsweise viel Stoff zur Sprache kommt. Was die Anschaulichkeit angeht, so ist für ein Kapitel sogar ein ausdrücklicher Warnhinweis angebracht: Beim ersten Lesen und Durcharbeiten von Kap. 3 wird der Leser nicht wissen, was er tut (Leserinnen sind, hier wie im Folgenden, immer mitgemeint). Das ist volle Absicht. Der Grund dafür ist, dass vieles im Gegensatz zu anderen Logikbüchern in umgekehrter Reihenfolge geschieht. Es wird nicht von anschaulichen Beispielen der natürlichen Sprache schrittweise abstrahiert und eine formale Sprache definiert. Vielmehr wird eine Logik als ein von der möglichen Anwendung ganz abstraktes Spiel eingeführt und erst danach inhaltlich interpretiert (das Wort „Spiel" ist dabei in einem mehr oder weniger alltäglichen Sinn zu verstehen, nicht im Sinn der mathematischen Spieltheorie). Das alles geschieht nicht, um originell zu sein. Mit ganz anderen Ambitionen hatte der Mathematiker David Hilbert eine ähnliche Idee schon um 1900. Es geschieht aus der Überzeugung, dass schon der Anfänger so am besten begreift, was eine formale Sprache eigentlich ist, und damit auch, was Logik heute ist. Meine Erfahrung in Einführungskursen war, dass das Spaß machen kann. Eine gewisse Offenheit für zunächst Fremdartiges und die Bereitschaft, eine solche Offenheit auch eine Weile durchzuhalten, ist allerdings unabdingbar. Wer sich immer etwas zu dem vorstellen will, was er tut, oder wer das Buch begleitend zu einem traditionell aufgebauten Logikkurs liest, kann die Kapitel 4.1 und 4.2 *vor* Kap. 3 lesen. Er wird dann freilich weniger gründlich verstehen, was es mit der modernen Logik auf sich hat.

Logik als Subdisziplin der Philosophie?

(3) Inwiefern könnte man daran zweifeln, dass Logik eine Subdisziplin der Philosophie ist? Fragt man sich, worum es in der Logik geht, so ist eine erste nicht völlig falsche Antwort, dass es bei ihr um die *Formen* des Denkens geht und nicht um einen bestimmten *Inhalt*. Das ist ein Problem. Denn normalerweise wird man eine Subdisziplin der Philosophie von einer anderen dadurch abgrenzen wollen, dass man sagt, die eine habe diesen, die andere jenen Inhalt. Wie kann dann die Logik, wenn sie gar keinen bestimmten Inhalt hat, überhaupt eine Subdisziplin der Philosophie sein?

Schon die alte griechische Bezeichnung der logischen Schriften des Aristoteles war „Organon": Werkzeug. Logik ist tatsächlich ein Werkzeug fürs Philosophieren, und zwar heutzutage ein mathematisches Werkzeug. Insofern steht sie in einem ähnlichen Verhältnis zur Philosophie wie verschiedenste Zweige der Mathematik zur Physik, wie die Statistik zur Psychologie und Soziologie oder wie die Spieltheorie zur Ökonomie. Vielleicht ist Logik darüber hinaus auch ein Werkzeug für überhaupt jeden wissenschaftlichen Diskurs.

Versteht man Logik als Werkzeug, so vermeidet man das Missverständnis, sie sei bloße Propädeutik, weil man sie am Anfang lernt: eine erste Stufe, die man bald beim Aufstieg zu höheren Denkformen, also spätestens im Hauptseminar, überschritten haben wird. Ist Logik Werkzeug, so ist es aber auch kein Wunder, dass man allein mit Logik keine echten Probleme löst: Mit einer Säge allein baut man auch keinen Tisch. Man braucht noch Holz dazu. Die Charakterisierung der Logik als Werkzeug lässt schließlich auch schon festhalten: Nicht überall, wo „Logik" draufsteht, ist Logik im heute üblichen Sinne des Wortes „Logik" drin. Prominente Gegenbeispiele sind der 500 Seiten lange Mittelteil von Kants „Kritik der reinen Vernunft" mit der Überschrift „Transzendentale Logik" sowie Hegels Werk „Wissenschaft der Logik". Damit ist überhaupt nichts gegen diese faszinierenden und wichtigen Texte der Philosophiegeschichte gesagt. Nur ist das, worum es dort geht, so weit von dem entfernt, was üblicherweise heute „Logik" genannt wird, dass sie damit nicht mehr als den Namen gemein haben. Es hätte auch anders kommen können: Eine Weile war für die heutige Form der Logik z.B. der Ausdruck „Logistik" im Schwange, bei dem man inzwischen eher an Speditionsunternehmen denkt.

Auch wenn Logik allein kein philosophisches Problem löst, so ist sie als Werkzeug in der Philosophie doch immer relevant. Das liegt nicht zuletzt daran, dass Philosophen oft mit dem Anspruch auftreten, zu begründen, warum eine nicht alltägliche These wahr ist. Dafür bedienen sie sich sehr oft bewusst allgemein akzeptierter Formen von Argumenten und bauen darauf, dass man sie erkennt. Das ist in alten wie in neuen Texten so. Auch wenn darin keine einzige logische Formel vorkommt, so versteht man sie besser, wenn man den formal geschulten Blick auf sie anwendet und vielleicht sogar die eine oder andere Formel an den Rand schreibt. Wer sich nie über die Begründungsstruktur eines Textes Gedanken macht, liest ihn vielleicht als Literatur, schlimmstenfalls als Droge, aber jedenfalls nie als Philosophie. Wer herausbekommen will, was der Autor als Philosoph wollte, der braucht das Werkzeug Logik. Wer seine eigenen Gedanken als Philosoph verständlich vorbringen will, wird es ebenso brauchen. Insofern ist Logik für die Philosophie unverzichtbar.

Übungen
1) Warum ist Logik vielleicht keine Subdisziplin der Philosophie, warum vielleicht doch?
2) Inwiefern ist Logik ein Werkzeug?

1.2 Zusammenfassung und Literaturhinweise

Zusammenfassung
In dieser Einleitung wurden Umfang und Aufbau des Buchs sowie seine Methode angedeutet, und es wurde erläutert, was man darunter verstehen kann, dass Logik ein Werkzeug ist. Als kleine Gebrauchsanweisung lässt sich aus dem Gesagten festhalten: (1) Bitte lesen Sie dieses Buch langsam. (2) Bitte lesen Sie dieses Buch strikt von vorn nach hinten.

Literaturhinweise
Andere empfehlenswerte Einführungen in die Logik sind Mates (5) und Copi (2) (viel benutzt), Barwise / Etchemendy (1: demnächst in deutscher Übersetzung), GAMUT (3: zwei Bände, ausführlicher als hier, didaktisch ausgezeichnet), Zoglauer (10: thematisch umfangreich, sehr knapp), Kutschera (4: knapp, trocken, solide), Quine (8: ein Klassiker, aber nicht ohne Verschrobenheiten). Als weitere dezidiert philosophische Einführung zu empfehlen ist Nortmann (6). Das Reclam-Heft von Salmon (9) ist nur gut für einen allerersten Einstieg, vermittelt aber keine Technik im Umfang des Standard-Stoffs.

2. Logik und logische Gesetze

Im ersten Teil dieses Kapitels soll versucht werden, die Logik als die Theorie des Wörtchens „also" zu definieren. Im Zusammenhang damit lassen sich bereits einige zentrale Begriffe klären wie „Prämisse", „Konklusion", „gültiger Schluss", „gültig" („valid"), „beweiskräftig" („sound") und „allgemeingültig". Im zweiten Teil des Kapitels werden die wichtigsten so genannten logischen Gesetze vorgestellt, vor allem der Nichtwiderspruchssatz und der Satz vom ausgeschlossenen Dritten. Es werden Verbindungen zwischen ihnen diskutiert, und der Begriff des logischen Gesetzes wird problematisiert.

2.1 Was ist Logik?

Logik ist Theorie des Argumentierens. Sie beschäftigt sich mit Argumenten, die Beweiskraft beanspruchen. Wissenschaftliches Argumentieren ist dabei nicht etwas prinzipiell anderes als alltägliches Argumentieren. Man macht dabei eigentlich dasselbe, wie wenn man mit einem Kind das Spiel „Begründen" spielt und nach jeder vorläufigen Antwort durch ein neuerliches „Und warum?" herausgefordert wird. Nur pfeifen in der Wissenschaft die Schiedsrichter etwas strenger als im Alltag, wenn es um Fragen geht wie die folgenden:

Das Wörtchen „also"

(1) „Wo hast du das her?",
(2) „Kann man das wirklich sehen?"
(3) „Warum folgt denn das daraus?"

Die erste Frage ist der Grund dafür, weshalb es in wissenschaftlichen Texten Fußnoten gibt. Die zweite Frage ist in den empirischen Wissenschaften interessant, in der Philosophie dagegen weniger, weil es hier oft um Dinge geht, die man grundsätzlich nicht sehen kann. Bei der dritten Frage kommt die Logik ins Spiel.

Die typische Situation, in der jemand die dritte Frage stellen wird, ist die folgende: „Bla bla. bla bla bla. *Also*: bla bla." Deshalb soll im Folgenden der Versuch unternommen werden, die Logik als die Wissenschaft des bedeutungsvollen Gebrauchs des Wörtchens „also" (und der entsprechend funktionierenden Wörter anderer Sprachen) zu charakterisieren. Mit „bedeutungsvoll" ist dabei nur gemeint: Das „also", das den Logiker interessiert, ist nicht das beiläufige „also" als einleitende Floskel am Anfang einer Äußerung („Also ich sag mal ..."), sondern das „also" *zwischen* Sätzen, an dessen Stelle man auch das Wort „infolgedessen" gebrauchen könnte. Denn mit diesem „also" hat es eine besondere Bewandnis:

Wann immer eine Person bedeutungsvoll das Wörtchen „also" (bzw. „infolgedessen") zwischen Sätzen gebraucht, behauptet sie, einen *gültigen Schluss* vorgebracht zu haben.

Dass eine Person *behauptet*, einen gültigen Schluss vorgebracht zu haben, heißt freilich nicht unbedingt, dass ihr das auch geglückt ist. Was ist damit gemeint, dass etwas angeblich aus etwas folgt? Was behaupte ich, wenn ich behaupte, einen gültigen Schluss vorgebracht zu haben? Was behaupte ich mit dem nicht bloß beiläufigen „also"? Eine Spielregel und zwei Definitionen können zur ersten Annäherung dienen:

> Die Spielregel für „also" zwischen Sätzen: Mit einem nicht bloß beiläufig geäußerten „also" zwischen Sätzen behauptet eine Person, dass, wer für wahr hält, was sie direkt vor dem „also" vorgebracht hat, auch für wahr halten *muss*, was sie unmittelbar nach dem „also" vorgebracht hat.

Schlüsse

Das, was direkt vor und nach dem „also" kommt, kann man dessen Kontext nennen: den Text drumrum. Was alles und was genau zum Kontext des „also" gehört, ist nicht leicht zu sagen. Vielleicht ist es sogar unmöglich. Wichtig ist: Nicht alles, was bei einem gültigen Schluss den Gebrauch des Wörtchens „also" rechtfertigt, muss laut ausgesprochen werden. Was auch immer genau zum Kontext des „also" dazugehört, man kann jedenfalls sagen:

> Definition „Schluss": Ein Schluss ist der Kontext des bedeutungsvollen Gebrauchs des Wörtchens „also" (bzw. entsprechend funktionierender Wörter anderer Sprachen).

Auch Fehlschlüsse sind demnach Schlüsse, nur eben keine *gültigen* Schlüsse (man könnte sich anders entscheiden und nur gültige Schlüsse überhaupt Schlüsse nennen, aber so erklärt sich das Folgende am leichtesten). Für die gültigen Schlüsse gilt eine Zusatzbedingung:

> Definition „gültiger Schluss": Ein gültiger Schluss ist der Kontext des bedeutungsvollen *und berechtigten* Gebrauchs des Wörtchens „also" (bzw. entsprechend funktionierender Wörter anderer Sprachen).

Wesen der Logik

Nun lässt sich eine Arbeitsdefinition von „Logik" angeben:

> Definition „Logik": Logik ist die Wissenschaft des Wörtchen „also" (und entsprechend funktionierender Wörter anderer Sprachen), d.h. die Wissenschaft, die zu systematisieren versucht, unter welchen Bedingungen die Behauptung, einen gültigen Schluss vorgebracht zu haben, als gerechtfertigt gelten kann.

Etwas kürzer ist der sehr bekannte und griffige Slogan „Logik ist die Lehre vom richtigen Schließen". Dass von Rechtfertigung und *richtigem* Schließen die Rede ist, hat seinen guten Grund. Man stelle sich vor, jemand wollte die Logik als „die Wissenschaft der Gesetze des Denkens" definieren. Das wäre eine schlechte Definition, weil sie mehrdeutig ist. Denn man kann den Ausdruck „Gesetz des Denkens" wenigstens auf drei Weisen verstehen. Es ergäben sich deshalb drei verschiedene Lesarten, was Logik sein könnte:

Variante 1: Die Logik versucht, Gesetze aufzufinden, mit denen sich beschreiben lässt, wie wir *tatsächlich* denken.

Variante 2: Die Logik stellt die Gesetze des Denkens auf, sagt, wie wir denken *sollen*.

Variante 3: Die Logik beschäftigt sich mit den Normen, die unser Denken (und damit auch unser Sprechen) konstituieren, selbst wenn wir manchmal *de facto* gegen diese Normen verstoßen.

Die erste Variante ist sehr unplausibel, und es ist eigentlich erstaunlich, dass es erst großer Bemühungen des Begründers der modernen Logik, Gottlob Frege (vgl. z.B. in 33 die Einleitung und §93), und des Begründers der Phänomenologie, Edmund Husserl, bedurfte, bis das zu Beginn des 20. Jahrhunderts geklärt war (73, 1.Kapitel). Denn das Problem mit Variante 1 ist ganz einfach: In diesem Fall wäre die Logik nichts weiter als eine Teildisziplin der Psychologie und könnte nicht zufrieden sein, bis ihre Gesetze auch Fehlschlüsse mit beschrieben. Denn unser tatsächliches Denken enthält auch Fehlschlüsse. Die zweite Variante erscheint mir arrogant: Woher nähme ein Logiker das Recht, mir vorzuschreiben, wie ich denken soll? Sollte Logik denn gar nichts mit der Sprache zu tun haben müssen, die wir schon sprechen? Sie enthält doch Normen und Berechtigungen. Das sieht man daran, dass man Worte einer Sprache nicht beliebig verwenden kann, ohne die schlimmste Strafe zu erfahren, die einem Sprecher drohen kann: Unverständnis. Die dritte Variante erscheint mir vergleichsweise am plausibelsten: Logik *ist* zwar eine normative Wissenschaft (wie es Husserl a.a.O., §11, schreibt), aber nicht in dem Sinn, dass sie Normen aufstellt, sondern in dem Sinn, dass sie Normen untersucht. Ein solches (vorsichtiges) Plädoyer für einen Primat der Sprache trifft aber vielleicht nicht unter allen Logikern auf Zustimmung.

In der Vergangenheit ist zuweilen eine kathartische (reinigende) Funktion der Logik angenommen worden, was den Akzent deutlich anders setzt. Man war der Meinung, die Logik könne die wahren Denkstrukturen, die unter der etwas schmutzigen Einkleidung in natürlicher Sprache verborgen sind, freilegen und so vermeiden, dass unser Denken durch die natürliche Sprache verdorben wird. Logische Formeln sollten die wahren Strukturen sichtbar machen. Daran stimmt zwar, dass es einen Teil des Wertes von logischen Formeln ausmacht, dass sie – anders als die natürliche Sprache – vollkommen eindeutig sind. Daran stimmt auch, dass man, wenn man Logik betreibt, deutlich sieht, dass die poetischen oder rhetorischen Ressourcen einer bestimmten natürlichen Sprache für die Form eines Argumentes nicht die geringste Rolle spielen. Doch eine kathartische Definition der Logik liegt unangenehm nahe an der oben skizzierten Variante 2, und sie ist heute nicht mehr allzu verbreitet. 1931 schrieb Rudolf Carnap einen programmatischen Aufsatz mit dem Titel „Überwindung der Metaphysik durch logische Analyse der Sprache" (31). Ein solches Programm würde auch im analytischen Lager heute kaum noch jemand vertreten. Zum historischen Verständnis der kathartischen Logikauffassung lohnt es sich, zu berücksichtigen, dass es in den 20er und 30er wie in den 60er und 70er Jahren des 20. Jahrhunderts im deutschsprachigen Raum auch eine politisch-kulturelle Stellungnahme im weitesten Sinn sein konnte, diese Auffassung zu vertreten (47).

Ganz ähnlich wie die vorgeschlagene Arbeitsdefinition für „gültiger Schluss" lautet schon Aristoteles' Definition dessen, was ein *syllogismos* ist (14, I(A) 1, 24b19–21):

> „Ein Schluss (syllogismos) ist eine Rede, in der, indem einiges vorausgesetzt wird, etwas vom Vorausgesetzten Verschiedenes *mit Notwendigkeit* dazukommt ..."

Zwar untersucht Aristoteles unter dem Stichwort *syllogismos* nur eine ganz bestimmte Art von Schlüssen, die zu Beginn von Kap. 6 noch zur Sprache kommen werden. Aber *syllogismos* heißt auch „Schluss" im allgemeinen, und Aristoteles' Charakterisierung ist viel allgemeiner als seine konkrete Theorie.

Dasjenige, worum es vor und nach dem „also" geht, muss etwas sein, was man für wahr halten kann (das steckt im „vorausgesetzt"). Es muss sich somit um Sätze, Aussagen oder Urteile handeln. Denn wahr sein können nur vollständige Sätze, Aussagen oder Urteile (eine Theorie kann man als einen langen Satz auffassen, der sehr oft das Wort „und" enthält). Begriffe allein sind dagegen weder wahr noch falsch. Einen zum Schluss gehörigen Satz *vor* dem „also" nennt man *Prämisse* („das Vorausgeschickte" oder bei Aristoteles das, was „vorausgesetzt" wird). Das, was *nach* dem „also" kommt, nennt man *Konklusion* („das Erschlossene"). Bei Aristoteles ist es das, was „mit Notwendigkeit dazukommt". Ein Schluss kann mehrere Prämissen haben, aber es wird pro Schluss nur eine Konklusion gezogen.

Leider ist an einem wichtigen Punkt Aristoteles' Definition für sich allein genommen ebenso unklar wie die angegebene Definition von „Logik": Was soll das Wörtchen „muss" in der Definition bedeuten, das ja offenbar entscheidend ist? Und was heißt bei Aristoteles „mit Notwendigkeit"? Eines kann nicht sein: dass man tatsächlich im Falle eines gültigen Schlusses in dem Sinn unter Denkzwang steht, dass man nicht anders denken kann. Denn dann wären Fehlschlüsse unmöglich.

Die folgende Beobachtung hilft weiter: Die Charakterisierung des gültigen Schlusses mit Hilfe der Spielregel für das Wörtchen „also" besagt nicht etwa, dass die Konklusion wahr sein muss, was auch immer mit den Prämissen los ist. Sie besagt nur (ein wenig umgeformt):

> Ein gültiger Schluss besteht aus n Prämisse(n) und einer Konklusion, wobei gilt: Es kann nicht sein, dass die Prämissen alle wahr sind und dennoch die Konklusion nicht wahr.

Das „muss" ist hier als „kann nicht sein, dass nicht" umgeformt. Aber das Problem ist damit noch nicht gelöst. Wichtig ist einerseits: Nur Fälle mit *wahren* Prämissen interessieren. Andererseits ist wichtig: Für das Vorliegen eines gültigen Schlusses reicht es nicht hin, dass sowohl die Prämisse(n) als auch die Konklusion einfach nur wahr *sind*. Würde das genügen, so wäre es ein gültiger Schluss, wenn jemand sagte:

Schluss Nr.1
[Prämisse 1] Einige Tiere sind gefiedert.
[Prämisse 2] Einige Tiere sind nicht gefiedert.
[Konklusion] Also sind einige Tiere Allesfresser.

Denn es sind sämtliche Prämissen wahr und die Konklusion auch. Aber davon, dass hier aus den Prämissen die Konklusion *folgt*, kann keine Rede sein. Der Gebrauch des Wörtchens „also" ist hier nicht gerechtfertigt. Ganz anders verhält es sich dagegen bei dem folgenden schönen Beispiel aus einem Logikbuch:

Schluss Nr.2
[Prämisse 1] Alle Bären sind pelzig.
[Prämisse 2] Ned ist ein Bär.
[Konklusion] Also ist Ned pelzig.

Des Rätsels Lösung, was es hier mit dem Wörtchen „muss" auf sich hat, ist:

> Definition „logische Notwendigkeit": Die Konklusion *muss* genau dann wahr sein, falls die Prämissen wahr sind, *wenn* gilt: Es gibt keinen strukturgleichen Fall, in dem die Prämissen wahr sind, aber die Konklusion falsch ist.

Nicht nur der zu untersuchende Schluss spielt also eine Rolle, sondern es kommt auch noch auf strukturgleiche Alternativen zu ihm an. Das klingt komplizierter, als es ist. Die Definition lässt sich nämlich in ein Verfahren umsetzen, das man den *Tafelschwamm-Test* nennen kann. Ich kann mir in Schluss Nr.2 ansehen, welche Wörter darin das strukturelle Gerüst bilden und welche den konkreten Inhalt beisteuern. So ist „alle" ein Strukturwort, „Ned", „Bär" und „pelzig" sind Inhaltswörter. Die Abgrenzung zwischen den Strukturwörtern und den Inhaltswörtern ist zwar nicht wirklich trennscharf, sofern man nicht schon eine bestimmte Logik voraussetzt. Aber irgendwo muss man anfangen, und es geht an dieser Stelle nur darum, ein Gefühl für die Sache zu bekommen. Typische logische Strukturwörter, die Schlüsse erzeugen können, sind: „und", „oder", „nicht", „wenn ... dann", „alle" und „einige". Der Tafelschwamm-Test lässt sich nun wie folgt beschreiben:

Tafelschwamm-Test

> Der Tafelschwamm-Test
> Frage: Kann die Konklusion bei wahren Prämissen falsch werden?
> 1) Man wische die Inhaltswörter (die auch zu kompletten Sätzen zusammengeballt sein können) weg und markiere die so entstandenen Leerstellen – und zwar gleich, wenn man an mehreren Stellen das Gleiche wegwischt, sonst verschieden).
> 2) Man ersetze die Inhaltswörter – und zwar immer nach dem Prinzip: Gleiches für Gleiches.
> 3a) Gelingt es dabei, Inhaltswörter einzusetzen, bei denen man sich vorstellen kann, dass die Prämissen wahr sind, aber trotzdem die Konklusion falsch ist, so ist der ursprünglich untersuchte Schluss *kein* gültiger Schluss.
> b) Gelingt dies nicht, so probiere man weiter.
> 4) Gibt es keinen denkbaren alternativen Fall, in dem die Prämissen wahr sind, aber trotzdem die Konklusion falsch wird, so ist der ursprünglich untersuchte Schluss gültig.

Bei diesem Test kann man Überraschungen erleben. In einem entscheidenden Punkt ist er problematisch. Zunächst lassen sich damit die beiden bisher vorgebrachten Schlüsse auf Gültigkeit untersuchen:

Schluss Nr. 1 mit gelöschten Inhaltswörtern
[Prämisse 1] Einige (1) (2).
[Prämisse 2] Einige (1) nicht (2).
[Konklusion] Also einige (1) (3).

Die erste Überraschung ist wahrscheinlich, dass das Wörtchen „sind" mit getilgt wurde. Ist das nicht ein Strukturwort? Die Antwort ist: Es hat sich in der modernen Logik eingebürgert, Ausdrücke wie „ist ein Auto" oder „ist gelb" oder „hat Federn" als Einheiten anzusehen. Und statt „ist" steht hier aus rein grammatischen Gründen „sind". Nun kann man mit neuen Inhaltswörtern einen strukturgleichen Fall erzeugen, indem man an den mit „(1)" markierten Stellen „Menschen" einsetzt, an den mit „(2)" markierten Stellen „sind nett" und an den mit „(3)" markierten Stellen „sind Satellitenschüsseln" :

Schluss Nr. 1a
[Prämisse 1] Einige (Menschen) (sind nett).
[Prämisse 2] Einige (Menschen) (sind) nicht (nett).
[Konklusion] Also (sind) einige (Menschen) (Satellitenschüsseln).

Damit haben wir einen zu Schluss Nr.1 strukturgleichen Fall, in dem die Prämissen wahr, aber die Konklusion falsch ist. Schluss Nr. 1 ist also ungültig. Anders bei Schluss Nr. 2.

Schluss Nr. 2 mit gelöschten Inhaltswörtern
[Prämisse 1] Alle (1)   (2).
[Prämisse 2]   (3)   (1).
[Konklusion] Also (3)   (2).

Wir können jetzt für „ist pelzig" einsetzen „ist sterblich", für „Ned" „Sokrates", und für „ist Bär" „ist Mensch". So gelangen wir zum langweiligsten Beispiel der Logikgeschichte („Alle Menschen sind sterblich; Sokrates ist ein Mensch etc."). Auch jede andere Einsetzung, die wahre Prämissen erzeugt, führt in diesem Fall zu einer wahren Konklusion. Man wird nie ein Gegenbeispiel finden, in dem die Prämissen wahr sind, aber die Konklusion falsch ist, *wie ja wohl jedem kompetenten Sprecher der deutschen Sprache klar sein dürfte*. Damit ist Schluss Nr. 2 ein gültiger Schluss. Das ist kein Zufall, sondern liegt (1) an den allgemeinen Spielregeln für den Gebrauch der Strukturwörter; (2) daran, dass hier einige Strukturwörter eine besondere Kombination eingehen.

Nun zu zwei vielleicht etwas größeren Überraschungen. Wie steht es mit folgendem Schluss (in dem die inhaltlichen Elemente *ganze Sätze* sind):

Schluss Nr. 3
[Prämisse 1] Wenn Bond einen Fallschirm hat, überlebt er den Absturz.
[Prämisse 2] Bond hat keinen Fallschirm.
[Konklusion] Also überlebt Bond den Absturz nicht.

Bei psychologischen Experimenten hat die überwiegende Mehrheit der Versuchspersonen diesen Schluss für gültig erklärt (96). Doch Gültigkeit und Ungültigkeit stehen einem Schluss nicht immer ins Gesicht geschrieben. Schluss Nr.3 ist ungültig. Denn es gibt die folgende strukturgleiche Alternative dazu:

Schluss Nr. 3a
[Prämisse 1] Wenn es regnet, wird die Straße nass.
<u>[Prämisse 2] Es regnet nicht.</u>
[Konklusion] Also wird die Straße nicht nass.

Man stelle sich vor, die Straßenreinigung kommt. Oder es fällt eine Flasche auf der Straße hin. Oder es regnet nicht, sondern schneit. Das sind lauter Situationen, in denen die Prämissen wahr sind und die Konklusion falsch ist.

Bei der Untersuchung von Schluss Nr.3 kann man es sich sogar noch leichter machen (das geht aber nicht immer): Man löscht die Inhaltswörter und schreibt einfach dieselben wieder hin. Das ist durch die Beschreibung des Tests nicht verboten. Nun stelle man sich vor, Bond habe zufällig seinen Taschenpropeller dabei. Oder er trägt seinen Aufprall-Abfang-Anzug. Oder er hangelt sich während des Absturzes in das zu Hilfe geeilte Flugzeug seiner Filmabschnittsbegleiterin hinüber. Wieder bekommt man lauter Situationen, in denen die Prämissen wahr sind und die Konklusion falsch ist. Stünde statt „wenn" ein „*nur* wenn", dann sähe die Sache freilich schon wieder ganz anders aus.

Im Gegensatz zu Schluss Nr.3 ist der folgende Schluss ein *gültiger* Schluss:

Schluss Nr. 4
Alle Fische sind Fahrräder.
<u>Alle Fahrräder verbrauchen Benzin.</u>
Also verbrauchen alle Fische Benzin.

Seine Prämissen sind zwar nicht wahr (und die Konklusion auch nicht). Aber in allen strukturgleichen Fällen, in denen die Prämissen wahr wären, wäre auch die Konklusion wahr. Das liegt an der Bedeutung von „alle", *wie ja wohl jedem kompetenten Sprecher der deutschen Sprache klar sein dürfte.*

Am Beispiel von Schluss Nr.4 lässt sich eine terminologische Unterscheidung erklären, die für jede Argumentanalyse so fundamental ist, dass die Vertrautheit mit ihr schon als minimales Lernziel einer ganzen Einführung in die Logik gelten kann: die Unterscheidung von „gültig" („valid") und „beweiskräftig" („sound") in Bezug auf Schlüsse bzw. Argumente in Form von Schlüssen.

„Gültig" („valid") und „beweiskräftig" („sound")

Zur Erinnerung: Gültigkeit hieß, dass es keinen strukturgleichen Fall gibt, in dem die Prämissen wahr sind, aber die Konklusion falsch. Das Wort „gültig" ist nicht mit dem Wort „allgemeingültig" zu verwechseln, das in Kap. 3 in seiner technischen Bedeutung eingeführt wird (und übrigens bei jedem nichttechnischen Gebrauch zu heilloser Verwirrung führt).

Spricht man statt von „gültig" von „*formal* gültig", so ist das einfach bekräftigend gemeint. Es wird damit kein Unterschied zu einer anderen Sorte der Gültigkeit behauptet. Mit dem Wort „beweiskräftig" ist dagegen mehr gemeint als mit dem Wort „gültig":

Ein Schluss ist genau dann beweiskräftig („sound"), wenn
1. er ein gültiger Schluss ist *und*
2. alle seine Prämissen wahr sind.

Wer argumentiert, will ein beweiskräftiges Argument vorbringen. Schluss Nr.4 würde, als Argument vorgebracht, niemanden vom Benzinverbrauch von Fischen überzeugen müssen, obwohl der Schluss gültig ist. Sind dagegen die Prämissen in einem gültigen Schluss wahr, so gibt es vor der Wahrheit der Konklusion kein Entkommen. Voraussetzung dafür ist freilich, dass es sich wirklich um einen *gültigen* Schluss handelt. Die Überlegungen zum Verhältnis von Gültigkeit und Beweiskraft führen dazu, dass man bei der Argumentanalyse immer verschiedene Fragen und damit verschiedene Arbeitsgänge zu unterscheiden hat:

(1) Welche Form hat das Argument?
(2) Ist es ein gültiger Schluss?
(3) Sind die Prämissen wahr?

Für „sound" gibt es leider keine weit verbreitete Übersetzung. Sehr oft wird einfach das englische Wort gebraucht. Irritierenderweise hat „sound" im Zusammenhang mit Axiomensystemen auch noch eine zweite technische Bedeutung. Das spielt aber vor Kap. 4.4 keine Rolle.

Problem des Tafelschwamm-Tests   So nützlich der Tafelschwamm-Test ist, um erst einmal ein Gefühl für den Begriff der Gültigkeit zu bekommen und um ungültige Schlüsse nachzuweisen, so problematisch ist er leider auch in einem entscheidenden Punkt. Auf den letzten Seiten tauchte zweimal ein Nebensatz auf, der in einem wissenschaftlichen Buch eigentlich nicht auftauchen dürfte: „wie ja wohl jedem kompetenten Sprecher der deutschen Sprache klar sein dürfte". Das war ein Appell an die Intuition, und zwar ohne jede Begründung. So etwas ist nur im Notfall zu rechtfertigen, also dann, wenn es gar nicht anders geht. Es ging tatsächlich nicht anders. Denn man hätte den Tafelschwamm-Test im Fall der Schlüsse Nr.2 und Nr.4 unendlich oft wiederholen müssen, um zu zeigen, dass es wirklich kein Gegenbeispiel gibt. Dafür war beim Verfassen dieses Buchs nicht genug Zeit. Wenn man dagegen schon eine Logik im Sinne einer systematisierten Theorie des richtigen Schließens hätte, so müsste man nicht unendlich viele Fälle durchprobieren, sondern könnte auf ein allgemeines Gesetz dieser Theorie verweisen. Doch wo bekommt man eine solche Theorie her? Die Antwort ist: Man macht sich eine. Dabei überlegt man zuerst tatsächlich: Was für Schlüsse *sollen* wohl gültig sein? Was wären wohl *plausible* Ergebnisse? Kurz: Am Anfang einer jeden Logik steht die Intuition. Und über die kann man sich streiten, wie Kap. 8 zeigen wird.

Welche Intuitionen man in einer konkreten Logik verankert, hängt nicht nur davon ab, welche *Schlüsse* man als *gültig* anerkennen will, sondern auch, was für *Sätze logisch wahr* sein sollen. Technisch gesehen besteht zwischen einem Schluss und einem Satz selbst dann ein deutlicher Unterschied, wenn der Satz „Wenn...dann"-Form hat. Es gibt aber zur Gültigkeit bei Schlüssen ein Gegenstück auf der Ebene der Sätze: die logische Wahrheit. — Logische Wahrheit

> Definition „logisch wahr": Ein Satz ist genau dann logisch wahr, wenn jede Ersetzung der Inhaltswörter in ihm wieder einen wahren Satz ergibt, solange man nur die Strukturwörter so lässt, wie sie sind.

Ein Beispiel für einen logisch wahren Satz entsteht, indem man beim Schluss Nr.2 die Prämissen durch „und" aneinander koppelt und mit „Wenn... dann" mit der Konklusion verbindet (so erzeugt man übrigens aus jedem gültigen Schluss leicht einen logisch wahren Satz):

„Wenn alle Bären pelzig sind und Ned ein Bär ist, dann ist Ned pelzig."

Es könnte aber auch noch logisch wahre Sätze von ganz anderer Form geben. Darauf bereitet der nächste Abschnitt vor.

Übung: Ist der folgende Schluss a) gültig; b) beweiskräftig; c) weder gültig noch beweiskräftig? „Männer sind grundsätzlich weit weniger intelligent als Frauen; wenn Männer grundsätzlich weit weniger intelligent sind als Frauen, dann sollten sie auch weniger Rechte haben als Frauen; also sollten Männer weniger Rechte haben als Frauen."

2.2 Logische Gesetze

Logische Gesetze sind fundamentale Sätze, die zu allen Zeiten von vielen damit Beschäftigten für so plausibel gehalten worden sind, dass sie in vielen technisch ausgearbeiteten Logiken an irgendeiner ganz tiefen Stelle eingebaut sind. Es hat jedoch auch bei praktisch jeder Aussage, für die jemand den Status eines logischen Gesetzes vorgeschlagen hat, ernst zu nehmende Denker gegeben, die diesen Vorschlag angezweifelt haben, und dies manchmal erfolgreich. Es könnte deshalb jedes Mal, wenn im Folgenden der Einfachheit halber der Ausdruck „logisches Gesetz" vorkommt, streng genommen „*vorgebliches* logisches Gesetz" stehen. Es soll auch nicht darum gehen, alle prominenten Kandidaten für logische Gesetze vorzustellen, sondern lediglich zwei, die schon im Zusammenhang mit Kap. 3 und 4 besonders wichtig sind:

1. Der Satz vom Nichtwiderspruch
2. Der Satz vom ausgeschlossenen Dritten.

Den Satz vom Nichtwiderspruch formuliert und diskutiert erstmals Aristoteles in einer der später unter dem Titel „Metaphysik" veröffentlichten Vorlesungen (104, Buch IV (Γ), Kap. 3, 1005b19-23): — Der Satz vom Nichtwiderspruch

„Es kann ... dasselbe demselben und in derselben Beziehung (und dazu mögen noch die anderen näheren Bestimmungen hinzugefügt sein, mit denen wir logischen Einwürfen ausweichen) unmöglich zugleich zukommen und nicht zukommen".

Aristoteles erklärt einen Beweis für den Nichtwiderspruchssatz aus einem sehr guten Grund für unmöglich: Er müsste dann ja als Konklusion aus gewissen Prämissen folgen. Aber er ist einfach zu fundamental, um noch von weiteren Prämissen abhängen zu dürfen. Man kann nur versuchen, sich vorzustellen, in was für eine seltsame Situation sich jemand bringt, der diesen Satz ernsthaft leugnet, und versuchen, ihn damit zu plausibilisieren. Dass sich Aristoteles mit der Rechtfertigung solche Mühe geben muss, liegt daran, dass vor ihm schon Heraklit – ein ernst zu nehmender Gegner – an den Nichtwiderspruchssatz offenbar nicht geglaubt hat (vgl. a.a.O. 1005b25). Später erklärt Hegel Widersprüche für etwas, das in der Welt vorkommt (vgl. 134, Anmerkung 3 zu Punkt C in Teil I, Buch 2, Abschn.1, Kap. 2). Vielleicht hat er aber einen ganz anderen Begriff von Widerspruch, als der, welcher im Zusammenhang mit dem Nichtwiderspruchssatz relevant ist (vgl. dazu z.B. 135, S.12 über den Widerspruch im Wachstum einer Rose). Inzwischen gibt es technisch auf hohem Niveau ausgearbeitete formale Logiken, die zeigen sollen, dass man auf den Nichtwiderspruchssatz auch verzichten kann. Sie sollen in Kap. 8 kurz zur Sprache kommen.

Subjekt und Prädikat

Will man dennoch an den Nichtwiderspruchssatz glauben und ihn in einer Logik verankern, so ist das erste Problem das folgende: Aristoteles hat nur Subjekt-Prädikat-Aussagen betrachtet, weil er dachte, dass jede einfache Aussage letztlich eine Subjekt-Prädikat-Aussage ist. Subjekt ist dabei das, was der Aussage zugrundeliegt, indem darüber gesprochen wird – ähnlich wie das Satzsubjekt in der Grammatik. Mit „dem Ich" o.Ä. hat das Wort „Subjekt" in der Logik nichts zu tun. Prädikat ist das dem Subjekt Zugesprochene. Man kann dies das „ti kata tinos"-Prinzip nennen („etwas über etwas"). Denn Aristoteles formuliert diese Überzeugung mit den Worten, jede Aussage sei ein Aussagen „von etwas über etwas" („tinos kata tinos", 58, 6, 17a25f). Eine umfassende Logik sollte diese Beschränkung überwinden. Zum Glück ist es leicht, zu diesem Zweck eine allgemeinere Fassung des Nichtwiderspruchssatzes zu formulieren:

Folgendes ist nicht der Fall: Etwas Bestimmtes ist der Fall, und dasselbe ist nicht der Fall.

Lassen wir „A" für einen beliebigen Satz stehen, und kürzen wir die Wendung „es ist nicht der Fall, dass" durch „nicht:" ab, so können wir, noch durchsichtiger, als das Schema des Nichtwiderspruchssatzes festhalten:

nicht: [A und (nicht: A)].

Will man den Nichtwiderspruchssatz in eine Logik einbauen, so sollte etwas diesem Schema Ähnliches darin die Eigenschaft eines Gesetzes haben.

Konsistenzprinzip und Negationsprinzip

Wenn es auch schwer ist, ohne weitere Voraussetzungen zu sagen, warum man an den Nichtwiderspruchssatz glauben sollte, so lässt sich doch dafür argumentieren, warum man ihn auf jeden Fall bejahen sollte, *wenn* man zwei andere Annahmen macht. Die erste Annahme kann man das Konsistenzprinzip nennen. Es lautet:

> **Konsistenzprinzip**
> Keine Aussage wird sowohl wahr als auch falsch. Was auch immer überhaupt einen Wahrheitswert haben kann, kann höchstens einen Wahrheitswert auf einmal haben.

Als Wahrheitswerte kommen – wenigstens bis Kap. 8 – nur „wahr" und „falsch" in Frage. Auch „falsch" ist ein Wahrheitswert, und die Behauptung, eine Aussage habe einen Wahrheitswert, ist nicht dasselbe wie die Behauptung, sie sei wahr.

 Wer etwas gegen Widersprüche hat, wird das Konsistenzprinzip plausibel finden. Die zweite Annahme soll eine Verwendungsregel für das Wörtchen „nicht" vor Sätzen sein (das α ist ein Platzhalter für einen Satz):

Wahrheitswerte

> **Prinzip NEG (Negationsprinzip)**
> 1 Genau dann, wenn α wahr ist, ist „nicht: α" nicht wahr.
> 2 Genau dann, wenn α nicht wahr ist, ist „nicht: α" wahr.
> 3 Genau dann, wenn α nicht wahr ist, ist α falsch.

Die Wendung „genau dann, wenn" benutzt man für ein „wenn..., dann" in beiden denkbaren Richtungen. Sie ist so wichtig, dass sie mit dem Kürzel „gdw" abgekürzt wird. Man kann eine „genau dann, wenn"-Aussage immer sowohl von rechts nach links als auch von links nach rechts lesen. So besteht NEG 1 eigentlich aus den folgenden zwei Sätzen:

gdw

> Wenn α wahr ist, dann ist „nicht: α" nicht wahr.
> Wenn „nicht: α" nicht wahr ist, dann ist α wahr.

Setzt man das Prinzip NEG voraus, so ist man auch auf den Nichtwiderspruchssatz festgelegt. Das genaue Argument ist in Anhang 2 aufgeführt. Will man also das Konsistenzprinzip halten, und akzeptiert man die vorgeschlagene Negationsregel, so kauft man auch den Nichtwiderspruchssatz mit. Allerdings mag gerade dies ein Grund sein, die Negationsregel NEG nicht zu akzeptieren, wie Kap. 8 zeigen wird.

 Was man den *Satz vom ausgeschlossenen Dritten* nennt, findet sich nur wenige Kapitel hinter der Diskussion des Nichtwiderspruchssatzes, nämlich im 7. Kapitel von Buch IV (Γ) von Aristoteles' „Metaphysik" ((=104) 1011 b 23–25):

Der Satz vom ausgeschlossenen Dritten

> „Ebensowenig aber kann zwischen den beiden Gliedern eines Paares von kontradiktorisch entgegengesetzten Aussagen etwas mitten inne liegen, sondern man muss notwendig ein [Prädikat] von einem [Subjekt] entweder bejahen oder verneinen."

Ein kontradiktorischer Gegensatz ist ein Gegensatz, wie er zwischen „Die Erde ist eine Scheibe" („A") und „Es ist nicht der Fall, dass die Erde eine Scheibe ist" („nicht: A") besteht. Hier spricht Aristoteles selbst von Aussagen. Man muss sich deshalb nicht lange mit dem Subjekt-Prädikat-Schema herumplagen, sondern man kann sofort (unter Abschwächung des „kann nicht" in „ist nicht") die folgenden Schemata hinschreiben:

Entweder A oder [nicht: A]   bzw.
A oder [nicht: A].

Inklusives und exklusives „oder"

Normalerweise unterscheiden sich „entweder ... oder" und bloßes „oder" in einem wichtigen Punkt, denn man unterscheidet inklusive und exklusive „oder" -Verbindung:

– das inklusive „oder" (Alternation, auch: Adjunktion): Die Oder-Verbindung ist wahr, wenn mindestens einer der beiden damit verbundenen Sätze wahr ist, evtl. aber auch beide; gesprochen „oder".

– das exklusive „oder" (Disjunktion): Die Oder-Verbindung ist wahr, wenn einer der beiden damit verbundenen Sätze wahr ist, aber nicht, wenn beide es sind; gesprochen: „entweder ... oder".

Manchmal findet man in der Literatur die Worte „Alternation" und „Disjunktion" genau umgekehrt gebraucht, was meiner Meinung nach dem lateinischen Wortursprung nicht gut entspricht. Man muss also immer genau hinschauen, was gemeint sein kann (im Zweifelsfall entscheiden die Formeln). Was den Satz vom ausgeschlossenen Dritten angeht, so ist jedenfalls leicht zu sehen: Es ist ganz gleich, ob man ihn mit inklusivem oder exklusivem „oder" formuliert, da ja „A" und „nicht: A" ohnehin nicht zusammen wahr sein können.

Zunächst sieht der Satz vom ausgeschlossenen Dritten so plausibel aus, dass er fast trivial erscheinen mag. Außerdem gibt es ein gutes Argument, warum man, *wenn* man den Nichtwiderspruchssatz bejaht, auch den Satz vom ausgeschlossenen Dritten bejahen sollte. Es ist ebenfalls in Anhang 2 aufgeführt.

Bivalenzprinzip

Ebenso wie der Satz vom Nichtwiderspruch eng mit einem Prinzip über die Wahrheit und Falschheit von Aussagen, nämlich dem Konsistenzprinzip zusammenhängt, gibt es ein weiteres Prinzip über die Wahrheit und Falschheit von Aussagen, das eng mit dem Satz vom ausgeschlossenen Dritten zusammenhängt:

Das Bivalenzprinzip
Jede Aussage hat einen der Wahrheitswerte „wahr" bzw. „falsch" ; keine Aussage bleibt wahrheitswertlos.

Endgültige Formulierung

Der enge Zusammenhang zwischen Bivalenzprinzip und Satz vom ausgeschlossenen Dritten liegt in ähnlicher Weise auf der Hand wie der zwischen Konsistenzprinzip und Nichtwiderspruchssatz. Trotz des engen Zusammenhangs ist jedoch zu beachten: Der Satz vom ausgeschlossenen Dritten und das Bivalenzprinzip sind nicht dasselbe. Und auch das Konsistenzprinzip und der Satz vom Nichtwiderspruch sind nicht dasselbe. Man findet allerdings in der Literatur verschiedene Erklärungen dafür, inwiefern sie nicht dasselbe sind. Unumstritten ist: Das Bivalenzprinzip und das Konsistenzprinzip enthalten explizit die Ausdrücke „wahr" und „falsch"; der Satz vom ausgeschlossenen Dritten und der Nichtwiderspruchssatz enthalten diese Ausdrücke nicht explizit. Das ist ein klarer Unterschied. Ebenso klar ist, dass es sich bei Bivalenzprinzip und Konsistenzprinzip um *Aussagen über Aussagen* handelt. Denn dasjenige, wovon man sagt, es sei wahr oder falsch, sind Aussagen. Statt „Aussage" könnte auch „Satz" oder

„Urteil" stehen; eine Differenzierung kann bis Kap. 4.2 warten. Man nennt solche Aussagen *über* Aussagen metasprachliche Aussagen (eine genauere Klärung dieses Ausdrucks erfolgt in Kap. 5.2). Kompliziert wird die Sache dadurch, dass der unumstrittene Unterschied die Vermutung nahe legt, der Satz vom ausgeschlossenen Dritten und der Nichtwiderspruchssatz seien demgegenüber nicht Aussagen über Aussagen, sondern einfache Aussagen über die Welt. Manchmal wird das in der Literatur so vertreten. Dies scheint mir aber nicht richtig zu sein. Denn es ist zwischen dem *Schema* des Nichtwiderspruchssatzes bzw. dem *Schema* des Satzes vom ausgeschlossenen Dritten und den beiden Sätzen *selbst* zu unterscheiden: „nicht: (A und [nicht:A])" ist überhaupt kein Satz, sondern nur ein Schema, denn „A" ist nur ein Platzhalter ohne konkreten Inhalt. Deshalb kann „nicht: (A und [nicht:A]" gar keinen Wahrheitswert haben. Dasselbe gilt für das Schema „A oder (nicht: A)". Konkrete *Instanzen* dieser Schemata wie „Es ist nicht der Fall, dass Hans groß ist und dass Hans nicht groß ist" oder „Hans ist groß oder Hans ist nicht groß" sind zwar logisch wahr; aber sie sind nicht allgemein genug, um als logische Gesetze gelten zu können. Dafür sind sie viel zu speziell. Beim Nichtwiderspruchssatz und beim Satz vom ausgeschlossenen Dritten sollte es sich aber um logische Gesetze handeln.

Die vorangegangene Überlegung führt dazu, den Nichtwiderspruchssatz und den Satz vom ausgeschlossenen Dritten wie folgt zu formulieren:

---

1. Nichtwiderspruchssatz:
Jede Aussage der Form „nicht: (A und [nicht:A])" ist logisch wahr.
2. Satz vom ausgeschlossenen Dritten:
Jede Aussage der Form „A oder [nicht:A]" ist logisch wahr.

Damit stellt sich aber heraus: Auch der Nichtwiderspruchssatz und der Satz vom ausgeschlossenen Dritten sind Aussagen über Aussagen. In ihnen ist sogar von logischer Wahrheit die Rede und damit *indirekt* auch wieder von Wahrheit, denn in der Definition des Ausdrucks „logisch wahr" (vgl. Kap. 2.1) kommt das Wort „wahr" vor.

Schon Aristoteles hat einen engen Zusammenhang zwischen Bivalenzprinzip und Satz vom ausgeschlossenen Dritten gesehen. So bringt sofort der nächste Satz nach der Formulierung des Satzes vom ausgeschlossenen Dritten zu dessen Begründung die traditionelle Definition der Wahrheit als einer Eigenschaft von Aussagen (a.a.O. 1011 b 26–28):

Wahrheit

> „Zu sagen nämlich, das Seiende sei nicht oder das Nicht-Seiende sei, ist falsch; dagegen zu sagen, das Seiende sei und das Nicht-Seiende sei nicht, ist wahr."

Eine kurze Formel dafür ist dadurch berühmt geworden, dass Thomas von Aquin sie im 13. Jahrhundert in lateinischer Übersetzung in seinem Werk „De veritate" („Über die Wahrheit", 122) zitiert hat als „veritas est adaequatio rei et intellectûs": Wahrheit ist Übereinstimmung von Sache und Verstand. Etwas moderner kann man diesen Gedanken umformulieren zu: Wahrheit ist Übereinstimmung (Korrespondenz) der Wirklichkeit mit dem – in einer Aussage geäußerten – Gedanken. Man spricht deshalb von Adäquations- oder Korrespondenztheorie der Wahrheit. Vertritt man diesen

Wahrheitsbegriff, so liegt es sehr nahe, sowohl das Bivalenzprinzip als auch den Satz vom ausgeschlossenen Dritten zu akzeptieren. Denn behaupte ich etwas, so treffe ich damit die Wirklichkeit, oder ich liege daneben. Im ersten Fall ist meine Behauptung wahr und im zweiten falsch. Ist sie wahr, so ist der Satz vom ausgeschlossenen Dritten von diesem Fall nicht widerlegt; ist sie falsch, so ist ihr kontradiktorisches Gegenteil wahr, und damit ist der Satz vom ausgeschlossenen Dritten auch nicht widerlegt.

Nach dem Gesagten dürfte es eine Überraschung sein, dass der Satz vom ausgeschlossenen Dritten zu den ziemlich umstrittenen Kandidaten für ein logisches Gesetz gehört. Er ist z.B. viel umstrittener ist als der Satz vom Nichtwiderspruch und das Konsistenzprinzip. Noch überraschender ist vermutlich, dass das Bivalenzprinzip noch umstrittener ist als der Satz vom ausgeschlossenen Dritten.

Wie kommt man darauf, am Satz vom ausgeschlossenen Dritten oder am Bivalenzprinzip zu zweifeln? Ein Grund dafür kann sein, dass man gar nicht die Korrespondenztheorie der Wahrheit befürwortet, sondern eine andere Auffassung davon hat, was Wahrheit ist. So rücken Vertreter des Intuitionismus den Begriff der Wahrheit sehr nah an den Begriff der Beweisbarkeit (vgl. Kap. 8), während es dem Vertreter der Korrespondenztheorie nur auf die Übereinstimmung der Wirklichkeit mit der Aussage ankommt, es ihm aber ganz gleich ist, ob man sie auch beweisen kann.

Seeschlachtproblem

Doch auch ein Vertreter der Korrespondenztheorie mag am Satz vom ausgeschlossenen Dritten zweifeln. Kurioserweise hat Aristoteles diese Zweifel selbst gesät, und zwar mit seiner kurzen, aber für die Logik höchst folgenreichen Schrift „De interpretatione" (58), einem Teil des „Organon". In den Kapiteln 7 bis 9 diskutiert er nämlich Satzpaare, für die zumindest auf den ersten Blick der Satz vom ausgeschlossenen Dritten bzw. das Bivalenzprinzip nicht gelten. Ein Beispiel in Kapitel 9 hat sich als äußerst knifflig erwiesen:

„Es wird morgen zu einer Seeschlacht kommen" –
„Es wird morgen nicht zu einer Seeschlacht kommen".

Kurz gesagt ist das Problem: Die Wirklichkeit ist jetzt weder schon so weit gediehen, dass sie dem ersten Satz dieses Satzpaares korrespondieren und ihn damit wahr machen könnte; noch ist sie schon so weit gediehen, dass sie dem zweiten Satz dieses Satzpaares bereits korrespondieren und *ihn* wahr machen könnte - zumindest, wenn die Zukunft noch nicht feststeht.

Keine ehernen Gesetze!

Doch sollten denn nicht logische Gesetze etwas sein, das voraussetzungslos wahr ist? Nein. Zu derlei Zauberei ist die Logik nicht fähig. Logik kann nur verhindern, dass man Zusammenhängendes für unzusammenhängend hält und Unzusammenhängendes für zusammenhängend, wenn man sich schon auf einige Regeln geeinigt hat. Der Philosoph Arthur Prior hat den Logiker einmal treffend mit einem Rechtsanwalt verglichen, der nur die Aufgabe hat, seinem Mandanten klarzumachen, was die Folgen einer bestimmten Entscheidung wären und welche Alternativen er hat (22, S.59).

Bei aller erforderlichen Verunsicherung lässt sich aber auch festhalten: Solange man sich nicht gerade mit zukünftigen Seeschlachten beschäftigen, spricht sehr viel dafür, den Satz vom ausgeschlossenen Dritten und das Bivalenzprinzip ebenso zu akzeptieren wie die vorgeschlagenen Regeln für das Wörtchen „nicht" – und den Satz vom Nichtwiderspruch erst recht.

Übungen
1) Was versteht man unter der Korrespondenztheorie der Wahrheit?
2) Was ist und wo findet sich das Seeschlacht-Problem?
3) Was heißt „gdw", „Alternation", „Disjunktion", „logisch wahr"?
4) Wie lauten der Satz vom ausgeschlossenen Dritten und der Nichtwiderspruchssatz? Was unterscheidet sie von Bivalenz- und Konsistenzprinzip?

2.3 Zusammenfassung und Literaturhinweise

Zusammenfassung
In diesem Kapitel wurden zunächst einige Grundbegriffe geklärt und erläutert, was unter der üblichen Definition der Logik als „Lehre vom richtigen Schließen" zu verstehen ist. Als besonders wichtig haben sich der Begriff der logischen Wahrheit, der (formalen) Gültigkeit und der Beweiskraft herausgestellt. Ein Schluss ist genau dann gültig, wenn es keine strukturgleiche Alternative zu ihm mit wahren Prämissen und falscher Konklusion gibt. Ein Schluss ist genau dann beweiskräftig, wenn er gültig ist und seine Prämissen wahr sind. Ein Satz ist genau dann logisch wahr, wenn alle zu ihm strukturgleichen Alternativen wahr sind (was zeigt, dass auch er allein aufgrund seiner Struktur wahr ist). Nichtwiderspruchssatz und Satz vom ausgeschlossenen Dritten wurden in eine informale schematische Notation überführt. Demnach besagt der Nichtwiderspruchssatz, dass jede Aussage der Form „nicht: (A und [nicht: A])" logisch wahr ist. Und der Satz vom ausgeschlossenen Dritten besagt, dass jede Aussage der Form „A oder [nicht: A]" wahr ist. Als mit dem Nichtwiderspruchssatz eng verbunden herausgestellt hat sich das Konsistenzprinzip, das besagt: Jede Aussage hat höchstens einen der Wahrheitswerte „wahr" oder „falsch" auf einmal. Als mit dem Satz vom ausgeschlossenen Dritten eng verbunden hat sich das Bivalenzprinzip herausgestellt, das besagt: Jede Aussage hat mindestens einen der Wahrheitswerte „wahr" oder „falsch". Im Zusammenhang mit Überlegungen zum Begriff der Wahrheit als Übereinstimmung mit der Wirklichkeit haben sich der Satz vom ausgeschlossenen Dritten und das Bivalenzprinzip als bezweifelbar herausgestellt. Auch vom Nichtwiderspruchssatz lässt sich festhalten, dass er zuweilen bezweifelt wurde. Von keinem der genannten Prinzipien wurde behauptet, dass seine Wahrheit erwiesen ist.

Literaturhinweise
Zum „Psychologismusstreit": bei Husserl: 73; bei Frege 33, Einleitung und §93; gute Sekundärliteratur: Kap. 4 in 103; zum Politischen des Wiener Kreises: 47. Zum Nichtwiderspruchssatz 56, Kap. 4 (auch ansonsten eine ausgezeichnete flankierende erste Einführung in die analytische Sprachphilosophie). Zu Wahrheitstheorien: 55. Zur Rezeptionsgeschichte des Seeschlachtproblems vgl. den Kommentar zur Übersetzung von Weidemann (58). Weitere Literatur zum Intuitionismus in Kap. 8. Zur Philosophie der Logik: 94 (anspruchsvoll, setzt Kenntnisse im Umfang dieses Buchs voraus).

3. Das Spiel AL

In diesem Kapitel geht es darum, das völlig sinnfreie Spiel AL kennenzulernen. Um die Spielregeln von AL verstehen zu können, ist es zunächst nötig, sich einige wenige fundamentale Begriffe der Mengenlehre klar zu machen (3.1). Durch die Spielanleitung für AL (3.2) ergibt sich, was wohlgeformte Formeln von AL sind und wie man ihnen die Farben Schwarz und Weiß zuordnet. In den Abschnitten 3.3 bis 3.6 geht es um die Theorie von AL, besonders um Methoden zur Beantwortung der Frage, ob eine Formel AL-allgemeingültig (immer schwarz) ist.

3.1 Zu Beginn etwas Mengenlehre

In diesem Kapitel geht es um ein völlig sinnfreies Spiel mit dem Namen „AL". Auch der Name „AL" hat keinerlei tiefere Bedeutung. AL ist allein durch eine Spielanleitung definiert, die aus vier Definitionen besteht. Um diese Spielanleitung zu verstehen, muss man drei elementare Begriffe der Mengenlehre kennen: Menge, Tupel, Funktion.

Menge   Auf meinem Schreibtisch befinden sich im Moment ein Stift, eine Kaffeetasse und eine Uhr. Irgendwie ist damit, dass diese drei Gegenstände sich dort befinden, auch die *Menge* gegeben, die aus genau diesen drei Gegenständen besteht. Damit sind bereits extrem schwierige philosophische Fragen aufgeworfen wie: Befindet sich diese Menge ebenfalls auf meinem Schreibtisch, befindet sie sich anderswo oder befindet sie sich nirgendwo? Gibt es sie noch, wenn sich die Uhr im Wohnzimmer, die Tasse in der Küche und der Stift in der Mülltonne befindet? Gibt es sie, auch wenn niemand je an sie denkt? Diese Fragen müssen hier zum Glück nicht weiter interessieren. Es genügt, festzuhalten: Es gibt sie. Irgendwie. Und der Stift, die Kaffeetasse und die Uhr, und sonst nichts, sind ihre *Elemente*.

Wenn man sich über diese Menge äußern will, muss man sie so beschreiben, dass klar ist, welche Gegenstände ihre Elemente sind und welche nicht. Dazu gibt es prinzipiell zwei Möglichkeiten: (1) Man beschreibt die Menge, indem man erwähnt, was auf die Elemente und nur die Elemente der Menge zutrifft („die Menge der mittelgroßen physikalischen Objekte auf Strobachs Schreibtisch am 16.11.04"). (2) Man beschreibt die Menge durch Aufzählung ihrer Elemente mittels Namen oder eindeutiger Beschreibungen, die durch Kommas getrennt sind und umrahmt sind von *geschweiften Klammern* („{Uhr, Stift, Tasse}"). Dass ein Gegenstand Element einer Menge ist, drückt man durch das Zeichen „∈" aus („Tasse ∈ {Uhr, Stift, Tasse}").

Die Gegenstände, aus denen sich Mengen zusammensetzen, müssen nicht sehr handfest sein. Es reicht, dass es sie gibt. Es kann sich z.B. auch um Zahlen handeln. Es gibt unendlich große Mengen, z.B. die Menge der natürlichen Zahlen. Will man sie in geschweiften Klammern *beschreiben*, so ist man gezwungen, die Aufzählung irgendwann abzubrechen und Auslassungspunkte zu setzen („{1, 2, 3 ...}"). Das heißt aber nicht, dass die Menge selbst unvollständig wäre. Es gibt sie, und sie hat unendlich viele Elemente. Die Einsicht, dass man mit solchen Mengen umgehen kann und dass es sogar unendlich große Mengen unterschiedlicher „Größe" (Mächtigkeit) gibt, geht auf den Begründer der Mengenlehre, den Mathematiker Georg Cantor, zurück (145).

Die Frage, in welcher *Reihenfolge* die Elemente einer Menge in ihr vorkommen, hat keinen Sinn: {Uhr, Stift, Tasse} ist dieselbe Menge wie {Stift, Tasse, Uhr}. Ihre Identität ist allein dadurch bestimmt, welche Elemente zu ihr gehören. Anders ist es beim sogenannten *Tupel*. Grob gesagt ist ein Tupel eine Menge mit eingebauter Reihenfolge der Elemente. Wie man eine solche Reihenfolge erzeugt, spielt hier keine Rolle (es gibt verschiedene Verfahren, vgl. z.B. 41, §53). Tupel notiert man, im Gegensatz zu bloßen Mengen, in *eckigen Klammern*. Das einfachste denkbare Tupel, das nur aus *einem* Element besteht (z.B. ⟨Tasse⟩), setzt man üblicherweise mit diesem Element selbst gleich. Das in der Anwendung wichtigste Tupel ist das Zweiertupel, das man üblicherweise als *geordnetes Paar* bezeichnet. An ihm sieht man, dass es beim Tupel auf die Reihenfolge ankommt: ⟨1,2⟩ ist nicht dasselbe geordnete Paar wie ⟨2,1⟩. Denn im ersten Fall ist 1 die erste und 2 die zweite Komponente, im zweiten Fall ist es umgekehrt. Im Gegensatz dazu ist {1,2} dieselbe Menge wie {2,1}. Es gibt auch Dreiertupel (sogenannte Tripel, z.B. ⟨Tasse, Stift, Uhr⟩), es gibt Vierertupel etc.

Als dritter Begriff nach „Menge" und „Tupel" ist noch der Begriff der *Funktion* zu klären. Man kann sich eine Funktion als einen Gegenstand vorstellen, der etwas gibt und etwas nimmt. So nimmt etwa die Funktion $F(x)=x^2$ Zahlen und gibt Zahlen. Sie gibt nämlich zu jeder Zahl, die sie nimmt, genau eine Zahl wieder her: deren Quadrat. Das, was eine Funktion nimmt, heißt (in dieser Rolle) verwirrenderweise Argument. Dieser Gebrauch des Wortes „Argument" im Zusammenhang mit Funktionen hat mit dem Argumentieren nichts zu tun. Was die Funktion gibt, heißt (in dieser Rolle) Funktionswert. So gibt z.B. die Funktion $F(x)=x^2$ für das Argument 2 den Funktionswert 4. Für jede (reelle) Zahl als Argument gibt sie einen Funktionswert in Form einer (reellen) Zahl: Die Menge der reellen Zahlen ist ihr Argumentbereich, und die Menge der reellen Zahlen ist zufällig auch ihr Wertebereich. Es ist aber für eine Funktion nicht zwingend, dass Argumentbereich und Wertebereich identisch sind. Dasselbe Argument kann nie mehrere verschiedene Funktionswerte haben. Es können aber mehrere Argumente denselben Funktionswert haben. Die Funktion $F(x)=x^2$ selbst ist nicht mit ihrem Graphen, der Normalparabel, zu verwechseln. Manche Funktionen sind mit *einem* einfachen Gegenstand nicht zufrieden: Die Funktion + nimmt gleich ein Paar von Zahlen (die Summanden) und gibt eine Zahl (die Summe). Sie ist eine *zweistellige* Funktion. Sich Funktionen als kleine nehmende und gebende Monster vorzustellen, ist zu Beginn hilfreich. Es gibt aber auch eine etwas weniger pittoreske Art, sie zu beschreiben. Eine Funktion lässt sich nämlich einfach beschreiben als eine Menge von geordneten Paaren. Die jeweils erste Komponente eines geordneten Paars darin ist das Argument, die jeweils zweite der dazu gehörende Funktionswert. Diese Menge kann unendlich groß sein. Das ist bei $F(x)=x^2$ der Fall, denn diese Funktion lässt sich auffassen als

$$\{⟨0,0⟩, ⟨1/3,1/9⟩, ⟨1,1⟩, ⟨\sqrt{2},2⟩, ⟨2,4⟩, ⟨3,9⟩, ⟨4,16⟩ \dots\}.$$

Tupel (Randnotiz)

Funktion (Randnotiz)

Die jeweils zweite Komponente eines Paares ist in unserem Beispiel ja immer das Quadrat seiner jeweils ersten Komponente. Entsprechend lässt sich die Funktion + notieren als {⟨⟨0,0⟩, 0⟩, ⟨⟨1,1⟩, 2⟩, ⟨⟨1,2⟩, 3⟩ ...}. Nicht jede Menge von geordneten Paaren ist eine Funktion. Die Menge {⟨2,4⟩, ⟨2,8⟩} kann z.B. keine Funktion sein, weil dann an das Argument 2 zwei verschiedene Funktionswerte vergeben wären; das ist aber für eine Funktion per Definition ausgeschlossen.

Funktionen müssen nicht unbedingt Zahlen geben und nehmen bzw. Mengen von geordneten Paaren von *Zahlen* sein. Alle anderen Sorten von Gegenständen sind genauso gut möglich. An Beispielen dafür wird es nicht fehlen.

Übungen
1) Lesen Sie vor: [1] a∈{a,b} [2] a∈{b,c} [3] a∈⟨b,a⟩ [4] a∈{b,a} [5] {a,b,c}
   [6] ⟨a,b,c⟩ [7] {⟨a,b⟩,⟨c,d⟩} [8] {b,c,a} [9] ⟨b,c,a⟩ [10] {⟨a,1⟩,⟨a,2⟩} [11] {⟨1,a⟩,⟨2,a⟩}
   [12] {⟨⟨1,1⟩,1⟩, ⟨⟨2,2⟩,4⟩, ⟨⟨2,3⟩,6⟩...} [13] {a} [14] {{a,b},{a},{b}}.
2) Welche der Ausdrücke ([1], [2] etc.) sind wahr bzw. falsch?
3) Welche Ausdrücke bezeichnen dasselbe?
4) Welche Ausdrücke bezeichnen Funktionen?

3.2 Die Spielanleitung für AL

Mit den mengentheoretischen Grundbegriffen ist es nun möglich, die Spielanleitung für das Spiel AL zu verstehen. Sie besteht aus ganzen vier Definitionen. Jede einzelne der Definitionen ist erklärungsbedürftig und wird im Folgenden ausführlich erklärt werden.

<u>Definition 1: „Alphabet von AL"</u>
Das Alphabet von AL ist die Menge { p, ~, ∧, *,), (}.

<u>Definition 2: „Atomare Formel von AL"</u>
1. „p" ist eine atomare Formel von AL.
2. Wenn α eine atomare Formel von AL ist, dann
   ist auch ⌈α *⌉ eine atomare Formel von AL.
3. Nichts sonst ist eine atomare Formel von AL.

<u>Definition 3: „Wohlgeformte Formel von AL" („wff")</u>
1. Jede atomare Formel von AL ist eine wohlgeformte Formel von AL.
2. Wenn α eine wohlgeformte Formel von AL ist, dann auch ⌈~ α⌉.
   Wenn α und β wohlgeformte Formeln von AL sind,
   dann ist auch ⌈(α ∧ β)⌉ eine wohlgeformte Formel von AL.
3. Sonst ist nichts eine wohlgeformte Formel von AL.

<u>Definition 4: „AL-Modell" (auch: „AL-Interpretation")</u>
Ein AL-Modell ist eine Funktion V, die jeder wff von AL ein Element aus {●,○} zuordnet, wobei die folgenden einschränkenden Bedingungen gelten:
1. V(⌈~ α⌉) = ●   gdw V(α) = ○.
2. V(⌈(α ∧ β)⌉) = ●   gdw sowohl V(α) = ● als auch V (β) = ●.

Regeln wie die Definitionen 1 bis 3, die sich nur mit der Form von Zeichenfolgen beschäftigen, nennt man auch syntaktische Regeln. Sie geben die Syntax an (von gr. syn = zusammen, taxis = Ordnung). Die Definition 4 dagegen beschäftigt sich nicht mit der Syntax von AL, sondern damit, was wffs von AL – in einem sehr abstrakten Sinn – *bedeuten*. Es handelt sich bei ihr um den semantischen Teil bzw. die (formale) *Semantik* von AL (von gr. semainein = bedeuten, bezeichnen).

> Syntax und Semantik

Zunächst zur Syntax, und dabei zunächst zu Definition 1. Sie hält fest: Das Spiel AL setzt eine sehr begrenzte Menge von leicht beschaffbaren und unterscheidbaren Spielelementen voraus. Diese Spielelemente sind üblicherweise regelmäßig geformte Tintenspuren auf Papier (Druckerschwärze soll dabei als eine Art Tinte zählen). Man kann AL aber auch als Kartenspiel spielen. Um zu verstehen, wie dieses Spiel funktioniert, ist es zu Beginn sogar sehr zweckmäßig, sich die Spielelemente von AL als Spielkarten vorzustellen, auf denen sich der Buchstabe „p", ein hochgestellter Stern, eine Tilde („~") das Zeichen „∧"oder Klammern befinden können. Im Folgenden wird von dieser Veranschaulichung hemmungslos Gebrauch gemacht. Die Übertragung auf Tintenspuren macht keinerlei Probleme. Sie haben *an sich* ebenso wenig eine Bedeutung wie die Spielkarten.

> Syntax von AL

Was besagt Definition 2? Die ungewöhnlichen Winkelklammern sind einfach eine Abkürzung für die Wendung „das Ergebnis des Hinlegens bzw. Hinschreibens von". So heißt, wenn man an Spielkarten denkt, „⌈α*⌉" einfach soviel wie „das Ergebnis des Hinlegens von α und – unmittelbar rechts davon – einer Sternkarte". Doch was bedeutet das Alpha?

> Winkelklammern

Griechische Buchstaben sind reine Platzhalter für Zeichenketten. In AL-Formeln selbst kommen *nie* griechische Buchstaben vor. Sie sind nur ein Mittel, um sich *über* AL-Formeln zu verständigen. Man könnte sogar auf sie verzichten, wie die folgende Version der Klausel 2 von Definition 2 zeigt. Sie besagt nämlich ganz dasselbe. Nur ist sie viel umständlicher: „Wenn *irgendeine Kartenfolge* aus AL-Karten (im Extremfall: eine einzige Karte) eine atomare Formel von AL ist, dann ist auch diejenige neue Kartenfolge, die entsteht, indem man dieser Kartenfolge an ihrem rechten Rand eine Sternkarte hinzufügt, eine atomare Formel von AL."

Bloß wird man den Eindruck haben, dass die Klausel etwas in der Luft hängt: Um damit etwas anfangen zu können, muss man ja schon wissen, ob man eine atomare Formel vor sich hat! *Allein* mit dieser Klausel bekommt man also keine vernünftige Definition. Aber sie ist durch die erste Klausel von Definition 2 geerdet. Die hält nämlich einfach erst einmal fest, dass eine „p"-Karte eine atomare Formel ist. Habe ich die Kartenfolge

> Rekursive Definitionen

p	*	*

vor mir und frage mich, ob es sich um eine atomare Formel von AL handelt, so erfahre ich aus Definition 2.2: Es handelt sich um eine atomare Formel von AL, *wenn* es sich bei

p	*

um eine atomare Formel handelt. Diese Kartenfolge wiederum ist nach Definition 2.2 eine atomare Formel von AL, *wenn* es sich bei

$\boxed{p}$

um eine atomare Formel handelt. Nun ergibt Definition 2.1, dass es sich dabei tatsächlich um eine atomare Formel handelt. Also ist eine Karte mit dem Zeichen „p" darauf, der zwei Sternkarten folgen, ebenfalls eine atomare Formel von AL. Man nennt diese Art der Definition rekursive Definition („rekursiv" heißt wörtlich „rücklaufend"; manchmal findet man auch den Ausdruck „induktive Definition"). Man kann Klausel 1 die Basisklausel, Klausel 2 die Rekursionsklausel und Klausel 3 die Abschlussklausel nennen. Rekursive Definitionen ermöglichen eine Flexibilität beim Definieren, die vor ihrer Erfindung undenkbar war. Denn sie können eine unendliche Vielfalt von Gestalten ordnen.

Anführungs-zeichen   Bevor sich Definition 3 erklären lässt, soll für den Rest des Buchs eine Vereinbarung darüber getroffen werden, wie Aussagen *über* konkrete Zeichenfolgen notiert werden sollen. Die Vereinbarung lautet:

> Wenn etwas *über* eine konkrete Zeichenfolge ausgesagt wird, so wird diese in Anführungszeichen gesetzt.

Eine Zeichenfolge kann im Extremfall aus einem einzigen Zeichen bestehen; es gibt dafür keinen tieferen Grund, außer dass es am bequemsten ist, das Wort „Folge" so zu definieren. Die getroffene Vereinbarung ist schon deshalb sinnvoll, weil das Abbilden von Kartenfolgen in einer Spielanleitung drucktechnisch aufwändig ist und viel Platz schluckt. Außerdem spielt man AL eben oft auch mit Tintenspuren auf Papier, und da sind die Anführungszeichen sogar unverzichtbar. Ihr Fehlen würde nämlich zu heilloser Verwirrung führen. Denn wie wollte man sonst eine Tintenspur von einem mit Tinte erzeugten Bild dieser Tintenspur unterscheiden?

wff   Außerdem sei vereinbart, dass für den sehr häufigen Ausdruck „wohlgeformte Formel" die übliche Abkürzung „wff" („well-formed formula") benutzt werden soll.

Nun zu Definition 3. Man sieht schnell, dass sie genau so aufgebaut ist wie Definition 2, es sich also wieder um eine rekursive Definition handelt.

Ist „(~p ∧ (p ∧ p*))" eine wff von AL? „~p" müsste dann das α aus Def. 3.2 konkretisieren, „(p ∧ p*)" das β. Also ist „(~p ∧ (p ∧ p*))" laut Def.3.2 eine wff von AL, *wenn* „~p" eine wff von AL ist und „(p ∧ p*)" eine wff von AL ist. Ist „~p" eine wff von AL? Laut Def. 3.2 ja, wenn „p" eine wff von AL ist. Ist „(p ∧ p*)" eine wff von AL? Ja, wenn sowohl „p" als „auch „p*" eine ist. Sind „p" und „p*" wffs von AL? Ja, wenn es sich bei „p" und „p*" um atomare Formeln handelt, wie aus Def. 3.1 hervorgeht. Ist „p*" eine atomare Formel? Ja, wenn „p" eine ist (Def. 2.2). Ist „p" eine? Ja, wie Def. 2.1 bestätigt.

Semantik von AL   Damit ist zur Syntax von AL alles gesagt, und es fragt sich, was die Definition 4 bedeutet, die die gesamte Semantik von AL enthält. Die Idee ist: Wffs von AL können Farben haben. Sie können nämlich schwarz oder weiß sein. Das sollen die schwarzen und weißen Kreise ausdrücken: Sie repräsentieren die möglichen Farben von Formeln. Ein AL-Modell ist nun nichts anderes als eine konkrete Farbverteilung für alle wffs von AL. „V(α) = ●" heißt: „V ordnet der wff α von AL die Farbe Schwarz zu" oder, einfacher: „α ist (in Bezug auf V) schwarz". Und „V(α) = ○" heißt: „V ordnet der wff α von AL die Farbe Weiß zu" oder, einfacher: „α ist (in Bezug auf V) weiß". AL-Modelle sind ein erstes Beispiel für Funktionen, die nichts mit Zahlen zu tun haben. Wenn es sich bei einer Funktion V um ein AL-Modell handelt, so ist der Argumentbereich von V die Menge aller wffs von AL. Das ist eine unendlich große Menge, denn der Komplexität und Länge von AL-Formeln ist ja durch die syntaktischen Definitionen keine Grenze gesetzt. Der Wertebereich von V ist dagegen in diesem Fall sehr überschaubar. Er besteht nur aus zwei Elementen. Ein AL-Modell sieht demnach z.B. so aus:

$$V = \{ \langle p, \bullet \rangle, \langle p^*, \circ \rangle, \langle \sim p, \circ \rangle, \langle (p \wedge p^*), \circ \rangle ... \}.$$

Die *ganze* Funktion V so zu notieren, ist unmöglich, da es unendlich viele wffs von AL gibt. Das macht aber nichts. Denn die Farbe einer wff α von AL wird nur von den Farben derjenigen *atomaren* Formeln beeinflusst, die in α selbst vorkommen (allgemein dazu: 95, S.416). Die Farbverteilung für *atomare* Formeln unterliegt keinerlei Einschränkung: Auf die atomaren Formeln können die zwei Farben völlig willkürlich verteilt werden. Definition 4 ist wieder eine rekursive Definition, denn um die Farbe einer komplexen wff zu ermitteln, muss man von den Farben der darin enthaltenen atomaren Formel(n) aus Schritt für Schritt vorgehen.

Die Tilde („~")

Die erste einschränkende Bedingung in Definition 4 bezieht sich auf Formeln mit einer Tilde am Anfang. Sie bewirkt Folgendes: ⌜ ~ α⌝ muss immer die entgegengesetzte Farbe von α bekommt und umgekehrt. So muss, wenn „p" schwarz ist, „~p" weiß sein, und wenn „~p" schwarz ist, „p" weiß. {⟨ p, ● ⟩, ⟨ ~p, ● ⟩ ...} wäre *kein* AL-Modell, {⟨ p, ○ ⟩, ⟨ ~p, ○ ⟩ ...} auch nicht. Die Tilde kann man sich daher als Farbvertauscher merken.

Der Hut („∧")

Die zweite einschränkende Bedingung in Definition 4 bezieht sich auf Formeln mit „∧" in der Mitte. Sie bewirkt Folgendes: ⌜ (α ∧ β) ⌝ kann nur schwarz sein, wenn beide Komponenten, also α und β, schwarz sind. Wenn nur „p" schwarz ist und „p*" nicht, dann ist „(p ∧ p*)" nicht schwarz, sondern weiß; wenn beide Komponenten weiß sind, erst recht. {⟨ p, ● ⟩, ⟨ p*, ○ ⟩, ⟨ (p ∧ p*), ● ⟩ ...} wäre *kein* AL-Modell.

Die anderen Junktoren

Damit ist zu den Definitionen, die das Spiel AL charakterisieren, eigentlich schon alles gesagt. Allerdings ist das Legen längerer Folgen von Spielkarten ziemlich mühsam. Es ist daher üblich, einige Zeichenfolgen von AL abzukürzen. Man kann sich das so vorstellen, dass man einige Zusatzkarten bastelt, nämlich solche mit „q", „r", „s", „∨", „→", „≡" und „∇" darauf. Die folgende Zusatzdefinition legt fest, wie sie eingesetzt werden dürfen:

AL-Zusatzdefinition 1
Eine atomare Formel von AL darf mit „q", „r" oder „s" abgekürzt werden.

AL Zusatzdefinition 2
Seien α und β wffs von AL.
1. ⌜~ (~α ∧ ~β)⌝ darf durch ⌜(α ∨ β)⌝ abgekürzt werden.
2. ⌜~ (α ∧ ~ β)⌝ darf durch ⌜(α → β)⌝ abgekürzt werden.
3. ⌜((α → β) ∧ (β → α))⌝ darf durch ⌜(α ≡ β)⌝ abgekürzt werden.
4. ⌜((α ∨ β) ∧ ~ (α ∧ β))⌝ darf durch ⌜(α ∇ β)⌝ abgekürzt werden.

Die erste Zusatzdefinition erspart es einem, bei der Anwendung mit „p****", „p******" und Ähnlichem hantieren zu müssen. „q*" (etc.) ist natürlich wieder eine atomare Formel von AL, denn man kann auf „q" wieder Definition 2 anwenden.

Weil die neuen Zeichen nur abkürzenden Charakter haben, ergibt sich aus der zweiten Zusatzdefinition sofort die folgende Beobachtung zur Definition der wff: Wenn α und β wffs von AL sind, so auch $\ulcorner(\alpha \to \beta)\urcorner$, $\ulcorner(\alpha \vee \beta)\urcorner$, $\ulcorner(\alpha \equiv \beta)\urcorner$ und $\ulcorner(\alpha \nabla \beta)\urcorner$. Schon allein von der Syntax her liegt es nahe, „$\to$", „$\wedge$", „$\vee$", „∇" und „$\equiv$" zusammenfassend als „Verbinder" (lat.: „Junktoren") zu bezeichnen. Etwas inkonsequent bezeichnet man auch „$\sim$" als Junktor. Zur Not mag man sagen: Die Tilde verbindet eine wff mit sich selbst.

Um über AL-Kartenfolgen sprechen und diese buchstabieren zu können, ist es gut, festzulegen, wie die Junktoren heißen. Sie sollen deshalb *vorläufig* wie folgt gelesen werden (die offiziellen Namen haben Zeit bis Kap. 3.5):

„$\sim$" = „Tilde"	„$\to$" = „Pfeil"	„∇" = Dreieck
„$\wedge$"= „Hut"	„$\vee$" = „Tüte"	„$\equiv$" = „Spaghetti".

Oft findet man das Zeichen „$\supset$" statt „$\to$", das Zeichen „$\neg$" oder „$-$" an Stelle von „$\sim$", leere Karten oder Karten mit „." statt Karten mit „$\wedge$", „$\leftrightarrow$" oder „$\Leftrightarrow$" statt „$\equiv$" sowie kleine hochgestellte Häkchen statt Sterne. Das ist genauso unwichtig wie die Art, wie der König oder der Springer eines Schachspiels geschnitzt sind. Allein darauf, wie man mit der Figur umgeht, kommt es an.

Die neu definierten Junktoren haben interessante semantische Eigenschaften. Aus der Zusatzdefinition 2 folgt nämlich: Die Farben der Komponenten, die durch sie verbunden werden, müssen jeweils ganz bestimmte Bedingungen erfüllen, damit die ganze Verbindung schwarz wird.

$V(\ulcorner(\alpha \vee \beta)\urcorner) = \bullet$ gdw mindestens einer der folgenden Fälle vorliegt:
$$1)\ V(\alpha) = \bullet$$
$$2)\ V(\beta) = \bullet;$$
$V(\ulcorner(\alpha \to \beta)\urcorner)= \bigcirc$ gdw $V(\alpha) = \bullet$ und $V(\beta) = \bigcirc$;
$V(\ulcorner(\alpha \nabla \beta)\urcorner) = \bullet$ gdw $V(\alpha) \neq V(\beta)$;
$V(\ulcorner(\alpha \equiv \beta)\urcorner) = \bullet$ gdw $V(\alpha) = V(\beta)$.

Bei der Tüte können demnach auch beide Fälle zusammen vorliegen (schwarz und schwarz ergibt schwarz). Die Klausel für den Pfeil ist kein Druckfehler: Es ist tatsächlich einfacher, sie ausgehend von dem *einen* Fall zu formulieren, in dem eine Formel mit Pfeil weiß wird, statt alle drei Fälle aufzuzählen, in denen sie schwarz wird. Weichen die Farben der Komponenten einer Spaghetti-Verbindung voneinander ab, so wird das Ergebnis weiß. Bei der Dreiecks-Verbindung ist es umgekehrt.

Übungen
1) Handelt es sich im Folgenden a) um Folgen von AL-Spielelementen b) um atomare Formeln von AL c) um wffs von AL d) um nichts davon?

[1] ((% → #) → ~ (p ∨ q))   [2]) p → q ([3] (p ∨ q)   [4] (p)
[5] ~ (r) [6] ~ (α ∧ ~ α)   [7] p ＊ ＊ ＊ ＊ ＊   [8]   ＊r
[9] ((x = x) → (p ∨ ~ p))   [10] q   [11] (p ∧ ~ p)   [12] ((r ≡ r) → s)
[13] ((p → α) ∨ (p → ~ α)) [14] (((p → q＊) ∧ p) → q＊)

2) Sei V = { ⟨ p, ● ⟩, ⟨ q, ○ ⟩, ⟨ r, ○ ⟩, ⟨ s, ● ⟩, ... }.
   Welche Farbe haben die folgenden wffs von AL in Bezug auf V?
   [1] s   [2] ~ r   [3] ~ (q ∧ ~ r)   [4] (p ∨ ~ q)   [5] (r → s)
   [6] ((r ≡ r) → q) [7] (~ (r ∨ s) ∧ (p ∧ ~ p)) [8] ~ ((r ∨ s) ∧ (p ∧ ~ p))
   [9] ((p → r) → s)   [10] ~ ~ ~ ~ q

3) Bestimmen Sie, soweit benötigt, V(p), V(q), V(r) und V(s) für jede Zeile neu durch
   das Werfen einer Münze (Kopf = ●, Zahl = ○ !) und bestimmen Sie danach
   neuerdings die Farben der Formeln 1 bis 10.

4) Verwenden Sie das Münzwurf-Verfahren auch für die folgenden Formeln. Bestimmen Sie dann bei diesen acht Formeln, welche Farbe die Formel jeweils gehabt
   hätte, wenn die Münze anders gefallen wäre, als sie tatsächlich gefallen ist.
   [1] (p ∧ ~ p)   [2] (p ∧ p)   [3] ~ (p ∨ ~ p)   [4] (p ∨ ~ p)
   [5] ~ (p ∧ ~ p)   [6] (p → p)   [7] (p ∨ p)   [8] ~ (r ≡ r)

3.3   Die Theorie des Spiels AL, erster Teil (Farbtabellen)

Manche Spiele geben Anlass zu ausführlicher theoretischer Beschäftigung,
z.B. das Schachspiel. Ein wahrer Satz der Theorie des Schachspiels ist z.B.:
„Mit nur noch einem Springer kann man gegen einen optimal spielenden
Gegner, der noch beide Türme hat, nicht gewinnen". Auch über AL kann
man theoretische Aussagen machen. So folgen zwei fundamentale Ergebnisse der Theorie von AL schon unmittelbar daraus, dass ein AL-Modell
eine *Funktion* ist:

„allgemeingültig",
„widersprüchlich",
„erfüllbar"

Das B-Prinzip für wffs: Es kann nicht vorkommen, dass eine wff von AL
in Bezug auf ein AL-Modell einfach farblos bleibt. *Jede* wff bekommt
eine Farbe zugewiesen: wenn nicht Schwarz, dann Weiß, und umgekehrt.

Das K-Prinzip für wffs: Es kann nicht vorkommen, dass einer wff von AL
in Bezug auf ein AL-Modell mehr als eine Farbe zugewiesen wird. Keine
wff kann in Bezug auf eine AL-Interpretation sowohl schwarz als auch
weiß sein.

Das K-Prinzip folgt, wenn nur Schwarz und Weiß zur Verfügung stehen,
daraus, dass keinem Argument einer Funktion mehr als ein Funktionswert
zugeordnet sein kann. Nichts schließt aus, dass es Spiele gibt, die zwar
ähnlich funktionieren wie AL, für die aber aufgrund von etwas anders
formulierten Spielregeln diese beiden Prinzipien nicht gelten. Ebenso ist es
willkürlich, die Zahl der Farben auf zwei zu beschränken. So ist es eben
für AL definiert.
    Im Folgenden soll es darum gehen, die Theorie von AL weiter auszu-
bauen. Dazu sind zunächst die wichtigsten Begriffe der Theorie des Spiels
AL zu definieren:

> **Definition AL-Theorie 1**
> Sei α eine wff von AL.
> (1) α ist (AL-)allgemeingültig gdw α für jedes AL-Modell schwarz ist.
> (2) α ist (AL-)widerspüchlich gdw α für jedes AL-Modell weiß ist.
> (3) α ist (AL-)erfüllbar gdw es ein AL-Modell gibt, für das α schwarz ist.

Allgemeingültigkeit heißt soviel wie: Ganz gleich, wie die Münze fällt (vgl. Übung 3 und 4 zu 3.2), welche Farbe also den atomaren Teilformeln zugewiesen wird – die Gesamtformel wird immer schwarz. Das ist eine faszinierende Eigenschaft von Formeln! Widersprüchlichkeit heißt soviel wie: Ganz gleich, wie die Münze fällt, welche Farbe also den atomaren Teilformeln zugewiesen wird – die Gesamtformel wird immer weiß. Erfüllbarkeit heißt: Es gibt eine Kombination von Münzwurfergebnissen für die Farbzuweisung der atomaren Teilformeln, bei der die Gesamtformel schwarz wird. Statt „widersprüchlich" sagt man auch „kontradiktorisch" (der Ausdruck „kontradiktorisch" wird dann in anderem Zusammenhang verwendet als in der klassischen Logik, vgl. dazu Kap. 4.5, Kap. 6.1). Man sagt auch statt „Diese Formel ist allgemeingültig" manchmal: „Diese Formel ist eine Tautologie von AL". Das hat eine rein technische Bedeutung und ist nicht abwertend gemeint (also nicht im Sinne von „...leeres, tautologisches Geschwätz", selbst wenn das an der entscheidenden Stelle in 48, 4.46 aus philosophischen Gründen mitschwingen soll). Oft hört man auch „Diese Formel ist ein Theorem von AL". In einem engeren Sinn ist das Wort „Theorem" aber erst im Zusammenhang mit Herleitungsspielen (vgl. Kap. 4.4) gebräuchlich.

Farbtabellen   Die Definition AL-Theorie 1 sagt uns noch nicht, *wie man herausbekommt*, ob eine Formel allgemeingültig, widersprüchlich oder erfüllbar ist (dies ist der Unterschied zwischen einer Definition und einem Kriterium). Eine Methode, wie man das herausbekommen kann, ergibt sich zwanglos aus dem in den letzten Übungen geübten Münzwurf-Verfahren: Man schreibe alle möglichen Kombinationen von Münzwurf-Ergebnissen in eine Tabelle und rechne (am besten am Anfang mit genauen Zwischenschritten) für jede mögliche Kombination einzeln die Farbe der zu überprüfenden Formel aus. Ist das Ergebnis in jedem Fall „schwarz", so ist die Formel allgemeingültig. Ist das Ergebnis in jedem Fall „weiß", so ist die Formel widersprüchlich. Ist das Ergebnis in einem Fall „schwarz", so ist die Formel erfüllbar. Beispiel:

p	q	~ q	(p → q)	((p → q) ∧ ~ q)	~ p	(((p → q) ∧ ~ q) → ~ p)
●	●	○	●	○	○	●
●	○	●	○	○	○	●
○	●	○	●	○	●	●
○	○	●	●	●	●	●

„(((p → q) ∧ ~ q) → ~ p)" ist allgemeingültig.

Frühe Beispiele für die Einzelfallmethode finden sich beim amerikanischen Philosophen Charles Sanders Peirce, dem Begründer des Pragmatismus, und im genialen Frühwerk „Tractatus Logico-Philosophicus" (48) von Ludwig Wittgenstein. Statt der hier eingeführten Notation findet man die Tabellen auch manchmal platzsparend „um die Ecke" notiert, z.B. so:

$(p \lor q)$	q	q
	●	○
p ●	●	●
p ○	●	○

Ohne weiteres festhalten lässt sich: Ist α allgemeingültig, so ist ⌜~ α⌝ widersprüchlich. Ist α widersprüchlich, so ist ⌜~ α⌝ allgemeingültig.

Übungen
1) Was stimmt? [1] Allgemeingültigkeit ist hinreichende Bedingung für Erfüllbarkeit. [2] Erfüllbarkeit ist notwendige Bedingung für Allgemeingültigkeit. [3] Erfüllbarkeit schließt Allgemeingültigkeit aus. [4] Allgemeingültigkeit schließt Widersprüchlichkeit aus. [5] Erfüllbarkeit schließt Widersprüchlichkeit aus. [6] Erfüllbarkeit ist hinreichende Bedingung für Allgemeingültigkeit. [7] Allgemeingültigkeit ist notwendige Bedingung für Erfüllbarkeit. [8] Widersprüchlichkeit ist notwendige Bedingung für Allgemeingültigkeit.
2) Beweisen Sie mit Farbtabellen, ob die Formeln allgemeingültig, erfüllbar oder widersprüchlich sind:
   [1] q   [2] $(p \land q)$ [3] $((p \land q) \lor (q \land p))$ [4] $(p \equiv p)$ [5] $\sim (p \land \sim p)$
   [6] $\sim (p \lor \sim p)$ [7] $(\sim p \to (p \to q))$ [8] $\sim r$ [9] $\sim (p \equiv \sim \sim p)$
   [10] $((p \lor q) \lor (p \lor \sim q))$ [11] $(((p \to q) \land p) \to q)$
3) Erklären Sie mit Berufung auf in Übung 2 erzielte Ergebnisse, warum die folgenden Formeln allgemeingültig oder aber widersprüchlich sind:
   [1] $(p \equiv \sim \sim p)$ [2] $(p \land \sim p)$

3.4   Die Theorie von AL, zweiter Teil (Stilisierte Fallunterscheidung)

Die Methode der Farbtabellen ist zwar unfehlbar; und um zu begreifen, was Allgemeingültigkeit, Widersprüchlichkeit und Erfüllbarkeit von AL-Formeln ist, ist sie auch sehr nützlich. Aber Beispiel 4 zeigt auch schon, dass sie bei etwas längeren Formeln sehr schnell furchtbar umständlich ist. Zum Glück gibt es eine sehr viel schnellere Methode (in der vorgeführten Notation übernommen aus 8, Teil I, §5). Man kann sie die Methode der stilisierten Fallunterscheidung nennen. Hier ist der Beweis für die Allgemeingültigkeit von „$(((p \to q) \land \sim q) \to \sim p)$" nach dieser Methode. Es sei vereinbart, dass reine Außenklammern ab sofort wegfallen.

Stilisierte Fallunterscheidung

```
1                      ((p → q) ∧ ~ q) → ~ p
2        ((T → q) ∧ ~ q) → ~ T    |  ((⊥ → q) ∧ ~ q) → ~ ⊥
3        (     q ∧ ~ q) → ~T      |  ((⊥ → q) ∧ ~ q) → T
4        (     q ∧ ~ q) → ⊥       |              T
5          ~( q ∧ ~ q)
6  ~( T ∧ ~ T) | ~( ⊥ ∧ ~ ⊥)
7  ~( T ∧ ⊥)   | ~       ⊥
8  ~     ⊥     |        T
9        T
```

Was geschieht hier? „T" soll als Abkürzung für „p≡p" definiert sein, „⊥" als Abkürzung für „~(p≡p)". Man könnte zusätzliche Karten mit diesen Zeichen basteln. Interessant an „p≡p" ist allein, dass es sich dabei um eine allgemeingültige Formel handelt. Interessant an „~(p≡p)" ist allein, dass es sich dabei um eine kontradiktorische Formel handelt. Jede andere allgemeingültige bzw. kontradiktorische Formel wäre für den beabsichtigten Zweck genauso gut.

In der ersten Zeile steht einfach die Formel, um deren Eigenschaften es geht. In der zweiten Zeile wird eine erste Fallunterscheidung stilisiert. Was links vom senkrechten Strich steht, besagt nämlich soviel wie: „Angenommen, ‚p' ist schwarz". Und was rechts vom senkrechten Strich steht, besagt soviel wie: „Angenommen, ‚p' ist weiß". Mit „p" fängt man an, weil es die am weitesten links stehende atomare Formel ist. Sollten Unterfälle zu unterscheiden sein, arbeitet man sich stur von links nach rechts durch.

Wieso kann man eine Fallunterscheidung so aufschreiben? „T" als allgemeingültige Formel ist ja eine immer schwarze Formel. Und „⊥" als kontradiktorische Formel ist eine immer weiße Formel. Für den Fall, dass „p" in der Ausgangsformel schwarz ist, *muss* die Ausgangsformel dieselbe Farbe haben wie diejenige Formel, die aus ihr hervorgeht, indem man „p" durch das sowieso *immer* schwarze „T" ersetzt. Und für den Fall, dass „p" in der Ausgangsformel weiß ist, *muss* die Ausgangsformel dieselbe Farbe haben wie diejenige Formel, die aus ihr hervorgeht, indem man „p" durch das sowieso *immer* weiße „⊥" ersetzt.

Zunächst zur rechten Seite: In der dritten Zeile wird „~⊥" durch „T" ersetzt. Das ist eine sichere Sache, weil eine kontradiktorische Formel mit einer Tilde davor immer eine allgemeingültige Formel ist und deshalb immer dieselbe Farbe hat wie „T". Umgekehrt ist es genau so sicher, „~T" durch „⊥" zu ersetzen. Man kann das als Regel so veranschaulichen:

$$\begin{array}{c|c} \sim T & \sim \perp \\ \hline \perp & T \end{array}$$

Die rechte Seite der Fallunterscheidung ist in der vierten Zeile bereits fertig: Eine Pfeil-Verbindung kann nur weiß werden, wenn ihr Hinterglied weiß ist; es ist aber schwarz, also ist die ganze Pfeil-Verbindung schwarz. Das Ergebnis ist: Falls „p" weiß ist, so ist die Ausgangsformel schwarz – ganz gleich, was mit „q" los ist.

Nun zur linken Seite: In Zeile 3 kann man im Vorderglied zunächst „(T → q)" gefahrlos durch „q" ersetzen: Wenn die Pfeil-Verbindung vorn schwarz ist, so ist sie schwarz, wenn sie hinten schwarz ist, und weiß, wenn sie hinten weiß ist. Sie hat also insgesamt dieselbe Farbe wie hinten. In Zeile 4 wird „~T" durch „⊥" ersetzt. Für Zeile 5 muss man etwas um die Ecke denken: Man hat in Zeile 4 eine Pfeil-Verbindung erzeugt, die hinten weiß ist. Ist die Pfeil-Verbindung hinten weiß und vorn schwarz, so ist sie weiß, hat also die der Farbe des Vorderglieds *entgegengesetzte* Farbe. Und ist sie hinten weiß und vorn weiß, so ist die Pfeilverbindung schwarz, hat also *wieder* gerade die der Farbe des Vorderglieds entgegengesetzte Farbe. Die Tilde funktioniert aber gerade als Farbvertauscher. Also kann man vor das Vorderglied einfach eine Tilde setzen. In Zeile 6 müssen nun zwei

Unterfälle unterschieden werden: 1. „q" ist schwarz (links); 2. „q" ist weiß (rechts). Zunächst wieder zur rechten Seite: Eine Komponente der Hut-Verbindung „($\bot$ $\land$ ~ $\bot$)" ist weiß. Deshalb muss die ganze Hut-Verbindung weiß werden und kann in Zeile 7 zu „$\bot$" vereinfacht werden. Damit steht dort „~$\bot$", was in Zeile 8 zum Ergebnis „T" wird. Links ist zunächst in Zeile 7 aus dem „~T" ein „$\bot$" zu machen, und dann geschieht dort dasselbe wie rechts. Das Ergebnis ist: Falls „p" schwarz ist und „q" weiß, ist die Ausgangsformel schwarz; falls „p" schwarz und „q" schwarz ist, auch. Die Ausgangsformel ist also in allen denkbaren Fällen schwarz, mithin allgemeingültig.

Steht in allen Fällen am Ende ein „$\bot$", so ist die Ausgangsformel kontradiktorisch. Kommen „T" und „$\bot$" gemischt vor, ist die Ausgangsformel weder allgemeingültig noch kontradiktorisch, aber erfüllbar.

Das Kernstück der Methode der stilisierten Fallunterscheidung sind Auswertungsregeln zur äquivalenten (farbbewahrenden) Ersetzung:

Auswertungsregeln

~T	~$\bot$	T$\land\alpha$	$\alpha\land$T	$\bot\land\alpha$	$\alpha\land\bot$	T$\lor\alpha$	$\alpha\lor$T	$\bot\lor\alpha$	$\alpha\lor\bot$
$\bot$	T	α	α	$\bot$	$\bot$	T	T	α	α

T$\to\alpha$	$\alpha\to$T	$\bot\to\alpha$	$\alpha\to\bot$	T$\equiv\alpha$	$\alpha\equiv$T	$\bot\equiv\alpha$	$\alpha\equiv\bot$
α	T	T	~α	α	α	~α	~α

Die Auswertungsregel für Hut-Formeln liest man z.B. so: (1) Wenn die erste Komponente einer Hut-Verbindung schwarz ist, dann hat die ganze Hut-Verbindung die Farbe der zweiten Komponente. (2) Wenn die zweite Komponente einer Hut-Verbindung schwarz ist, dann hat die ganze Hut-Verbindung die Farbe der ersten Komponente. (3) Wenn die erste Komponente einer Hut-Verbindung weiß ist, dann ist die ganze Hut-Verbindung weiß. (4) Wenn die zweite Komponente einer Hut-Verbindung weiß ist, dann ist die ganze Hut-Verbindung weiß.

Bei der Tüte reicht *eine* schwarze Komponente, um die ganze Formel schwarz zu machen (erster und zweiter Fall), bei *einer* weißen kommt es auf die Farbe der anderen Komponente an: Ist sie ebenfalls weiß, ist die ganze Formel weiß, ist sie schwarz, so ist es auch die ganze Formel (dritter und vierter Fall).

Bei der Pfeil-Verbindung sind die ersten drei Fälle einfach: Ist sie vorn schwarz (erster Fall), kommt es darauf an, welche Farbe sie hinten hat, denn ist sie hinten weiß, ist sie insgesamt weiß; ist sie hinten schwarz, kann sie nicht insgesamt weiß werden, sondern ist schwarz – was auch gleich den zweiten Fall erklärt. Ist sie vorn weiß (dritter Fall), so macht die Farbe hinten nichts aus – die Formel wird sowieso schwarz. Beim vierten Fall muss man etwas um die Ecke denken, so wie es für das Beispiel erklärt wurde.

Ist bei der Spaghetti-Verbindung eine Komponente schwarz (erster und zweiter Fall), so hat die ganze Formel die Farbe der anderen Komponente. Denn ist die zweite Komponente ebenfalls schwarz, so hat sie die gleiche Farbe wie die erste, und das macht die ganze Formel schwarz; ist *sie* weiß, so hat sie nicht die gleiche Farbe wie die erste Komponente, und damit ist auch die *ganze* Formel weiß. Beim vierten Fall muss man wieder um die

Ecke denken: Ist eine Komponente weiß, so sind, *falls die andere schwarz ist*, die Farben der Komponenten verschieden, also die ganze Verbindung weiß – also das *Gegenteil* von schwarz; und falls die andere Komponente weiß ist, sind beide Komponenten weiß und damit die ganze Verbindung schwarz – also das Gegenteil von weiß. Mit der Tilde davor kann man also auch hier nichts falsch machen.

Zum Glück muss man nicht sehr oft bei der Spaghetti-Verbindung die Fälle wirklich durchrechnen. Denn steht auf beiden Seiten der Spaghetti dasselbe, so darf die Spaghetti-Verbindung ohne weiteres durch „T" ersetzt werden. Dasselbe soll für die Pfeil-Verbindung gelten. Dabei sollen auch ⌜α⌝ und ⌜~~α⌝ als dasselbe gelten.

Wesen des Beweises   Abgesehen von diesen Vereinfachungen ist es aber sehr zu empfehlen, Zwischenschritte immer sorgfältig auszunotieren und dem Gedanken „Das sieht man doch sofort!" nicht nachzugeben. Dafür gibt es zwei gute Gründe. Der erste ist: Man verhaspelt sich eben doch oft - gerade bei den einfachsten Schritten. Der zweite Grund ist noch viel schwerwiegender: Zum Wesen des Beweises gehört es, dass er eine öffentliche Sache ist. Ein Beweis ist kein Trick, um für sich ein Ergebnis herauszubekommen. Er muss *allgemein* nachvollziehbar sein, und zwar nicht nur von Leuten, die sofort dasselbe sehen wie man selbst.

Übung
Weisen Sie mit der Methode der stilisierten Fallunterscheidung nach, welche Eigenschaften die folgenden Formeln haben (ihre Namen spielen beim ersten Lesen des Kapitels noch keine Rolle):

[1] $(p \rightarrow q) \rightarrow (\sim q \rightarrow \sim p)$ Kontraposition (v.l.n.r.)
[2] $(p \rightarrow q) \rightarrow (\sim p \rightarrow \sim q)$ falsche Kontraposition
[3] $(\sim p \rightarrow \sim q) \rightarrow (q \rightarrow p)$ Kontraposition (Gegenrichtung)
[4] $\sim (p \wedge \sim p)$ NWS
[5] $p \vee \sim p$ SAD
[6] $p \equiv \sim\sim p$ DN (bitte ohne Vereinfachung!)
[7] $((p \rightarrow q) \wedge (q \rightarrow r)) \rightarrow (p \rightarrow r)$ Transitivität von „→"
[8] $\sim p \rightarrow (p \rightarrow q)$ 1. Paradoxie der materialen Implikation
[9] $p \rightarrow (q \rightarrow p)$ 2. Paradoxie der materialen Implikation
[10] $(p \wedge \sim p) \rightarrow q$ ex falso quodlibet
[11] $(p \rightarrow q) \rightarrow \sim (p \wedge \sim q)$ Konditional als Konjunktion

3.5 Die Theorie von AL, dritter Teil (AL-Schemata und ihre Eigenschaften)

Offizielle Namen der Junktoren   In diesem Abschnitt geht es darum, wie man die Methode der stilisierten Fallunterscheidung einsetzen kann, um noch weit allgemeinere Ergebnisse zu etablieren als bisher. Zunächst soll eine rein sprachliche Vereinbarung getroffen werden. Man denkt sich am besten nichts weiter dabei:

Die Hut-Verbindung heißt ab jetzt Konjunktion.
Die Tüten-Verbindung heißt ab jetzt Alternation.
Die Pfeil-Verbindung heißt ab jetzt Konditional.
Die Spaghetti-Verbindung heißt ab jetzt Bikonditional.
Die Tilde heißt ab jetzt (Satz-)Negator.

Es ist zwar gebräuchlicher, aber unfeiner Slang, das Konditional auch dann als Implikation zu bezeichnen, wenn man über eine nicht-allgemeingültige Formel redet. Korrekterweise ist nur ein *allgemeingültiges* Konditional eine Implikation. Entsprechendes gilt für das Bikonditional und die Bezeichnung „Äquivalenz".

Mit Hilfe von griechischen Buchstaben und Winkelklammern lässt sich eine Behauptung aufstellen wie die folgende: ⌜α → α⌝ ist AL-all-gemeingültig. Das ist zweifellos eine sehr plausible Behauptung, aber sie geht weit über die Behauptung hinaus, dass „p → p" AL-allgemeingültig ist. Aber man kann die Methode der stilisierten Fallunterscheidung *indirekt* auch zum Nachweis allgemeinerer Ergebnisse benutzen. Man macht sich nämlich leicht klar: Der Beweis im einfachsten denkbaren Fall reicht schon aus. Er lässt sich auf das allgemeine *Schema* (hier: ein Gebilde mit griechischen Buchstaben und ggf. Winkelklammern) übertragen. Denn Einsetzen (und dabei Erzeugen des denkbar einfachsten Falls) erhält Allgemeingültigkeit oder Widersprüchlichkeit, wenn auch nicht unbedingt Erfüllbarkeit.

Gegenbeispiel zur Behauptung, Einsetzen erhalte Erfüllbarkeit: „p ∧ q" ist erfüllbar, aber wenn man sowohl „p" als auch „q" durch „(p ∧ ~p)" austauscht, so erhält man „(p ∧ ~p) ∧ (p ∧~p)" - eine widersprüchliche Formel.

Schließlich ist es möglich, noch allgemeinere Aussagen der Theorie von AL zu machen, nämlich nicht nur über Schemata, sondern über formale Eigenschaften der darin vorkommenden Junktoren. So kann man etwa beweisen, dass Konjunktion und Alternation sowohl assoziativ als auch kommutativ sind, das Konditional aber keins von beidem. Dabei ist ein zweistelliger Junktor ξ (sprich: „xi") genau dann kommutativ, wenn (für beliebige wffs α und β) gilt: ⌜(α ξ β) ≡ (β ξ α)⌝ ist allgemeingültig. Und ξ ist genau dann assoziativ, wenn gilt: ⌜((α ξ β) ξ γ) ≡ (α ξ (β ξ γ))⌝ ist allgemeingültig. „Kommutativ" bedeutet ungefähr: „Die Reihenfolge ist egal". „Assoziativ" bedeutet ungefähr: „Die Klammerung ist egal".

Übungen
1) Widerlegen Sie anhand von konkreten Gegenbeispielen mit Farben von wffs die Kommutativität und die Assoziativität des Konditionals.
2) Beweisen oder widerlegen Sie die Allgemeingültigkeit von:

    [1] ⌜((α → β) ∧ α) → β⌝   m.p.p.
    [2] ⌜((α → β) ∧ ~ α) → ~ β⌝   falscher m.t.t.
    [3] ⌜((α → β) ∧ ~ β) → ~ α⌝   m.t.t.
    [4] ⌜((α ≡ β) ∧ ~ α) → ~ β⌝   verstärkter m.t.t.
    [5] ⌜((α → β) ∧ β) → α⌝   falscher m.p.p.
    [6] ⌜((α ∇ β) ∧ ~ α) → β⌝   disj. m.t.p.
    [7] ⌜((α ∇ β) ∧ β) → ~ α⌝   disj. m.p.t.

Die Namen der Schemata sind vorerst noch unwichtig.

3.6　Die Theorie von AL, vierter und letzter Teil (Sheffer-Strich)

Interdefinierbarkeit
der Junktoren

Es ist recht üblich, wie oben in Definition 1 geschehen, nur den Negator und die Konjunktion vorauszusetzen und Alternation, Konditional und Bikonditional per Definition einzuführen. Genau so gut hätte man aber auch den Negator und die Alternation voraussetzen und dann Konjunktion und Alternation so definieren können:

⌜~(~α ∨ ~β)⌝ darf jederzeit durch ⌜(α ∧ β)⌝ abgekürzt werden.
⌜(~α ∨ β)⌝ darf jederzeit durch ⌜(α → β)⌝ abgekürzt werden.

Schließlich hätte man auch den Negator und das Konditional voraussetzen und definieren können:

⌜(~α → β)⌝ darf jederzeit durch ⌜(α ∨ β)⌝ abgekürzt werden.

Die Konjunktion hätte man dann über die Alternation einführen können („⌜~(~α ∨ ~β)⌝“). Das Bikonditional wird grundsätzlich wie in Kapitel 3.2 als Konjunktion des Konditionals in beiden Richtungen definiert. Die Farbregeln in Definition 4 müssten auf offensichtliche Weise angepasst werden.

Sheffer-Strich

Man kann sich fragen, wie weit sich die Reduktion der Junktoren treiben lässt. Braucht man überhaupt immer zwei Junktoren, um alle anderen zu definieren – oder reicht vielleicht einer? Die Antwort ist eine echte Kuriosität der Logikgeschichte: Es gibt zwei (um die Wende vom 19. zum 20. Jahrhundert) entdeckte Möglichkeiten, beim AL-Spielen mit nur *einem* Junktor auszukommen, dem Sheffer-Strich oder dem Peirce-Pfeil. Die einzige syntaktische Regel für die Junktoreneinführung im AL-Spiel mit Sheffer-Strich lautet: „Wenn α und β wffs von AL sind, so auch ⌜(α | β)⌝.“ Und die ganze Farbdefinition des AL-Spiels mit Sheffer-Strich lautet:

...V((α | β)) = ● , falls nicht sowohl V(α) = ● als auch V(β) = ●.

Kurz gesagt wird also die Sheffer-Strich-Verbindung gerade dann schwarz, wenn *nicht beide* Komponenten schwarz sind. Darauf, wie man mit dem Sheffer-Strich und dem Negator die Konjunktion definieren kann, kommt man recht schnell:

⌜ ~ (α | β)⌝ darf jederzeit durch ⌜(α ∧ β)⌝ abgekürzt werden.

Schließlich ist ja die Konjunktion gerade dann schwarz, wenn beide Komponenten schwarz sind. Aber wie soll man es anstellen, den Negator durch den Sheffer-Strich zu definieren? Der Negator ist doch ein einstelliger und der Sheffer-Strich ein zweistelliger Junktor! Die Lösung ist:

⌜(α | α)⌝ darf jederzeit durch ⌜ ~ α ⌝ abgekürzt werden.

Warum das tatsächlich die Lösung ist, versteht man allerdings erst mit der entsprechenden Farbtabelle vor Augen:

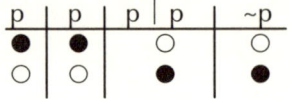

Insgesamt hat sich die sparsamste Variante gegenüber den übersichtliche-ren Varianten nicht durchgesetzt (das ist eher ungewöhnlich in der Logik!). Der Sheffer-Strich und der Peirce-Pfeil „↓"(„beide nicht schwarz") spielen also in der Anwendung keine große Rolle – was ihre theoretischen Bedeu-tung nicht schmälert.

Übungen

1) Beweisen Sie die Allgemeingültigkeit der folgenden Formeln mit der Methode der stilisierten Fallunterscheidung:

[1] $\sim (p \wedge q) \equiv (\sim p \vee \sim q)$ De Morgan 1
[2] $\sim (p \vee q) \equiv (\sim p \wedge \sim q)$ De Morgan 2
[3] $(p \equiv q) \equiv ((p \rightarrow q) \wedge (q \rightarrow p))$ Bikonditional-Einsparungsregel
[4] $(p \rightarrow q) \equiv \sim (p \wedge \sim q)$ Konditional-Einsparungsregel 1
[5] $(p \wedge q) \equiv \sim (\sim p \vee \sim q)$ Konjunktions-Einsparungsregel 1
[6] $(p \wedge (q \vee r)) \equiv ((p \wedge q) \vee (p \wedge r))$ Distributionsregel
[7] $p \rightarrow (p \vee q)$ Hinzufügungsregel
[8] $\sim (p \rightarrow \sim q) \equiv (p \wedge q)$ Konjunktions-Einsparungsregel 2
[9] $(p \rightarrow q) \equiv (\sim p \vee q)$ Konditional-Einsparungsregel 2
[10] $(p \vee q) \equiv (\sim p \rightarrow q)$ Alternations-Einsparungsregel
[11] $(p \rightarrow (q \rightarrow r)) \rightarrow ((p \wedge q) \rightarrow r)$ Importationsgesetz (für „q" ins Vorderglied)
[12] $((p \wedge q) \rightarrow r) \rightarrow (p \rightarrow (q \rightarrow r))$ Exportationsgesetz (aus dem Vorderglied)

2) Erklären Sie, wieso die Einsparungsregeln in Übung 2 ihren Namen verdient haben.

3.7 Zusammenfassung und Literaturhinweise

Zusammenfassung

Das völlig sinnfreie Spiel AL und seine Theorie ist durch Kap. 3 umfassend darge-stellt: Die Charaktere der verschiedenen Junktoren sind deutlich geworden: „$\sim$" (Farbvertauscher), „$\wedge$" (schwarz, nur wenn beide schwarz), „$\vee$" (schwarz, schon wenn *einer* schwarz), „$\rightarrow$" (weiß nur beim Input schwarz-weiß) und „$\equiv$" (Farb-vergleicher). Die Begriffe der Allgemeingültigkeit (bei jedem Input schwarz), der Widersprüchlichkeit (bei jedem Input weiß) und der Erfüllbarkeit (bei manchem Input schwarz) wurden geklärt. Es wurde außerdem erklärt, wie man die Allge-meingültigkeit einer Formel einerseits mit der Methode der Farbtabellen, anderer-seits mit der Methode der stilisierten Fallunterscheidung nachweist. Ferner wurde erörtert, wie man Beweise der Eigenschaften von Formeln für Schemata (Gestalten von Formeln) erweitern kann und wie man bestimmte Eigenschaften von Junktoren untersucht wie Kommutativität (Reihenfolge des Inputs egal) und Assoziativität (Klammerung egal). Schließlich wurde gezeigt, wie man die Anzahl der primitiven Junktoren minimiert und die übrigen durch Definition einführt. Man fragt sich natürlicherweise nun: Was kann man mit AL anfangen? Darum soll es im nächsten Kapitel gehen.

Literaturhinweise

Über Cantor informiert 145, 144. Der Sheffer-Strich findet sich zum ersten Mal in 75.

4. Deutung und Anwendung aussagenlogischer Sprachen

Den historischen Einstieg in das Kapitel über die Deutung von AL bildet eine Einführung in die Logik der Stoiker, besonders in ihre zur Argumentanalyse auch heute noch sehr nützliche Lehre von den hypothetischen Syllogismen (4.1). Nachdem sich dabei klären lässt, was (z.B.) die Konjunktion mit dem Wort „und" zu tun hat, wird in 4.2 AL als klassische, zweiwertige Aussagenlogik gedeutet. Kap. 4.3 beschäftigt sich mit der Anwendung und den Grenzen der Anwendbarkeit von AL als Aussagenlogik. Ein zweiter Schwerpunkt des Kapitels sind Herleitungsspiele für AL: Nach einer kurzen Einführung in die Axiomatik wird ein Kalkül des natürlichen Schließens erklärt (4.4). Zum Abschluss des Kapitels wird AL um einen Modaloperator erweitert und die dabei resultierende Sprache S5 als Logik für Möglichkeit und Notwendigkeit gedeutet.

4.1 Die erste Aussagenlogik: Die Logik der Stoiker

Wahrscheinlich hat Kapitel 3 die Frage aufgeworfen, was AL an sich soll und was die Karten von AL eigentlich bedeuten. Die Antwort ist, dass AL an sich gar nichts soll und die Karten von AL eigentlich gar nichts bedeuten. In diesem Kapitel soll dem Spiel AL eine Bedeutung verliehen werden. Dies soll als eine Deutung des Spiels AL bezeichnet werden. Das heißt aber nicht, dass es einen in AL versteckten Sinn gäbe, den man aufdeckt, sondern die Deutung kommt ganz von außen hinzu. Der beste Einstieg in die übliche Deutung von AL ist ein kleiner Ausflug in die Logikgeschichte, nämlich zur Logik der Stoiker.

Aussagenlogik   Die in Kap. 2 behandelten Schlüsse kann man in zwei Gruppen einteilen: 1. solche Schlüsse, bei denen die Gültigkeit von der *Feinstruktur* der darin vorkommenden Aussagen abhing, z.B. von der Funktionsweise der Ausdrücke „alle" und „einige"; 2. solche Schlüsse, bei denen es darauf ankam, wie Aussagen *als ganze* miteinander verbunden sind. Die älteste Logik, Aristoteles' Syllogistik, beschäftigt sich gleich mit Schlüssen der ersten Art. In der zweitältesten Logik, der Logik der Stoiker, geht es um Schlüsse der zweiten Art. Die Stoiker nehmen einfach ganze Aussagen als Grundbausteine und analysieren diese nicht weiter. Die stoische Logik ist also eine Logik der Modifikation und Verbindung von ganzen Aussagen – eine *Aussagenlogik*.

Die Stoiker   Die stoische Schule war eine der langlebigsten und wirkmächtigsten Philosophenschulen der Antike. Sie entstand um 300 v. Chr., also kurz nach Aristoteles, aus einer Gruppe von Philosophen, deren Treffpunkt eine große Säulenhalle (Stoa) in Athen war. Die für die Logik besonders interessante frühe Phase (Chrysipp, Zenon von Kition) ist zwar in großem Umfang, aber leider nur fragmentarisch, also in Werken anderer Autoren, überliefert (Texte und weitere Informationen in 111).

Vier Beispiele sind besonders geeignet, die Grundzüge der stoischen Logik zu erläutern: (1) Die Satznegation, (2) die „und" – sowie die „entweder... oder" -Verbindung, (3) die „wenn ... dann" -Verbindung und (4) die Lehre von den fünf basalen Schlussformen (später: „hypothetische Syllogismen").

Zunächst zur Negation. Im Deutschen kann man einen Satz negieren, indem man irgendwo an grammatisch angemessener Stelle das Wörtchen „nicht" in den Satz schiebt, im Griechischen gab es natürlich entsprechende Möglichkeiten. Wenn man einen Satz negiert, bildet man dessen Satznegation. Ein erstes Problem ist, dass man mit dem Wörtchen „nicht" auch andere Dinge tun kann, als einen kompletten Satz zu negieren. Man kann es z.B. mit Bindestrich vor ein Adjektiv hängen. Außerdem kann es auf die Stellung des „nicht" ziemlich ankommen: (1) „Hier schlafen alle nicht" heißt etwas anderes als (2) „Hier schlafen nicht alle". Was davon ist überhaupt die Satznegation von „Hier schlafen alle"? Es ist (2), denn nur dieser Satz ist gleichbedeutend mit „Folgendes ist nicht der Fall: Hier schlafen alle". Schließlich kennen viele Sprachen (auch das Griechische der Stoiker) die Möglichkeit einer lediglich intensivierenden Verdopplung negierender Ausdrücke („Hab Niemandem nie nichts nachgemacht" (137, S.343 [Motto der Ausgabe von 1887]); „Every day they don't never come correct" (156)). Nicht jedesmal, wenn man irgendwo das Wort „nicht" verwendet, bildet man also damit die Negation des kompletten Ausgangssatzes. Man muss vielmehr überlegen, was die Negation eines Satzes bewirkt, und dann nach den sprachlichen Mitteln suchen, die eben diesen Effekt haben. Die gängigste Auffassung, was die Negation bewirkt, ist die folgende:

> Ist der Ausgangssatz wahr, so ist die Negation davon falsch.
> Ist der Ausgangssatz falsch, so ist die Negation davon wahr.

Kurz gesagt konzipiert man so die Satznegatoren (d.h. die gerade eine Satznegation ausdrückenden Ausdrücke) als Wahrheitswertvertauscher. Man kann das mit der Korrespondenztheorie der Wahrheit (Kap. 2.2) plausibilisieren: Mit der Negation behauptet man gerade, dass die Welt *nicht* so ist, wie im Ausgangssatz behauptet.

Fasst man Negatoren als Wahrheitswertvertauscher auf, so stößt man auf eine interessante Eigenschaft der Negation. Ein Stoiker-Fragment beschreibt sie so:

> „Zu den einfachen Aussagen gehört auch die (Satz-)Negation, z.B. ‚Es ist nicht der Fall, dass Tag ist'. Eine Unterart der Negation ist die Hypernegation. Die Hypernegation ist die Negation der Negation, z.B. ‚Es ist nicht der Fall, dass es nicht der Fall ist, dass Tag ist', was ergibt: ‚Es ist Tag'." (107, VII 69: SVF 2.204; in 111: 34K; in 12: 20.04)

Offenbar haben die Stoiker also die folgende Behauptung als logisches Gesetz formuliert und befürwortet:

> **Gesetz der doppelten Negation**
> Negiert man einen negierten Ausgangssatz, so behauptet man wieder dasselbe, wie man mit dem Ausgangssatz behauptet hat.

Hatten sie einen guten Grund, dieses Gesetz zu akzeptieren? Die Antwort ist: Ja, *wenn* sie die Negation so aufgefasst haben, wie in der Regel NEG aus Kap. 2 verankert (vgl. auch hierzu Anhang 2). Die Stoiker hatten offenbar zumindest nichts dagegen und haben als erste ein klares Bewusstsein vom Gesetz der doppelten Negation entwickelt.

Die Stoiker haben sich freilich nicht nur mit der Negation von Sätzen beschäftigt, sondern auch damit, wie man mehrere Sätze miteinander verknüpft. Hier sind einige Fragmente, die etwas über die Art aussagen, wie die Stoiker Satzverknüpfungen klassifiziert haben:

1. „Bei dem, was sie sympeplegmenon (Verknüpftes), wir aber coniunctum (Verbundenes) ... nennen ... ist, wenn ein [Teilsatz] falsch ist, selbst wenn alle übrigen wahr sind, das Ganze falsch." (108: XVI 8, 109: 967, 111: 35D, 12: 20.19)

2. „Etwas anderes ist, was die Griechen diezeugmenon (Getrenntes), wir aber disiunctum nennen ... von all den [Sätzen], die dabei getrennt werden, muss genau einer wahr sein, die übrigen falsch. (108: XVI 8, 109: 967, 111: 35E, 12: 20.15)

3. „Ein Zusammenhängendes (synêmmenon) ist ..., was durch das Klammerwort ‚ei' (wenn, dann) verbunden wird. Dieser Verbinder besagt nämlich, dass das Zweite [aus] dem Ersten folgt." (107: VII 7, 1-4; 111: 35A)

Konjunktion   Sucht man nach einem Ausdruck im Deutschen, der die erste Verbindung wiedergibt, kommt man sehr schnell auf das Wort „und". Nur ist es ähnlich wie bei der Negation: Man darf nicht umgekehrt meinen, dass man jedesmal, wenn man das Wort „und" verwendet, auch die genannte Verknüpfung bildet. Das kann man an folgendem sehen: Bei der „coniunctum" genannten Verknüpfung kommt es offenbar nicht auf die Reihenfolge der Ausgangssätze in der Verknüpfung an – sie ist kommutativ. Das Wort „und" schafft aber nicht immer eine Verbindung, in der es auf die Reihenfolge nicht ankommt: „Dieter stieg in den Porsche und fuhr gegen einen Baum" heißt offenbar nicht dasselbe wie „Dieter fuhr gegen einen Baum und stieg in den Porsche".

Disjunktion   Sucht man nach einem Ausdruck im Deutschen, der die „diezeugmenon" oder „disiunctum" genannte Satzverbindung ausdrückt, so kommt man schnell auf „entweder ... oder". Allerdings ist es auch hier so, dass man die Wendung „entweder ... oder" manchmal auch im Sinne des inklusiven „oder" gebraucht.

Wahrheitswert-   Auffällig ist: Die „sympeplegmenon" bzw. „coniunctum" genannte
funktionalität   Verknüpfung und die „diezeugmenon" bzw. „disiunctum" genannte Verknüpfung lassen sich, ebenso wie die Satznegation, mit einer einfachen Kalkulationsregel zur Bestimmung des Gesamtwahrheitswertes aus den Wahrheitswerten der darin verbundenen Teilsätze vollständig erfassen: Sie sind *wahrheits(wert)funktional.*

Materiales   Gerade das macht das dritte Beispiel, die „wenn .. dann" -Verknüpfung
Konditional   wirklich knifflig. Was sagt man eigentlich mit einem „Wenn... dann" – Satz? Die Stoiker haben so ausgiebig darüber gestritten, dass selbst die Raben auf den Dächern irgendwann begonnen haben sollen, krächzend darüber zu diskutieren (118, I 309). Hier ist ein Vorschlag aus ihrem Umkreis:

„Philon [von Megara] sagte, dass das Zusammenhängende (synêmmenon) gerade dann in Ordnung (hygies) ist, wenn es nicht mit Wahrem beginnt und mit Falschem endet." (118: §§113-115; 111: 35B; 12: 20.07)

Man nennt die so beschriebene Verbindung manchmal deshalb das philonische, häufiger allerdings das materiale Konditional (der Name hat keine tiefere Bedeutung). Man sieht sofort, dass das materiale Konditional wahrheitswertfunktional ist. Sein Wahrheitswert hängt allein vom Wahrheitswert seiner Teilsätze ab: Für den Input „wahr – wahr" wird es ebenso wahr wie für „falsch – wahr" oder „falsch – falsch". Nur für den Input „wahr – falsch" wird es falsch.

Der Vorschlag, dass es das materiale Konditional ist, das wir mit der Wendung „wenn, dann" ausdrücken, sieht zunächst ganz vernünftig aus. Denn man wird z.B. sagen: Falls Christa behauptet „Wenn Johann kommt, dann bringt er auch Kuchen mit", Johann kommt tatsächlich (das Antezedens wird also wahr), bringt aber keinen Kuchen mit (das Konsequens wird also falsch), so behauptet Christa etwas Falsches.

Das Antezedens (wörtlich: „das Vorhergehende") ist einfach der „Wenn"-Satz, das Konsequens (wörtlich: das „Folgende") der „Dann"-Satz in einer „Wenn ... dann"-Verbindung. Man beachte: *Das* Konsequens (auch: das Sukzedens) ist etwas anderes als *die* Konsequen*z* (die Folge*rung*).

Auch für den Fall mit wahrem Vordersatz und wahrem Nachsatz hat Philon das zunächst bestens aussehende Beispiel: „Wenn es Tag ist, gibt es Licht" (Antezedens wahr, Konsequens wahr).

Doch schon bei den Fällen mit falschem Vordersatz wird der resultierende Wahrheitswert unplausibel. Denn „Wenn 2+2 5 ist, dann ist Berlin Bundeshauptstadt" (Antezedens falsch, Konsequens wahr) müsste dann wahr sein – und „Wenn 2 + 2 5 ist, dann ist Berlin nicht Bundeshauptstadt" (Antezedens falsch, Konsequens falsch) auch! Vielleicht noch schlimmer ist: „Wenn Gras nicht grün ist, ist Gras grün" (Antezedens falsch, Konsequens wahr).

Auch längst nicht alle Fälle mit wahrem Vordersatz gehen gut: „Wenn 2+2 4 ist, dann ist Tokio Bundeshauptstadt" (Antezedens wahr, Konsequens falsch). „Wenn Gras grün ist, ist Berlin Bundeshauptstadt" (Antezedens wahr, Konsequens wahr). Der erste Satz ist nach Philons Analyse wenigstens falsch; aber er hinterlässt nicht den Eindruck, dass er einfach nur falsch ist. Vielmehr hat man den Eindruck, dass kein Mensch die Wendung „wenn ... dann" so gebrauchen würde. Und der zweite Satz ist laut Philon sogar wahr, was völlig unplausibel ist.

Was die meisten dieser Beispiele so befremdlich macht, ist, dass Antezedens und Konsequens inhaltlich einfach nichts miteinander zu tun haben. Das ist ein echtes Problem für die Logik, denn die Logik betrachtet ja Formen und versucht, von allem Inhalt zu abstrahieren. Im Falle des materialen Konditionals haben wir jedenfalls eine Verknüpfung vor uns, der nur sehr ungefähr eine Wendung in der natürlichen Sprache entspricht. Interessanterweise hatte schon ein Zeitgenosse Philons im 4. vorchristlichen Jahrhundert, Diodoros Kronos, eine ziemlich gute Idee, wie man es besser machen kann. Nur ist nach seiner Analyse die Wendung „wenn ... dann" nicht wahrheitswertfunktional. Deswegen muss die Behandlung seiner Idee auf das Ende dieses Kapitels verschoben werden.

Wenn auch das materiale Konditional offenbar nicht hinreicht, um der Wendung „wenn ... dann" ganz gerecht zu werden, so lässt es sich doch

Probleme des materialen Konditionals

als *minimales* „wenn ... dann" in folgendem Sinn auffassen: Wenn noch nicht einmal das materiale Konditional wahr ist, dann ist auch die „Wenn ... dann"-Verbindung nicht wahr. Das heißt aber noch lange nicht, dass mit jedem wahren materialen Konditional schon eine „Wenn ... dann"-Verknüpfung vorliegen müsste.

Hypothetische Syllogismen
Die Stoiker haben es nicht bei raffinierten Einzelanalysen belassen. Sie haben ihre gesamte Logik auf der Grundlage einiger Schlussformen aufgebaut hatten, die so elementar sind, dass praktisch niemand ihre Gültigkeit bezweifeln würde – so dass sie sich als Basis bestens eignen (vgl. 12, S.145f). Die Systematik dieser basalen Schlussformen ist derjenige Teil der stoischen Logik, der auch vor dem 20. Jahrhundert immer bekannt war. Diese Schlussformen sind spätestens seit dem Ende der Antike unter dem Etikett „Hypothetische Syllogismen" zusammengefasst worden und haben seitdem gut einprägsame lateinische Namen. Wenn man sich mit Argumenten beschäftigt, muss man sie aus ähnlichen Gründen aktiv beherrschen wie ein Arzt die lateinischen Namen für die Teile des menschlichen Körpers.

Die hypothetischen Syllogismen der Stoiker

1. Wenn α, dann β;   hypothetischer modus...
   nun aber α ponendo   (m.p.p.)
   also β.   ...ponens

2. Wenn α, dann β hypothetischer modus...
   nun aber nicht β tollendo   (m.t.t.)
   also auch nicht α.   ...tollens

3. Entweder α oder β disjunktiver modus...
   nun aber α (bzw. β)   ponendo   (disj. m.p.t.)
   also nicht β (bzw. α)   ...tollens

4. Entweder α oder β disjunktiver modus...
   nun aber nicht α (bzw. β)   tollendo   (disj. m.t.p.)
   also β (bzw. α)   ...ponens

---

tollere heißt hier „aufheben", *ponere* „setzen". „Hypothetischer modus ponendo ponens" bedeutet also z.B. soviel wie „Schluss mit Wenn-dann-Satz als erster Prämisse (...hypothetisch...), bei dem mit bejahender zweiter Prämisse (...ponendo...) auf eine bejahende Konklusion geschlossen wird (...ponens)". Auch die disjunktiven Syllogismen unter dem Oberbegriff „hypothetisch" einzuordnen, ist irreführend, aber es ist nun einmal seit eineinhalb Jahrtausenden üblich. Statt „hypothetischer modus ponendo ponens" sagt man auch einfach „modus ponens" (kurz: „m.p."), statt „hypothetischer modus tollendo tollens" auch einfach „modus tollens" (kurz: „m.t.").

Zunächst mögen die hypothetischen Syllogismen, gerade weil sie so basal sind, auch ein wenig trivial wirken. Aber sie helfen enorm, Gedankengänge zu strukturieren, wie die folgenden zwei Beispiele andeuten mögen.

(1) „Sonst" -Argumente beruhen auf hypothetischen Syllogismen. Ein typisches Sonst-Argument ist: „Klar ist noch Benzin im Tank. Sonst würd' der Wagen ja nicht fahren." Hier hat man es mit einem hypothetischen modus tollendo tollens unter Zuhilfenahme des Gesetzes der doppelten Negation zu tun. „Klar ist noch Benzin im Tank" ist die Konklusion. Sie ist als These vorangestellt; die Prämissen werden als Begründung nachgeschoben (Tipp für jede Argumentanalyse: Das ist sehr oft so!). Das „sonst" kürzt den Vordersatz einer hypothetischen Prämisse ab, der Nachsatz wird ausgesprochen. Und dass der Wagen fährt, ist aus der Situation offensichtlich. Wir erhalten so:

P1: *Wenn* kein Benzin mehr im Tank ist, *dann* fährt der Wagen nicht mehr;
(halb ausgesprochen)
P2: nun ist es aber *nicht* der Fall, dass der Wagen nicht mehr fährt;
(nicht ausgesprochen)
K: Also ist es auch *nicht* der Fall, dass kein Benzin im Tank ist.

Die Konklusion kann man dann mit sich löschender doppelter Negation „kürzen" zu: „Also ist Benzin im Tank".
(2) In Kap. 2 hatte sich der folgende Schluss als ungültig herausgestellt: „Wenn Bond einen Fallschirm hat, überlebt er den Absturz; Bond hat keinen Fallschirm; also überlebt Bond den Absturz nicht". Das sieht auf den ersten Blick aus wie ein modus tollendo tollens, ist aber keiner. Da er meist aufgrund seiner Ähnlichkeit mit dem modus tollendo tollens fälschlicherweise für gültig gehalten wird, liegt es nahe, ihn „falschen modus tollens" zu nennen. Gültig war dagegen die Variante mit „Nur wenn..." am Anfang. Das liegt daran, dass die „nur dann, wenn"-Verbindung ein „Wenn, dann" in beiden Richtungen ist. Wenn wir aber die erste Prämisse mit „nur wenn..." in der Richtung von hinten nach vorne lesen, bekommen wir nämlich einen korrekten modus tollendo tollens.

Übungen
1) „Wenn es Professor X gelingt, sein Forschungsprojekt über Drittmittel zu finanzieren, dann ist er tüchtig; Professor X gelingt es nicht, sein Forschungsprojekt über Drittmittel zu finanzieren; also ist Professor X nicht tüchtig." Ist dieser Schluss gültig? Falls ja, hat er einen traditionellen Namen?
2) „Wenn es für einen Krieg gegen Staat Z kein UNO-Mandat gibt, ist ein Krieg gegen Staat Z nicht gerechtfertigt; es *gibt* für einen Krieg gegen Staat Z ein UNO-Mandat; also ist ein Krieg gegen Staat Z gerechtfertigt." – „Wenn die UNO einen Krieg gegen Staat Z befürwortet, ist ein Krieg gegen Staat Z gerechtfertigt; es ist nicht der Fall, dass die UNO einen Krieg gegen Staat Z befürwortet; also ist ein Krieg gegen Staat Z nicht gerechtfertigt." Sind die beiden Schlüsse gültig? Falls ja, haben sie traditionelle Namen?
3) „Wenn in Staat Y die Folter nicht unüblich geworden ist, soll Staat Y nicht in die Staatengemeinschaft Z aufgenommen werden; in Staat Y ist die Folter unüblich geworden; also soll Staat Y in die Staatengemeinschaft Z aufgenommen werden." Ist dieser Schluss gültig? Falls ja, hat er einen traditionellen Namen?

4) „Nach Chrysipp ... hat auch der Hund an der ... Logik teil. ... er wende nämlich die fünfte Schlussform an, wenn er, an einer dreifachen Weggabelung, und nachdem er in die zwei Wege geschnüffelt hat, die das verfolgte Tier nicht genommen hat, sofort den dritten Weg entlangläuft, ohne überhaupt zu schnüffeln" (119, I §69, 111: 36 E). Welchen traditionellen Namen hat die fünfte Schlussform der Stoiker? Wie schließt der Hund genau?

4.2   Eine Deutung für das Spiel AL

AL bekommt einen Sinn

Warum spielt man das Spiel AL, wenn es doch an sich ganz sinnfrei ist? Die Antwort ist: Man kann mit AL in begrenztem Rahmen Aussagenstrukturen nachformen und Argumente nachspielen, *wenn* man bestimmte Grundannahmen über Wahrheit und Falschheit und über die Negation macht. „Schwarz" deutet man als „wahr", „weiß" deutet man als „falsch". Der Name „AL" soll erinnern an „Aussagenlogik". Denn AL ist als Aussagenlogik deutbar, genau gesagt als klassische, zweiwertige Aussagenlogik. Das heißt: K-Prinzip und B-Prinzip sind in Kraft, und die Allgemeingültigkeit gewisser Formeln entspricht dem Nichtwiderspruchssatz sowie dem Satz vom ausgeschlossenen Dritten. Nur sollte man sich vor der folgenden Erklärung hüten: „Die Tilde ist das Wort ‚nicht'; der Hut ist das ‚und'; die Tüte ist das ‚oder'; der Pfeil ist das ‚wenn ... dann'". Denn die Überlegungen zur Aussagenlogik der Stoiker sollten zeigen, dass es so etwas wie *das* „nicht", *das* „und" etc. der natürlichen Sprache gar nicht gibt. Vielmehr ist diesen Überlegungen die folgende Erklärung angemessen:

1. Mit Hilfe der Tilde drückt man die Satznegation aus. Man liest sie als „Es ist nicht der Fall, dass" vor.
2. Mit Hilfe des Hutes drückt man die Verbindung aus, die heute „Konjunktion" genannt wird (das „sympeplegmenon" der Stoiker). Man liest sie mit „und" vor.
3. Mit Hilfe der Tüte drückt man die Alternation aus. Man liest sie mit „oder" vor.
4. Mit Hilfe des Dreiecks drückt man die Disjunktion aus (das „diezeugmenon" der Stoiker). Man liest sie mit „entweder ... oder" vor.
5. Mit Hilfe des Pfeils drückt man das materiale Konditional aus. Als Vorlese-Krücke benutzt man die Wendung „Wenn ... dann".
6. Mit Hilfe der Spaghetti drückt man das beidseitige materiale Konditional (Bikonditional) aus. Man liest „genau dann, wenn".

Dass die AL-Zeichen sich tatsächlich so deuten lassen, ist zunächst freilich nichts weiter als eine Behauptung, die es zu begründen gilt. Dafür sind drei bemerkenswerte Stolpersteine aus dem Weg zu räumen. Die ziemlich abstrakte Einführung von AL in Kapitel 3 diente nicht zuletzt dazu, diese Stolpersteine sichtbar zu machen.

Wahrheit in AL

Der erste Stolperstein ist der folgende Einwand: „Was hat denn ‚schwarz' mit ‚wahr' und ‚weiß' mit ‚falsch' zu tun? Es ist doch ganz umstritten, was Wahrheit ist." In der Tat ist AL nicht neutral gegenüber der Frage, was man unter „Wahrheit" versteht. Denn das K-Prinzip für AL-

Formeln aus Kap. 3, nach dem jede wff von AL pro Modell nur *eine* Farbe haben kann, ist im Falle der üblichen Deutung auf der Ebene des Spiels AL genau das formale Gegenstück zum Konsistenzprinzip für Aussagen aus Kap. 2, nach dem jede Aussage höchstens einen Wahrheitswert haben kann. Und das B-Prinzip für AL-Formeln aus Kap. 3, nach dem jede wff von AL pro Modell eine von zwei Farben haben muss, ist das formale Gegenstück zum Bivalenzprinzip für Aussagen aus Kap. 2, nach dem eine Aussage wenigstens einen der Wahrheitswerte „wahr" oder „falsch" haben muss. Es ist von überragender Bedeutung für das richtige Verständnis formaler Sprachen (wie z.B. AL), die *internen* Prinzipien des Spiels und die Deutung gut zu unterscheiden. Kap. 2 hat ergeben, dass das Konsistenz- und das Bivalenzprinzip, der Nichtwiderspruchssatz und der Satz vom ausgeschlossenen Dritten allesamt bezweifelbar sind. *Das K-Prinzip und das B-Prinzip für AL sind dagegen beweisbare Aussagen der Theorie von AL und damit schlicht unbezweifelbar.* Ebenso sind es beweisbare und schlicht unbezweifelbare Aussagen über das Spiel AL, dass $\ulcorner\sim(\alpha \wedge \sim \alpha)\urcorner$ AL-allgemeingültig ist und dass $\ulcorner(\alpha \vee \sim \alpha)\urcorner$ AL-allgemeingültig ist. Wer es anders will, muss zum Nachspielen von Argumenten andere Spiele benutzen.

Der zweite Stolperstein ist: Um zu begründen, dass Hut, Tilde, Dreieck usw. tatsächlich die entsprechenden Satzverbindungen zum Ausdruck bringen können, muss man zeigen, dass alle Intuitionen, die wir über die aussagenlogischen Satzverbindungen haben, auch ihre Entsprechung auf der Ebene des formalen Spiels AL haben. Das ist im Fall von AL schnell getan, denn die Farbdefinitionen in AL entsprechen ja genau den informalen Regeln bezüglich der Satzverbindungen. Dennoch ist auch der zweite Stolperstein bemerkenswert. Denn bei der Diskussion von komplizierteren Logiken ist es ganz typisch, sich zu fragen: „Ist es wirklich gelungen, die Intuitionen, die man formalisieren wollte, zu formalisieren? Verhält sich unser Spiel wirklich unseren Intuitionen entsprechend?" Gerade das ist bei komplizierteren Logiken denn auch oft umstritten. In Kap. 8 finden sich Beispiele dafür.

Intuitionen

Der dritte Stolperstein für die Deutung des Spiels AL ist die folgende Frage: „Wofür stehen eigentlich die atomaren Formeln von AL? Was entspricht den „p"s und „q"s auf der informalen Ebene?" Die Frage wirkt zunächst müßig: AL wird als *Aussagen*logik gedeutet. Wofür sollen die „p"s und „q"s also stehen, wenn nicht für Aussagen? Deshalb wurde auch bisher der weite Begriff „Aussage" verwendet (ein etwas älterer Begriff dafür wäre „Urteil"). Nur ist damit noch nicht genauer gesagt, was unter einer Aussage zu verstehen ist. Das soll auch nicht geschehen. Denn tatsächlich sind sich nicht alle kompetenten AL-Spieler darüber einig, wofür die atomaren Formeln überhaupt stehen. Eine zu Beginn des 20. Jahrhunderts prominente Ansicht lautet sinngemäß (vgl. 53; mit teilweise ähnlicher Grundidee, jedoch im Detail differenzierter als hier darstellbar: 37):

Aussagen und Propositionen

Die „p"s und „q"s in AL können nicht für Sätze stehen. Denn man mag mit einem Satz in einer Situation etwas ganz anderes sagen als mit demselben Satz in einer anderen Situation: Mit demselben Satz mag ich verschiedene Gedanken oder *Propositionen* ausdrücken. Ich kann aber auch mit verschiedenen Sätzen dieselbe Proposition ausdrücken, z.B. mit gleichbedeutenden Sätzen verschiedener Sprachen. Eigentlich sind nicht Sätze Wahrheitswertträger, sondern die durch sie ausgedrückten Propositionen. Die „p"s und „q"s in AL stehen für Wahrheitswertträger. Also stehen sie für Propositionen.

Diese Ansicht ist nicht immer auf Begeisterung gestoßen. Eine Gegenansicht, wie sie sinngemäß etwa von Quine (41, §43; 42) vertreten wurde, lautet:

Wer die Existenz von Propositionen annimmt, stopft die Welt ohne Not mit einer Menge seltsamer abstrakter Objekte voll, obwohl man alles, was man *mit* der Annahme der Existenz von Propositionen erklären kann, auch *ohne* sie erklären kann.

Stimmt das, so empfiehlt sich für Propositionen die Verwendung des sogenannten Rasiermessers des großen mittelalterlichen Logikers William von Ockham: „Vergebens kriegt man mit mehr hin, was man auch mit weniger hinkriegt" („frustra fit per plura quod potest fieri per pauciora", 70, I 12, S.43 u.ö.). Wieso Quine glaubt, ohne die Annahme von Propositionen auszukommen, lässt sich hier jedoch nicht im Einzelnen darstellen.

Übungen
1) Schreiben Sie eine AL-Formel, die einer einfachen Instanz des Nichtwiderspruchssatzes entspricht. Schreiben Sie eine AL-Formel, die einer einfachen Instanz des Satzes vom ausgeschlossenen Dritten entspricht.
2) Lesen Sie noch einmal das gesamte Kap. 3 und die gerechneten Übungen, nun *mit* Deutung. Beachten Sie nun die Namen oder Abkürzungen hinter den Formeln und erklären Sie sie.

4.3 Die Anwendung des Spiels AL

Logisch wahre Sätze und AL-allgemeingültige Formeln

Die Anwendung des Spiels AL ist etwas, was sich nur begrenzt theoretisch erklären lässt. Man muss dafür durch eigene Übung Erfahrungswerte erwerben. Sie ist kein schematisches Verfahren. Oft gibt es mehrere diskutable Lösungen (und immer sehr viele eindeutig falsche).

Um Formeln übersichtlicher schreiben zu können, sollen ab diesem Unterkapitel die folgenden Vereinbarungen gelten:
1. Klammern bei mehreren ineinander verschachtelten Konjunktionen und Alternationen können weggelassen werden.
2. Der Hut soll stärker binden als jeder andere zweistellige Junktor.
Deshalb können auch Außenklammern um eine Konjunktion wegfallen, wenn diese mit einem zweistelligen Junktor mit einer anderen Teilformel verbunden wird. Statt „(p ∧ q) → r" kann „p ∧ q → r" stehen. Aber Vorsicht: Dies gilt nicht für den in AL vorkommenden einstelligen Junktor, die Tilde; statt „~(~p ∧ p)" kann man *nicht* einfach „~ ~ p ∧ p" schreiben. Außerdem ist (z.B.) „p ∧ q → r" nicht zu verwechseln mit „p ∧ (q → r)". Für die Anwendung ist es wichtig, sich klar zu machen, inwiefern genau AL-Formeln aussagenlogisch logisch wahre Sätze codieren. Ein aussagen-

logisch wahrer Satz ist ein Satz, der allein aufgrund der Art und Weise, in der wahrheits(wert)funktionale aussagenlogische Junktoren in ihm kombiniert sind, wahr sein muss, welchen Wahrheitswert auch immer seine Teilsätze haben mögen. Alle aussagenlogisch wahren Sätze derselben Form können durch dieselbe AL-Formel wiedergegeben werden (nur wird „p" etc. dann jeweils anders gedeutet). Jede Tautologie von AL entspricht (mindestens) einem aussagenlogisch wahren Satz, und jedem aussagenlogisch wahren Satz entspricht eine Tautologie von AL. Einige aussagenlogisch wahre Sätze sind Instanzen (Fälle) traditioneller logischer Gesetze. Grundsätzlich entdeckt AL aber viel mehr aussagenlogische Gesetzmäßigkeiten als traditionell benannt worden sind. Da man das Vorliegen einer Tautologie von AL durch Anwendung der Methode der stilisierten Fallunterscheidung ermittelt, gibt es einen einfachen Weg, festzustellen, ob ein Satz ein aussagenlogisch wahrer Satz ist: Man schreibt die ihm entsprechende AL-Formel auf und überprüft mit der Methode der stilisierten Fallunterscheidung (auch „Wahrheitswertanalyse" genannt), ob die Formel AL-allgemeingültig ist. Ist sie es, so ist der entsprechende Satz aussagenlogisch wahr.

Eine Teilmenge der Tautologien von AL sind diejenigen Formeln, die als Ein-Zeilen-Versionen von aussagenlogischen Formalisierungen mehrzeiliger Schlüsse entstehen, indem man ein Konditional mit der Konjunktion der Prämissen als Antezedens und der Konklusion als Konsequens bildet. So kann man etwa aus dem Schluss

$$\frac{\begin{array}{l} p \rightarrow q \\ p \end{array}}{q}$$

die Formel „$(p \rightarrow q) \wedge p \rightarrow q$" gewinnen. Das ist sehr praktisch, denn damit hat man ein Verfahren an der Hand, um zu ermitteln, ob man einen aussagenlogisch gültigen Schluss vor sich hat: Man formt ihn in einen Ein-Zeilen-Schluss um, schreibt die entsprechende AL-Formel auf und überprüft diese auf Allgemeingültigkeit.

Für das Formalisieren von Aussagen gibt es einige nützliche Faustregeln, und zwar sowohl, was die Möglichkeiten, als auch, was die Grenzen von AL angeht. **Tipps zum Formalisieren**

Hier sind zuerst einige Hinweise für Fälle, die die Expressivität (Ausdruckskraft) von AL zunächst zu übersteigen scheinen, sich dann aber doch als der Analyse mit AL zugänglich erweisen:

1. In manchen emotional aufgeladenen Wörtern wie „aber" oder „sondern" versteckt sich der neutrale aussagenlogische Junktor „$\wedge$".
2. „Wenn, dann" ist etwas anderes als „dann, wenn". Es ist sehr wichtig, die Implikationsrichtung zu beachten.
3. Oft muss man verkürzte Sätze auffüllen, z.B. „er", „sie", „es" mit Namen.
4. „Weder A noch B" kann man durch das De Morgan'sche Gesetz in den Griff bekommen: „Weder A noch B" heißt ja soviel wie: „nicht: A, und auch nicht: B". Und ein Teil des De Morgan'sche Gesetzes besagt, dass das wiederum soviel heißt wie „nicht: (A oder B)" (vgl. Übung 1 zu Kap. 3.6, [1] und [2]). **De Morgan**

5. Satznegationen lassen sich vor den Satz ziehen: „Hier schlafen nicht alle" hat die logische Struktur „~p" mit „p" für „Hier schlafen alle" ; „Es gibt keinen Kaffee mehr" hat dieselbe Struktur mit „p" für „Es gibt noch Kaffee", der schöne Arientext „Keiner schlafe" ("Nessun dorma..." (157)) hat ebenfalls dieselbe Struktur mit „p" für „Es gibt jemanden, der schlafen soll".

Begriffe sind nicht wahrheitsfähig! Es gibt aber auch Fallen, in die man bei der Anwendung von AL leicht hineintappt. Zunächst ist es sehr wichtig, zu beachten, dass man die atomaren Formeln im Abkürzungsverzeichnis einer Analyse wirklich für *komplette Aussagen* stehen lässt. Ins Abkürzungsverzeichnis gehört nur, was einen Wahrheitswert haben kann. Anderen sprachlichen Gebilden ist mit AL überhaupt nicht beizukommen. Besonders zu warnen ist vor substantivierten Infinitiven („Freisein impliziert Ungehindertsein" u.Ä.). Im Zweifelsfall ist immer zunächst in einen ganzen Satz umzuformen, und wenn er noch so holprig klingt!

Grenzen von AL Einige typische Fallen haben aber auch etwas mit den Grenzen der Expressivität von AL zu tun. So gut AL manchmal zum Analysieren von Argumenten taugt - es hat seine Grenzen, und um die zu überwinden, braucht man feinkörnigere Logiken, wie sie ab Kap. 4.5 vorgestellt werden. Diese Grenzen der Anwendung von AL muss man natürlich kennen, damit man erkennt, wann man aussagenlogisch nicht weiter kommt. Das Tückische daran ist, dass es gewisse Wendungen gibt, die größere Abschnitte innerhalb eines Satzes gewissermaßen für den Zugriff durch AL sperren, selbst wenn sich *innerhalb* des logischen Wirkungsbereichs dieser Wendungen wieder aussagenlogische Strukturen finden.

Einerseits kann es sich hierbei um die „Quantitätsanzeiger" wie „kein", „jeder", „(es gibt) einige" und „alle" handeln. Man betrachte die Aussage: „Wenn es wirklich heiß ist, geht jeder, wenn er nicht irrational ist, an den Strand oder ein Eis essen." Man ist versucht, hier etwas zu analysieren wie „p → (~ q → (r ∨ s))". Aber man sieht schon wenn man „q" im Abkürzungsverzeichnis aufschlüsseln will, dass das nicht geht: Das „er" verweist auf „jeder" zurück, und „er ist irrational" ist gar kein logisch kompletter Satz, der zur aussagenlogischen Verknüpfung taugt. Man kann als rein aussagenlogische Struktur hier nicht mehr herausholen als „p → q". Zur anderen Gruppe von Fallen gehören typischerweise Wendungen wie

1. „X glaubt (meint, vermutet), dass", „X weiß, dass", „X hält es für möglich, dass";
2. „Es ist möglich, dass", „Es ist notwendig, dass", „Es ist unmöglich, dass" (bzw. „Es kann (nicht) sein, dass", „Es muss so sein, dass");
3. „Es ist verboten, dass", „Es ist erlaubt, dass", „Es ist geboten, dass".

Die von diesen Ausdrücken gesperrten Zonen lassen sich im Rahmen der modernen Modallogiken der aussagenlogischen Analyse zugänglich machen (Kap. 4.5, Kap. 7), aber noch nicht mit AL. Man betrachte zum Beispiel die folgenden Aussagen: „Maigret meint, dass der Mörder entweder im 13. oder im 11. Arondissement wohnt" und „Es ist notwendig, dass die Straße nass wird, wenn es regnet." Man möchte hier wieder etwas wie „p ∇ q" bzw. „p → q" analysieren. Aber dann hängt der Satzanfang gewis-

sermaßen in der Luft: „Maigret meint, dass" oder „Es ist notwendig, dass"
ist ja kein vollständiger Satz und kann daher nicht ins Abkürzungsverzeichnis aufgenommen werden. In beiden Fällen bleibt einem bei der AL-
Analyse nichts anderes übrig, als für den ganzen Satz einen einzigen
Buchstaben, z.B. „p", ins Abkürzungsverzeichnis aufzunehmen.

Übungen

1) Notieren Sie als AL-Formeln und zeigen Sie mit Hilfe von AL, ob die folgenden
   Behauptungen wahr oder falsch sind (Sie dürfen sich natürlich auf bereits einmal
   geführte Beweise berufen!): [1] Falls wenn p der Fall ist, auch q der Fall ist, dann
   ist, wenn q nicht der Fall ist, auch p nicht der Fall. [2] Falls wenn p der Fall ist,
   auch q der Fall ist, und wenn q der Fall ist, auch r der Fall ist, dann ist, wenn p
   der Fall ist, auch r der Fall. [3] Genau dann, wenn falls p der Fall ist, auch q der
   Fall ist, ist es nicht der Fall, dass zwar p der Fall ist, q aber nicht. [4] Wenn entweder p oder q der Fall ist und q nicht, dann p. [5] Wenn wenn p der Fall ist, q
   der Fall ist, und q der Fall ist, dann auch p. [6] Falls wenn p nicht der Fall ist,
   auch q nicht der Fall ist, dann ist, wenn p der Fall ist, auch q der Fall ist. [7] Falls
   wenn p der Fall ist, auch q der Fall ist, dann ist, wenn p nicht der Fall ist, auch q
   nicht der Fall. [8] Genau dann, wenn es nicht der Fall ist, dass sowohl p oder q
   der Fall ist als auch p oder q nicht der Fall ist, ist p oder q der Fall, oder es nicht
   der Fall, dass p oder q.

2) Beweisen Sie die Lösungen für die Übungen 1 – 3 zu 4.1 mit Hilfe der stilisierten
   Fallunterscheidung für AL.

3) Sherlock Holmes' Tagebücher (natürlich in AL notiert)
   Schreiben Sie als Satz in *gutem* Deutsch auf der Grundlage des folgenden Abkürzungsverzeichnisses:
   p = Mr. X befindet sich am Trafalgar Square
   q = Mr. X befindet sich an der Waterloo Station
   r = Mr. X befindet sich an der Liverpool Street Station
   [1] $((p \rightarrow \sim q) \land q) \rightarrow \sim p$ [2] $((p \lor q) \land \sim q) \rightarrow p$ [3] $\sim (q \land r) \rightarrow p$
   [4] $(r \equiv (\sim q \land \sim p)) \land (p \equiv (\sim q \land \sim r)) \land (q \equiv (\sim r \land \sim p)) \land \sim p \land \sim q \rightarrow r$

4) In welchen Fällen kombiniert Holmes aufgrund aussagenlogischer Gesetze (Sie
   können sich natürlich auf bereits einmal geführte Beweise berufen)? Falls ja, und
   falls es dafür einen traditionellen Namen gibt, wie heißt das angewendete Gesetz (bitte in komplizierten Fällen genau begründen)?

5) Übersetzen Sie das Gespräch zwischen Sherlock Holmes und Dr. Watson in AL -
   und zwar so genau wie möglich. Erstellen Sie zunächst ein Abkürzungsverzeichnis.
   [1] „Wenn Mr.X nicht den Zug nach Cambridge genommen hat, dann ist
   er irgendwo im Eastend geblieben." [2] „Er hat den Zug nach Cambridge
   nicht genommen, aber er ist auch nicht im Eastend geblieben." [3] „Kein
   Verbrecher bleibt nah am Tatort." [4] „Es gibt Verbrecher, die nah am Tatort bleiben..." [5] „Mr.X *ist* im Eastend geblieben, wenn er sich dort sicher fühlt
   oder uns ablenken will." [6] *„Dann* ist er entweder im Fiddler's Arms abgestie-
   gen oder er ist bei Lily." [7] „Er ist bei Lily, wenn er Joe bei Lily trifft, sonst
   nicht." [8] „Er glaubt, dass Joe bei Lily ist." [9] „Er ist im Fiddler's Arms abgestie-
   gen!"

6) Formalisieren Sie, *soweit möglich*, mit AL das folgende Gespräch von Derrick
   mit Harry. Das Abkürzungsverzeichnis nicht vergessen! [1] „Die Petra war nicht
   nur Sekretärin vom Geschäftsführer, sondern auch seine Geliebte." [2] „Wenn
   das so ist, dann scheiden ja die Frau und die Exfrau aus – es sei denn, alle ste-
   cken unter einer Decke." [3] „Die Frau ahnt aber doch gar nicht, dass die Petra

nicht nur Sekretärin vom Geschäftsführer, sondern auch seine Geliebte war."
[4] „Wenn auch die Frau nicht ahnt, dass die Petra seine Geliebte war, kann es
trotzdem sein, dass die Exfrau und der Compagnon es wussten." [5] „Es haben
genau alle die, die ein Motiv haben, auch ein Alibi." [6] „Die Exfrau hat ein Motiv, aber kein Alibi." [7] „Hast du das überprüft?" [8] „Sie hat kein Alibi!"
[9] „Harry, fahr schon mal den Wagen vor."

4.4   Herleitungsspiele für AL: Axiomatik und natürliches Schließen

Der Traum der Philosophen   In diesem Unterkapitel geht es um Herleitungsspiele für AL. Als Herleitungsspiele sollen dabei Verfahren bezeichnet werden, in denen man eine
Formel in einer lückenlosen Abfolge von streng geregelten syntaktischen
Schritten erreicht, die sich als Beweisschritte deuten lassen (zum Wort
„syntaktisch" vgl. Kap. 3.2). AL ist selbst ein Spiel, und ein Herleitungsspiel ist ein Meta-Spiel dazu. Logische Herleitungsspiele sind lange ein
Traum der Philosophen gewesen. Sie bewunderten die Mathematiker für
ihre Fähigkeit, lückenlose Beweise zu führen.

„Eintritt verboten für Leute ohne Geometriekenntnisse", stand angeblich
über der Tür von Platons Schule in Athen. Spinoza versuchte, sein meta-
physisches System „nach geometrischer Methode („ordine geometrico") zu
beweisen. Leibniz arbeitete – letztlich erfolglos – an einer Formelsprache
für die Philosophie, die er so streng definieren wollte, dass man angesichts
eines philosophischen Problems einfach sollte sagen können: „Rechnen
wir's aus!" („calculemus!", 62). Ein Biograph bemerkt über die Wirkung
der Schriften des griechischen Mathematikers Euklid auf Thomas Hobbes:
„This made him in love with geometry" (151). Was Euklids Schriften so
besonders macht, ist, dass es sich nicht einfach um eine Aneinanderrei-
hung von mathematischen Einsichten mit Begründung handelt, sondern
um ein *System* der Geometrie, in dem alles Behauptete aus wenigen sehr
einfachen und einleuchtenden Grundannahmen, den *Axiomen*, folgt. Ein
Axiom ist eine Aussage, dem im Rahmen eines Systems eine besondere
Auszeichnung zuteil wird: Es darf zur Begründung anderer Sätze verwendet werden, ohne selbst durch andere Sätze begründet werden zu müssen.

Axiomatik   Die ersten Herleitungsspiele für AL arbeiteten, wie Euklid, mit Axiomen.
Im Laufe der Zeit gelang es, die Menge der für AL erforderlichen Axiome
auf drei zu reduzieren. Der erste, dem dies gelang, war 1929 der große
polnische Logiker Jan Łukasiewicz (74, S.80). Aber was heißt hier eigentlich „für AL erforderlich"? Ein Herleitungsspiel für eine formale Sprache L
soll möglichst gerade die Formeln von L herleitbar machen, die L-allgemeingültig sind, und diejenigen Formeln nicht herleitbar machen, die
nicht L-allgemeingültig sind. Man will die Menge der herleitbaren Formeln
und die der allgemeingültigen Formeln zur Deckungsgleichheit bringen.
Genauer gesagt, strebt man nach

> 1. Korrektheit (auch: Widerspruchsfreiheit, *soundness*):
>   Alle herleitbaren Formeln sind allgemeingültig.

> 2. Vollständigkeit (*completeness*):
>   Alle allgemeingültigen Formeln sind herleitbar.

Das Wort „soundness" bedeutet hier etwas anderes als bei Schlüssen. Hier ist eine sehr gängige Axiomatik für AL (*nicht* ganz die von Łukasiewicz, aber z.B. benutzt in 4).

<u>Axiome</u>
(1) $(p \rightarrow (q \rightarrow p))$
(2) $((p \rightarrow (q \rightarrow r)) \rightarrow ((p \rightarrow q) \rightarrow (p \rightarrow r)))$
(3) $((\sim p \rightarrow \sim q) \rightarrow (q \rightarrow p))$.

<u>Herleitungsregeln</u>
Subst (Substitutions- bzw. Ersetzungsregel): „p"s, „q"s etc. dürfen durch andere wffs von AL ersetzt werden (natürlich immer konsequent gleiche für gleiche).
Modus ponens: Wenn du in einer Zeile eine wff der Gestalt $\ulcorner \alpha \rightarrow \beta \urcorner$ vor dir hast und in einer anderen Zeile eine wff der Gestalt α, so darfst du in einer weiteren Zeile β allein hinlegen.

Es ist vorausgesetzt, dass man die übrigen Junktoren durch Definitionen eingeführt hat. Man kann sich nun das Ziel setzen, nach den Regeln dieses Herleitungsspiels die Formel „$p \rightarrow p$" zu erreichen. Da „$p \rightarrow p$" AL-allgemeingültig ist, sollte das, wenn das Herleitungsspiel vernünftig gebaut ist, eigentlich gehen (vgl. 4, S. 60). Das Ergebnis ist die folgende Patience, wobei „/" das Wort „für" abkürzt:

1. $(p \rightarrow (q \rightarrow p))$		Axiom 1
2. $(p \rightarrow ((q \rightarrow p) \rightarrow p))$		1, Subst „$(q \rightarrow p)$"/„q"
3 $((p \rightarrow (q \rightarrow r)) \rightarrow ((p \rightarrow q) \rightarrow (p \rightarrow r)))$		Axiom 2
4. $((p \rightarrow ((q \rightarrow p) \rightarrow p)) \rightarrow ((p \rightarrow (q \rightarrow p)) \rightarrow (p \rightarrow p)))$		3, Subst „p"/„r", „$(q \rightarrow p)$"/„q"
5.	$(p \rightarrow (q \rightarrow p)) \rightarrow (p \rightarrow p)$	4, 2, modus ponens
6.	$(p \rightarrow p)$	5, 1, modus ponens

Dieses Spiel hat einen entscheidenden Nachteil: Kein Mensch denkt in solchen Tapetenmustern. Es hat auch einen Vorteil: Man kann beweisen, dass es korrekt und vollständig ist. Der Beweis für die Korrektheit ist schon dadurch erbracht, dass man zweierlei zeigt: (1) Die Axiome sind allgemeingültig; (2) die Herleitungsregeln können von Allgemeingültigem nur zu Allgemeingültigem führen. Dies ist ein so genannter induktiver Beweis: Er hat nämlich einen ähnlichen Aufbau wie eine induktive Definition. Der Beweis für die Vollständigkeit ist deutlich schwerer und geht über die Absicht dieser Einführung hinaus (er findet sich, gut nachvollziehbar, in 4, Kap. 7).

Man wird sich ein Herleitungsspiel wünschen, das genau so leistungsfähig ist wie die angegebene Axiomatik, das aber die natürlichen Wege des Denkens besser abbildet als diese. Zum Glück gibt es so etwas, und es ist unter dem treffenden Namen „Kalkül des natürlichen Schließens" bekannt (Urform bei Gentzen (1934), zugänglich in 11, S.206-261). Formal gesehen ist ein Kalkül des natürlichen Schließens eine besondere Art von Herleitungsspiel, nämlich eines ohne Axiome und mit einer Reihe von Regeln, die alle die Form besitzen: „Wenn du in einer Zeile dieses hast,

Natürliches Schließen

darfst du jenes darunter legen". Tatsächlich argumentieren wir im Alltag viel eher aus Annahmen unter Verwendung bestimmter impliziter Schlussregeln, als dass wir uns jemals explizit auf ein Axiom stützen. Doch muss ich nicht irgendwo anfangen, und sagen mir die Axiome nicht, womit ich jeweils anfangen darf? Der Trick beim Kalkül des natürlichen Schließens ist, dass man *irgendwo*, mit *irgendeiner* Formel anfangen darf – dies aber eben nur *als Annahme*, und das muss ich in einem Kommentar kennzeichnen, etwa mit dem Kürzel „Hyp" für „Hypothese" und einem Stern davor. Der Stern wird in jede Zeile, die sich auf die Annahme bezieht, mitgeschleppt, so dass immer klar ist, wo welche Annahme ins Argument eingeht. In einer ungesternten letzten Zeile ist eine allgemeingültige Formel bewiesen. In einer gesternten letzten Zeile ist *aus den Annahmen* etwas gefolgert. Für jeden Junktor gibt es zwei Schlussregeln:

- eine Einführungsregel, die mir sagt, wann ich einen Junktor einsetzen darf
- eine Eliminationsregel, die mir sagt, wie ich ihn wieder loswerde.

Auf Einführungsregeln wird mit einem „I" für „introduction" Bezug genommen und auf Eliminationsregeln mit einem „E" für „elimination". Ein solcher Kalkül soll im Folgenden K-AL („Kalkül des natürlichen Schließens für AL") genannt werden. Seine Regeln lauten wie folgt (vgl. 3, Band I, Kap. 4.3; Notation (Sterne) z.T. angelehnt an 8, Teil III §§27-29; es wird *hier* aber kein Unterschied zwischen Ableitung und Herleitung gemacht):

Der Kalkül K-AL   Eine *Beweiszeile* in K-AL hat fünf standardisierte Elemente:
a) die Sternspalten   b) die Zeilennummer   c) eine wff von AL
d) die Bezugszeilenspalte e) die Regelbezugsspalte

Regel	Motivation
1. Prämisseneinführung	
Hyp Du darfst einfach so die wff α hinlegen, wenn du das mit „Hyp" kommentierst und eine Sternspalte davor aufmachst. In jeder weiteren Zeile, in der du dich auf α beziehst, musst du den Stern mitschleppen.	*Annehmen* kann man erstmal, was man will – man muss es nur deutlich sagen. Es muss immer klar sein, unter welcher Voraussetzung argumentiert wird.
2. Die zweistelligen Junktoren: Konjunktion, Alternation, Konditional	
I $\wedge$: Wenn du in einer Zeile α hast, und in einer Zeile β hast, darfst du $\ulcorner \alpha \wedge \beta \urcorner$ darunter legen.	Aus α und β folgt „α und β"
E $\wedge$: Wenn du in einer Zeile $\ulcorner \alpha \wedge \beta \urcorner$ hast, dann darfst du darunter α legen und darfst darunter β legen.	Aus „α und β" folgt α und auch β.
I $\vee$: Wenn du in einer Zeile α hast darfst du $\ulcorner \alpha \vee \beta \urcorner$ darunter legen.	Aus α folgt bereits: α oder β.
E $\vee$: Wenn du in einer Zeile $\ulcorner \alpha \vee \beta \urcorner$ hast, in einer weiteren Zeile $\ulcorner \alpha \rightarrow \gamma \urcorner$ und in einer weiteren Zeile $\ulcorner \beta \rightarrow \gamma \urcorner$, dann darfst du γ darunter legen.	Wenn ich weiß, dass α oder β wahr ist, aber nicht, was von beidem, aber weiß, dass beides γ impliziert, kann ich auf γ schließen.

E → : Wenn du in einer Zeile $\ulcorner \alpha \to \beta \urcorner$ hast,   modus ponens
und in einer weiteren Zeile α,
dann darfst du β darunter legen.

I → : Wenn du in einer Zeile α mit „Hyp"   Wenn *unter der Annahme*, dass α,
kommentiert hast und mit Bezug   folgt, dass β, dann gilt *„wenn α,*
auf diese Annahme β gewonnen hast,   *dann β"* (Konditionalisierung).
so darfst du $\ulcorner \alpha \to \beta \urcorner$ darunter legen
und den bisher für α mitgeschleppten
Stern löschen.

3. Der Negator und „$\perp$" (Falsum = „das [immer] Falsche")

E ~ : Wenn du in einer Zeile $\ulcorner \sim \alpha \urcorner$ hast   Widersprüche sind immer falsch.
und in einer weiteren Zeile α,   „$\perp$" heißt hier: „Vorsicht:
darfst du „$\perp$" darunter legen.   Widerspruch!"

I ~ : Wenn du in einer Zeile α mit „Hyp"   Wenn im indirekten Beweis aus
kommentiert hast, und du, in einer   einer Annahme ein Widerspruch
Zeile mit deshalb mitgeschlepptem   gefolgert wird, darf die Annahme
Stern, auf „$\perp$" kommst, so darfst du   negiert werden.
$\ulcorner \sim \alpha \urcorner$ darunter legen und den Stern
löschen.

EFQ: Wenn du in einer Zeile „$\perp$" hast,   Aus einem Widerspruch folgt
darfst du α darunter legen (dabei   Beliebiges (ex falso quodlibet)
aber den Stern nicht löschen).

DN: Wenn du in einer Zeile $\ulcorner \sim\sim \alpha \urcorner$ hast,   Gesetz der doppelten Negation
darfst du α darunter legen.

Zur Vereinfachung in der Anwendung seien dem Kalkül K-AL noch folgende Zusatzregeln hinzugefügt. Es ist aber zu beachten, dass man alles, was man mit ihnen erreicht, im Prinzip auch ohne sie erreichen kann.

Zusatzregeln für K-AL zur Vereinfachung

AL: Wenn bereits mit der Wahrheitswertanalyse oder einer vorhergehenden Herleitung bewiesen ist, dass α AL-allgemeingültig ist, darfst du α legen und das (ungesternt) mit „AL" kommentieren.

AL+E→: Wenn $\ulcorner \alpha \to \beta \urcorner$ mit „AL" kommentiert werden kann und du in einer Zeile α hast, kannst du β darunter legen (der Stern vor α muss ggf. mit!).

I→⁺: Wenn vor einer Zeile n Sterne aus n mit „Hyp" markierten Annahmen α_1 bis α_n stehen, so darfst du in der nächsten Zeile ungesternt $\ulcorner (\alpha_1 \wedge ... \wedge \alpha_n) \to \beta \urcorner$ legen und mit den Nummern der Annahmezeilen kommentieren.

DEF: Definierte Zeichen wie „$\equiv$" und „∇" dürfen mit dem Kommentar „DEF" Zeilen lt. Definition eingeführt und wieder eliminiert werden.

Die Regeln für die zweistelligen Junktoren lassen sich leicht motivieren. Etwas komplizierter ist allein die Eliminationsregel für die Alternation. Aber sie wird in Beispielen ebenso klar wie die zunächst etwas verwirrende Einführungs- und Eliminationsregel für den Negator, die praktisch nur im indirekten Beweis vorkommen und dort auf bestimmte Weise, meist unterstützt von DN, zusammenwirken. Hier sind einige Beispiele für K-AL, in denen jede Regel mindestens einmal vorkommt:

Paraphrase / Erläuterung

(a)*	1	p		Hyp	Angenommen p,
*	2	p ∨ q	1	I∨	dann folgt daraus schon: p oder q.
	3	p → (p ∨ q)	1,2	I→	Also: Wenn p, dann p oder q.

Kommutativität der Konjunktion:

(b)*	1	p ∧ q		Hyp	Angenommen p und q.
*	2	p	1	E∧	Dann p.
*	3	q	1	E∧	Und auch q.
*	4	q ∧ p	3,2	I∧	Also auch: q und p.
	5	(p ∧ q) → (q ∧ p)	1,4	I→	Also : Wenn p und q, dann q und p.

(c) *	1	(r∧q) ∨ (~r∧q)		Hyp	Beweisziel: 8 folgt aus 1; Bsp. für E∨
*	2	r∧q		Hyp	
*	3	q	2	E∧	Aus „r∧q" folgt q...
	4	r∧q → q	2,3	I→	
*	5	~r∧q		Hyp	
*	6	q	5	E∧	...aus „~r∧q" auch...
	7	~r∧q → q	5,6	I→	
*	8	q	1,4,7	E∨	also folgt q, wenn „r∧q" oder „~r∧q".

(d)*	1	p ∧ ~p		Hyp	Angenommen p und auch ~p.
*	2	p	1	E∧	Dann sowohl p...
*	3	~p	1	E∧	...als auch ~p.
*	4	⊥	2,3	E~	Das ist ein Widerspruch.
*	5	q	4	EFQ	Woraus das beliebige q folgt.
	6	(p ∧~p) → q	1,5	I→	Also: Wenn p und ~p, dann Beliebiges.

Indirekter Beweis für „p ∨ ~p"

(e)*	1	~(p ∨ ~p)		Hyp	Angenommen, *nicht* (p oder ~p).
	2	~(p ∨ ~p) → (~p ∧ ~~p)		AL	Dann folgt mit De Morgan...
*	3	~p ∧ ~~p	1,2	E→	... ~p und ~~p...
*	4	~p	3	E∧	also sowohl α = ~p
*	5	~~p	3	E∧	als auch ~ α = ~ (~p).
*	6	⊥	4,5	E~	Das ist ein Widerspruch.
	7	~ ~(p ∨ ~p)	1,6	I~	Also Negation der Annahme,
	8	p ∨ ~p	7	DN	also ohne „~ ~" : „p ∨ ~p".

Indir. Beweis für disjunktiven m.t.p.

(f) *	1	p ∨ q		Hyp	1. Prämisse des disj. m.t.p.
*	2	~p		Hyp	2. Prämisse des disj. m.t.p.
*	3	~q		Hyp	Annahme der Negation der Konklusion
* *	4	~p ∧ ~q	2,3	I∧	Daraus folgt...
*	5	~(~p ∧ ~q)	1,	AL+E→	...mit De Morgan...
* * *	6	⊥	4,5	E~	ein Widerspruch.
* *	7	~~q	3,6	I~	Deshalb: Negation einer Annahme,
* *	8	q	7	DN	also ohne „~ ~" : die Konklusion,
	9	(p∨q) ∧ ~p → q	1,2,8	I→⁺	was den disj. m.t.p. beweist.

(g)	1	p ∨ ~p		AL	
	2	~(p ∧ ~p)		AL	
	3	(p ∨ ~p) ∧ ~(p ∧ ~p)	1,2	I∧	
	4	p ∇ ~p	3	DEF	AL-Zusatzdefinition 2 (4), Kap. 3.2

Ziemlich überraschend ist, dass EFQ und DN als besondere Regeln nötig sind. Sollte man eine davon oder beide weglassen können, und die sehr plausiblen Regeln davor bleiben intakt, so dass auch dann ein vernünftiges Herleitungsspiel übrig bleibt (freilich nicht für AL)? Diese Frage wird in Kap. 8 weiter zu verfolgen sein.

Übungen
1) Leiten Sie mit K-AL her: „~(p ∧ ~p)" (indirekter Beweis!)
2) „Weißt du, wieviel Sternlein stehen?" Leiten Sie mit K-AL die Transitivität des Konditionals her. Stützen Sie sich dabei auf den folgenden Gedankengang: Angenommen, wenn p, dann q; und angenommen, wenn q, dann r. Stellen wir uns nun vor, p sei der Fall. Dann folgt q, und daraus wiederum folgt r. Unter den gemachten Annahmen können wir also sagen, dass aus p r folgt. Also folgt aus den ersten zwei Annahmen, dass, wenn p der Fall ist, auch r der Fall ist. Falls also wenn p, dann q, und wenn q, dann r, dann auch wenn p, dann r.

4.5 Eine Erweiterung von AL um ein neues Zeichen: Die Modallogik S5

Das folgende Unterkapitel gehört nicht zum weltweiten Standardprogramm des einführenden Logikkurses. Es geht in ihm um einen kleinen Ausschnitt aus dem großen Gebiet der sogenannten Modallogiken, nämlich um deren gebräuchlichste und am einfachsten verständliche Sprache: S5. Der Name „Modallogik" kommt daher, dass die typischerweise durch sie systematisierbaren Ausdrücke im Mittelalter als Ausdrücke zur Bestimmung der Art und Weise (lat.: modus) einer Aussage angesehen wurden. Das spielt heute aber keine Rolle mehr.

Modallogik

Sehr streng genommen ist „S5" nicht der übliche Name dieser *Sprache* selbst, sondern der Name einer Axiomatik dafür. Sie wurde um 1918 von C.I Lewis entdeckt (16, Kap. 11). Da die Axiomatik genau auf die Sprache passt, liegt die Übertragung des Namens nahe und ist harmlos.

Ebenso wie AL ist S5 zunächst nichts weiter als ein ungedeutetes, völlig sinnfreies Spiel. Zunächst wieder zur Syntax. Das Alphabet von S5 ist einfach eine Erweiterung des Alphabets von AL um ein neues Zeichen: eine quadratische Box. Die Regeln für die Bildung der atomaren Formel sind dieselben wie für AL, die Regeln für die Bildung der wff werden einfach zu einer Definition S5-1 erweitert um die folgende Klausel:

Syntax von S5

Wenn α eine wff ist, so auch ⌜ □ α⌝.

Die Box ist ein so genannter Modaloperator. Die Zeichenkette, vor die man beim Aufbau einer wff einen Modaloperator davorhängt, nennt man den Bereich (auch: Skopus, scope) des Modaloperators.

Die Box

Die Semantik von S5 (in ihrer einfachsten Version) geht von der folgenden Definition aus:

Semantik von S5

Def. S5-2: „S5-Struktur" (auch: „Kripke-Rahmen für S5")
Eine S5-Struktur ist ein geordnetes Paar ⟨W,A⟩, für das gilt:

> 1) W ist eine nichtleere Menge von beliebigen Gegenständen, den so genannten Kontexten (Benennung nach 3);
> 2) A ist eine „Zugänglichkeits"-Relation auf W, die wie folgt definiert ist: Jeder Kontext der Kontextmenge ist von jedem Kontext aus zugänglich.

Was eine Zugänglichkeitsrelation ist, muss vor Kapitel 7 nicht weiter interessieren. Dadurch, dass im Falle des S5-Modells ohnehin jeder Kontext von jedem Kontext aus zugänglich ist, kann man sie hier noch völlig vernachlässigen. Streng genommen gibt es übrigens auch Modelle, die auf das Herleitungsspiel S5 passen, bei denen aber nicht jeder Kontext mit jedem Kontext zugänglich ist (16, S.61). Das ist aber eine Komplikation, die in einer Einführung in die Logik keine Rolle spielen muss.

Mit Hilfe des Begriffs der S5-Struktur lässt sich definieren, was ein S5-Modell ist. Dabei sollen statt Schwarz und Weiß nunmehr die ebenso willkürlichen Werte 1 und 0 zum Einsatz kommen. Der Grundgedanke der Deutung ist, dass einer Formel (die einem Satz entspricht), ein Wahrheitswert *relativ auf einen Kontext* zugewiesen wird: Formeln sind *an* k_1 wahr, *an* k_2 falsch etc.:

> **Def. S5-3: „S5-Modell" (auch: „Kripke-Modell für S5")**
> Ein S5-Modell ist ein geordnetes Paar $\langle\langle W,A\rangle, V\rangle$, für das gilt:
> 1) $\langle W,A\rangle$ ist eine S5-Struktur;
> 2) V ist eine zweistellige Funktion, die jeder wff von S5 *für jeden Kontext k aus W* ein Element aus $\{1,0\}$ zuordnet, wobei die folgenden einschränkenden Bedingungen gelten:
>   1. $V(\ulcorner \sim \alpha \urcorner, k) = 1$ gdw $V(\alpha, k) = 0$;
>   2. $V(\ulcorner (\alpha \wedge \beta) \urcorner, k) = 1$ gdw sowohl $V(\alpha, k) = 1$ als auch $V(\beta, k) = 1$;
>   3. $V(\ulcorner \square \alpha \urcorner, k) = 1$ gdw für *jeden* Kontext k' (der mit A von k aus zugänglich ist) gilt: $V(\alpha, k') = 1$.

Der Diamant   Tüte, Pfeil und Spaghetti werden wie bekannt per Zusatzdefinition eingeführt. Außerdem wird ein weiteres neues Zeichen per Definition eingeführt:

> **Zusatzdefinition 1 für S5: die Raute (auch „Diamant" genannt)**
> Die Zeichenkette „$\sim\square\sim$" kann stets durch „$\diamond$" abgekürzt werden.

Der Begriff der Allgemeingültigkeit wird so gefasst, dass eine wff von S5 genau dann allgemeingültig ist, wenn sie *für jeden Kontext* jedes S5-Modells den Wert 1 erhält.

Die Semantik der Modallogiken war für mehrere Jahrzehnte ein ungelöstes Forschungsproblem gewesen. Vor allem mit der Bedeutung von Formeln mit iterierten Modaloperatoren wie „$\diamond\diamond p$" konnte man nichts Rechtes anfangen. Noch als Schüler entwickelte der 1941 geborene Saul Kripke zwischen 1956 und 1958 die ersten Modelle im Stil von Definition 5.3 (Details: Artikel „Prior" von Jack Copeland in 162; weitere wichtige Werke Kripkes: 38, 39).

Wie lässt sich S5 deuten? Die Werte 1 und 0 behalten ihre von AL bekannte Deutung als „wahr" und „falsch". Ebenso werden natürlich die Junktoren genauso gedeutet wie üblicherweise für AL. Die Frage ist nur: Als was deutet man die Kontexte, und wie liest man Box (und Raute)?

Man kann sich z.B. eine Deutung von S5 vorstellen, in der die Kontexte *Orte* sind, wobei derselbe Satz mancherorts wahr ist und mancherorts falsch. Die „p"s und „q"s muss man dann als *Sätze ohne Ortsangabe* deuten (z.B. „Es schneit am 16.2.2005"). Da z.B. „□p" an einem Ort k gerade dann wahr wird, wenn „p" an allen Orten wahr ist, ist in diesem Fall die Box als „überall" zu deuten. Ist „~□~ p" an einem Ort k wahr, so heißt das, dass nicht überall „~ p" wahr ist bzw. „p" nicht überall falsch ist. Das heißt nun wieder nichts anderes, als dass „p" an mindestens einem Ort wahr ist - vielleicht an k selbst, vielleicht woanders. „~□ ~ p" ist nach der Zusatzdefinition für S5 die Langform von „◇p". Also ist in diesem Fall der Diamant als „irgendwo" zu deuten. Ist wiederum „~◇~ p" an einem Ort k wahr, so heißt dass, dass nirgendwo „p" falsch, also „p" überall wahr ist: „~◇~ p" ist gleichbedeutend mit „□p". Man kann – für die Deutung der Kontexte als Orte – als Faustregel festhalten:

„nicht überall nicht" = „irgendwo"   „~□ ~" = „◇"

„überall nicht" = „nirgendwo"   „□ ~" = „~◇"

„überall" = „nirgendwo nicht"   „□" = „~◇ ~"

„nicht überall" = „irgendwo nicht"   „~□" = „◇ ~"

Die in der Philosophie gebräuchlichste Deutung von S5 deutet die Kontexte aber gar nicht als Orte, sondern als sogenannte mögliche Welten. Der Ausdruck wurde zuerst von Leibniz ins Spiel gebracht (130, z.B. I 10). Was man genau darunter zu verstehen hat, ist heiß umstritten (94, Kap. 4). Die Grundidee der Möglichkeits-Deutung von S5 ist aber ziemlich einfach und unabhängig davon, was man genau unter einer möglichen Welt versteht: Die Dinge könnten so oder auch anders stehen. Was notwendig ist, muss aber wahr sein, unabhängig davon, wie die Dinge stehen: Notwendigkeit ist Wahrheit in *allen* möglichen Welten. Damit etwas möglich ist, muss es sich zumindest theoretisch so verhalten *können*: Statt von „Möglichkeit" kann man deshalb auch von „Wahrheit in wenigstens einer möglichen Welt" sprechen. Bei dieser Deutung kann man die Box als „es ist notwendig, dass" lesen und den Diamanten als „es ist möglich, dass". Man erhält nun als schon lange bekannte Faustregeln (für historische Belege vgl. unten Übung 2):

„nicht notwendig nicht" = „möglich"   „~□~" = „◇"

„notwendig nicht" = „unmöglich" (= „nicht möglich") „□~" = „~◇"

„notwendig" = „unmöglich nicht"   „□" = „~◇~"

„nicht notwendig" = „möglicherweise nicht"   „~□" = „◇~".

(Randnotizen:)
Ortsdeutung von S5

Die Standard-Deutung: mögliche Welten

Formeln mit Box und Diamant bilden so ein Beispiel für eine extrem wichtige logische Struktur: das so genannte logische Quadrat:

Logisches Quadrat

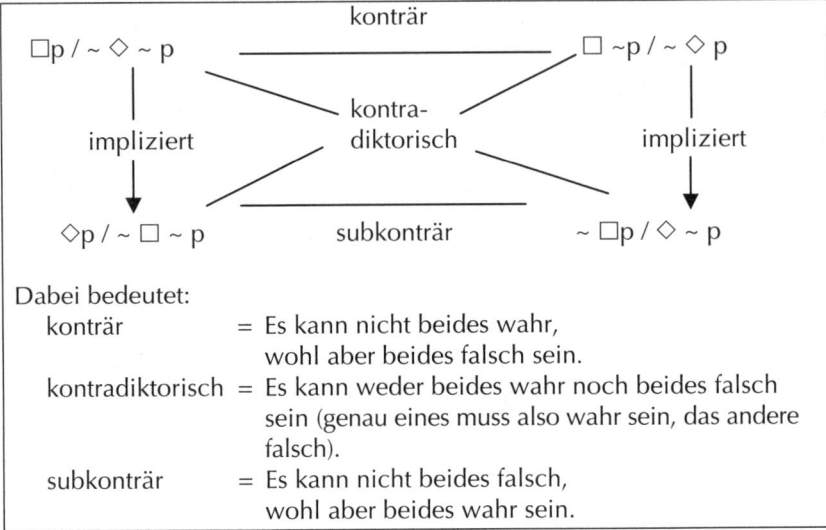

Dabei bedeutet:

konträr = Es kann nicht beides wahr, wohl aber beides falsch sein.

kontradiktorisch = Es kann weder beides wahr noch beides falsch sein (genau eines muss also wahr sein, das andere falsch).

subkonträr = Es kann nicht beides falsch, wohl aber beides wahr sein.

Wie die Deutbarkeit von AL als Logik der elementaren Aussagenverbindungen, so ist auch die Deutbarkeit von S5 als Logik für Notwendigkeit und Möglichkeit umstritten. So inkorporiert z.B. S5 die These, dass in allen möglichen Welten dieselben logischen Gesetze gelten. Und das ist nicht unumstritten – obgleich jemand, der das bezweifelt, erst einmal erklären sollte, was an etwas, das nicht unabhängig davon gilt, wie die Dinge stehen, ein *logisches* Gesetz sein soll. Auch sind die Ausdrücke „notwendig" und „möglich" vieldeutig. Das ist zu beachten, denn es führt zu absurden Ergebnissen, wenn man „Möglichkeit" im Sinne von S5 mit Vorstellbarkeit verwechselt (vgl. 142, Kap. 10). Aber man fährt doch für die Rekonstruktion eines *logischen* Notwendigkeitsbegriffs mit S5 ziemlich gut.

Striktes Konditional   Ein Grund dafür, dass man im frühen 20. Jahrundert überhaupt auf Modallogiken gekommen ist, war der folgende: Man war auf der Suche nach einer Logik, die eine Analyse des „Wenn... dann" im Sinne des Vorschlags des Logikers Diodoros Kronos aus dem 4. Jahrhundert v.Chr. erlaubte. Dieser Vorschlag war nämlich plausibler als der Vorschlag Philons (vgl. Kap. 4.1), wie das folgende Fragment zeigt (118, II §§157 f., 12: 20.08):

„Diodoros sagt, dass der zusammenhängende Satz wahr ist, wenn er, mit Wahrem beginnend, in Falschem weder endet *noch enden kann*."

Zwar hatte Diodoros offenbar eine etwas exzentrische Analyse davon, was „können" heißt (vgl. 12: 20.08, 20.081); aber die Grundidee ist ziemlich gut:

Die Verbindung „Wenn A, dann B" wird erst dann wahr, wenn nicht bloß in der Wirklichkeit, sondern in *allen möglichen* Welten, falls „A" wahr ist, auch „B" wahr ist.

Das ist zumindest ein Ansatz einer Erklärung, warum man den Satz „Wenn Gras grün ist, ist Berlin Bundeshauptstadt" für falsch hält: Man kann sich eine Menge möglicher Welten vorstellen, in denen das Gras grün und Berlin trotzdem nicht Bundeshauptstadt ist. Die Suche war einigermaßen erfolgreich, was man an folgender Definition sieht:

Zusatzdefinition 2 für S5

⌐□ (α→ β)⌐ kann stets durch ⌐α ≺ β⌐ abgekürzt werden.

Dieses Zeichen gibt das sogenannte *strikte* Konditional wieder („In allen möglichen Welten, in denen α wahr ist, ist auch β wahr"). Und das war im Prinzip Diodoros' Idee.

Übungen

1) Kennzeichnen Sie den Bereich (Skopus) des Modaloperators in den folgenden Formeln durch Unterstreichen: [1] □(p → q) [2] p → ◇p.

2) Übersetzen Sie in S5-Formeln (unter Verwendung von „p" als einzigem Satzbuchstaben): [1] „Das, was sich nicht anders als so verhalten kann, nennen wir das Notwendig-sich-so-Verhaltende." (104, V(Δ) 5, 1015a34f). [2] „Unmöglich [ist], wovon das Gegenteil aus Notwendigkeit wahr ist." (104, V(Δ) 12, 1019b23). [3] „Das [Wort ']möglich['] bezeichnet das, was nicht aus Notwendigkeit falsch ist" (104, V(Δ) 12, 1019b30 f.) [4] „Vom Notwendig-Sein darf man aufs Sein schließen" (*Ab oportere ad esse valet consequentia*). [5] „Vom Sein darf man aufs Können schließen" (*Ab esse ad posse valet consequentia*).

3) Bringen Sie die folgenden Sätze in einem logischen Quadrat unter und erklären Sie die logischen Beziehungen zwischen den Sätzen im Einzelnen: [1] „Mein Bierglas ist voll" [2] „In meinem Bierglas ist noch etwas drin" [3] „Mein Bierglas ist nicht mehr voll" [4] „Mein Bierglas ist leer" [5] „In meinem Bierglas ist nichts mehr drin" [6] „Mein Bierglas ist schon etwas leer" [7] „Mein Bierglas ist noch kein bisschen leer" [8] „Mein Bierglas ist kein bisschen mehr voll".

4) Beweisen Sie, von der Allgemeingültigkeit von ⌐□α → α⌐ ausgehend, dass „p → ◇p" allgemeingültig ist. Tipp: Setzen Sie für α „~p" ein und arbeiten Sie mit der aussagenlogischen Kontraposition und dem Gesetz der doppelten Negation.

5) Erklären Sie das logische Quadrat im Sinne der Notwendigkeits- und der Ortsdeutung von S5 in allen Einzelheiten.

6) Das Wort „möglich" wird in verschiedenen Bedeutungen benutzt. Zeigen Sie zunächst, von Übung 4 ausgehend, dass „□p → ◇p" S5-allgemeingültig ist, und erläutern Sie, in welchem Sinn von „möglich" der Diamant gemeint ist. Manchmal wird die Wendung „Es ist möglich, dass..." auch im Sinne von „es ist möglich, es ist aber auch möglich, dass nicht..." gebraucht (so genannte Kontingenz). Definieren Sie mit Hilfe des Diamanten einen Kontingenz-Operator.

7) Thomas von Aquin weist (123, I 67, in Ausgaben mit Paragraphenzählung: §565) sinngemäß darauf hin, dass man leicht einen Fehlschluss begeht, indem man „□(p → q)" (die so genannte *necessitas consequentiae* („Notwendigkeit der Konsequenz")) und „p → □q" (die so genannte *necessitas consequentis* („Notwendigkeit des Konsequens") miteinander verwechselt. Erläutern Sie mit „p" für „Es regnet" und „q" für „Die Straße ist nass", wieso hier ein Unterschied vorliegt. Mit welcher Formel macht man die stärkere Behauptung?

8) Duns Scotus diskutiert (121, §51) sinngemäß das folgende Argument: Wenn es freie Handlungen gibt, so geschieht etwas, wovon sowohl möglich ist, dass es geschieht, als auch, dass es nicht geschieht. Dass etwas sowohl geschieht als auch nicht geschieht, ist aber unmöglich. Denn das wäre ein Widerspruch. Scotus bemerkt zu Recht, dass das Argument einen Skopusfehler enthält. Das lässt sich mit S5 gut nachweisen. Erklären Sie anhand von „p ∧ ◇~p", „◇p ∧ ◇~p" und „◇(p ∧ ~p)".

9) Erklären Sie am Beispiel der Formel „$\Diamond\Diamond$p", wie Kripke das Problem der iterierten Modalitäten löste.

4.6 Zusammenfassung und Literaturhinweise

Zusammenfassung

In diesem Kapitel wurde das Spiel AL als Aussagenlogik gedeutet. Ausgangspunkt waren die nützlichen hypothetischen Syllogismen der Stoiker, z.B. der modus ponens („Wenn p, dann q; nun aber p; also q") und der modus tollens („Wenn p, dann q; nun aber nicht q; also nicht p"). Es ließ sich klären, inwiefern man „~" als „nicht", „$\vee$" als „oder" und „$\wedge$" als „und" sowie „$\rightarrow$" (mehr schlecht als recht) als „wenn ... dann" lesen kann. Es ließ sich zeigen, wie man mit AL komplexe Aussagen und Schlüsse bestimmter Art analysieren kann. Ferner ließen sich Herleitungsspiele für AL diskutieren. Neben einer üblichen Axiomatik war das besonders ein Kalkül des natürlichen Schließens aus Annahmen mit Einführungs- und Eliminationsregeln für jeden Junktor. Mit ihm ließen sich auch indirekte Beweise übersichtlich führen. Klar geworden ist jedoch auch schon: AL ist nicht feinkörnig genug, um die Binnenstruktur von Aussagen zu erfassen, in denen Gegenständen Eigenschaften zugesprochen werden oder in denen die Wörter „alle" und „einige" vorkommen. Schließlich ließ sich auf Grundlage von AL durch die Einführung des Box-Operators eine Logik für Möglichkeit und Notwendigkeit gewinnen: die Sprache S5. Dabei ließ sich auch erste Bekanntschaft mit der wichtigen Struktur des Logischen Quadrats machen, und es ließen sich die damit verbundenen Begriffe (kontradiktorisch, konträr, subkonträr) klären.

Literaturhinweise

Zur Geschichte der Logik: 12, 13. Zur Stoa: 111. Zu Propositionen: 53; gegen Propositionen: 41, §43; 42. Vollständigkeitsbeweis für AL: 4, Kap. 4. Modallogik: 16. Mögliche Welten: 94. Zu Frege: 103. Euklid-Ausgabe: 146.

5. Sprechen über Sprache

In diesem Kapitel geht es um drei Arten des Sprechens über Sprache: um das Definieren, das Zitieren und um die Freilegung von Prämissen. Es vertieft einige Punkte informal, die im Zusammenhang mit aussagenlogischen Sprachen schon angerissen wurden. Es bereitet auch auf die Prädikatenlogik vor, denn in der Prädikatenlogik geht es um Begriffe. Und das, was definiert wird, sind Begriffe. Im Zusammenhang mit der Freilegung von Prämissen ist auch auf den sogenannten Naturalistischen Fehlschluss (bzw. den ihm ähnlichen Schluss vom Sein aufs Sollen) einzugehen.

5.1 Definieren

„Definieren" heißt wörtlich nichts anderes als „abgrenzen" (von lat. finis = das Ende, die Grenze). Bisher kamen in diesem Buch Definitionen nur im Zusammenhang mit formalen Sprachen vor. Da waren sie sinnfreie Spielregeln oder reine Abkürzungsvorschriften. Im Falle eines bereits vorhandenen Begriffs der natürlichen Sprache kann man nicht so willkürlich definieren. Vielmehr sucht man, wenn man nach der Definition für einen bereits vorhandenen, aber nicht ganz geklärten Begriff sucht, nach einer Umschreibung mit anderen – besser verständlichen – Worten. Man versucht, einen zu definierenden Begriff, ein Definiendum, durch einen definierenden Ausdruck, das Definiens, zu umschreiben. Das allgemeine Schema einer Definition ist also:

Definiens und Definiendum

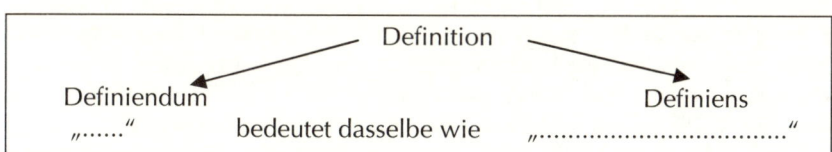

Natürlich kann es passieren, dass das Definiens selbst wieder definitionsbedürftige Worte enthält. Das ist im Prinzip nicht schlimm. Doch will man nicht ins Unendliche weitermachen müssen („in einen infiniten Regress geraten"), so wird man annehmen, dass es gewisse Worte gibt, die wir auch ohne Definition gut genug verstehen, um sie benutzen zu dürfen. Man nennt solche Worte Primitiva (Einzahl: Primitivum), dies aber nicht weil sie besonders primitiv wären, sondern weil sie in einer bestimmten Situation als schon verstanden vorausgesetzt werden dürfen. Was man bei einer Definition erreichen möchte, ist:

Primitiva

> Das Definiendum kann in *allen* Fällen seines Gebrauchs ohne Informationsverlust durch das Definiens ersetzt werden, und umgekehrt.

Beim Definieren kann manches missglücken. Paradebeispiele finden sich in denjenigen Dialogen Platons, in denen Sokrates – meist erfolglos – versucht, seine Gesprächspartner zum Aufstellen von brauchbaren Definitionen zu zwingen. Wenn ein Gesprächspartner *nur Beispiele* angibt (was immer als erstes passiert), wird das Definiens grundsätzlich zu eng sein. Das Definiendum kann nicht in *allen* Fällen seines Gebrauchs durchs Definiendum ersetzt werden.

Fallen beim Definieren

Das ist in der Theorie trivial, in der Praxis nicht. Denn gerade in einer heißen Diskussion, z.B. zur angewandten Ethik, ist der Blick oft verengt, und man ist leicht nicht gelassen genug, um vom Kontext zu abstrahieren und zu einer allgemeinen Definition zu kommen (vgl. 112, 5d).

Es kann aber auch vorkommen, dass man beim Definieren *zu* allgemein ist. So empfiehlt der junge Laches als Definiens für „Tapferkeit" zunächst „Beharrlichkeit der Seele" (113, 192b). Sokrates nennt Gegenbeispiele: Einen unvernünftigen Sturkopf oder einen beharrlichen Verrückten würde man nicht tapfer nennen. Das Definiendum kann also nicht in *allen* Fällen seines Gebrauchs durchs Definiendum ersetzt werden. Laches verbessert das Definiens zu *„vernünftige* Beharrlichkeit der Seele". Sokrates wendet ein, man könne beharrlich und vernünftig Geld investieren, ohne dass das besonders tapfer ist, und so geht es weiter.

Zuvor gibt Sokrates eine Art Musterdefinition für „Schnelligkeit", die sich etwas modernisiert so hinschreiben lässt:

Ein Objekt x ist schnell genau dann, wenn gilt:
x kommt in kurzer Zeit durch vieles durch.

Diese Art, eine Definition zu formulieren, ist besonders präzise und im Zweifelsfall anderen Möglichkeiten vorzuziehen. Es geht zwar immer darum, einen *Begriff* zu definieren und nicht einen *Satz*. Aber man kann gut den Teil einer Definition, der das Definiendum enthält („Ein Objekt x ist schnell"), und den Teil einer Definition, der das Definiens enthält („x kommt in kurzer Zeit durch vieles durch"), als jeweils vollständige Sätze mit mindestens je einer Leerstelle („x") formulieren. Ein großer Vorteil ist, dass man dabei Klarheit über die logische Grammatik des Definiendums gewinnt. Es ist nämlich nicht immer einfach zu sehen, aber sehr wichtig, herauszubekommen, wie viele solcher Leerstellen zu einem Begriff gehören.

Extension und Intension   Die Menge der Gegenstände, die unter einen Begriff F fallen, nennt man auch die *Extension* (den Umfang) von F. Die Extension des Begriffs „Stern" ist z.B. einfach die Menge aller Sterne. In diesem Sinne kann man festhalten:

Bei einer gelungenen Definition sind die Extension des Definiendums und die Extension des Definiens gleich.

Man könnte daher meinen, wenn extensionale Deckungsgleichheit von Definiens und Definiendum hergestellt ist, habe man sicher eine gelungene Definition vor sich. Dies wäre aber voreilig. Ein fortgeschrittener Definitionsvorschlag von Sokrates' Gesprächspartner Euthyphron ist, modern ausgedrückt: „Eine Handlung x ist *fromm* genau dann, wenn x von allen Göttern geliebt wird". Interessanterweise gibt Sokrates kein weiteres Gegenbeispiel an, um auf ein zu enges oder zu weites Definiens hinzuweisen. Er gibt offenbar – wenigstens für den Moment – zu, dass das Definiens nun extensional dem Definiendum adäquat ist. Doch es ist nicht so, dass man das Definiendum hier wirklich *ohne Informationsverlust* durch das Definiens austauschen könnte. Es kann nämlich vorkommen, dass Begriffe zwar extensionsgleich sind, dass also genau dieselben Gegenstände unter sie fallen, aber dass sie dennoch Verschiedenes bedeuten. Ein klassisches Beispiel, das Quine gerne verwendet (z.B. in 42, S.8f.), ist: Genau alle Tiere mit Herz sind auch Tiere mit Niere. Trotzdem meinen wir nicht dasselbe, wenn wir sagen, ein Tier sei ein Tier mit Herz, wie wenn wir sagen, es sei ein Tier mit Niere. Der Begriff „Tier mit Herz" und der Begriff „Tier mit Niere" sind zwar extensional identisch, aber *intensional* verschieden. Dabei versteht man unter der Intension eines Ausdrucks grob gesagt das, was man eigentlich damit meint (Vorsicht: Intension und Intention sind nicht dasselbe! „Intention" heißt „Absicht"). Genau so ist es auch mit „fromm" und „von allen Göttern geliebt": Es ist einfach etwas anderes mit „fromm" gemeint als „von allen Göttern geliebt". Es könnte ja sein, dass die Götter eine andere Meinung hätten. Man sieht: Dass bei einer gelungenen Definition Definiendum und Definiens in allen Fällen ihres Gebrauchs *ohne Informationsverlust* ausgetauscht werden können, verlangt ein nicht nur extensional, sondern auch intensional dem Definiendum angemessenes Definiens.

Ein weiterer nichttrivialer Definitionsfehler lässt sich am Ende von Platons Spätdialog „Theätet" erläutern (115). Das Definiendum ist „Wissen" bzw. „Erkenntnis". Die Diskutierenden sind so weit gekommen, dass Erkenntnis mehr ist als eine bloß zufällig wahre Meinung. Der letzte Definitionsvorschlag lautet: „Erkenntnis (Wissen) ist wahre Meinung mit einer Begründung (einem logos) dafür". Nur fragt sich, was mit dem Wort „Begründung" im Definiens eigentlich gemeint ist. Es kann nicht als Primitivum gelten, sondern ist selbst wieder definitionsbedürftig. Nach einigen erfolglosen Versuchen landet man bei: „Eine Begründung für eine Meinung hat man genau dann, wenn man *Erkenntnis* davon hat, was das Objekt der Meinung von anderen unterscheidet." An diesem Punkt resigniert Sokrates (209e), und der Dialog geht ergebnislos zu Ende. Man ist in einen definitorischen Zirkel geraten: Denn im Definiens kam – etwas versteckt – das Definiendum vor. Aber gerade über das Definiendum wollte man sich doch mit Hilfe eines leichter verständlichen Definiens Klarheit verschaffen!

Nicht jeder Zirkel ist übrigens schlimm. Völlig in Ordnung ist etwa der hermeneutische Zirkel, der Zirkel des Vorverständnisses, der z.B. in Hans-Georg Gadamers Hauptwerk „Wahrheit und Methode" eingehend dargestellt ist. Für Begriffe lässt er sich ungefähr so beschreiben: Das Verständnis eines Begriffs wird verfeinert, indem man von einem bereits vorhandenen Vorverständnis dieses Begriffes ausgeht. In Sokrates' Definitionsprojekten kommen dauernd hermeneutische Zirkel vor. Denn hätte man nicht bereits ein Vorverständnis des Definiendums, so könnte man ja Sokrates' Gegenbeispiele gar nicht verstehen, die zur Verfeinerung des Begriffsverständnisses führen sollen.

Soweit die Theorie des Definierens. In der Praxis stellen sich die folgenden Probleme:

(1) Wie komme ich am besten auf eine gelungene Definition?
(2) Was tun bei Mehrdeutigkeit?

Zirkel

Definitionsbäume | Für das erste Problem gibt es eine klassische Lösung, die im Mittelalter die folgende Standardformulierung erhält: Eine Definition entsteht mit nächster Gattung und artbildendem Unterschied („Definitio fit per genus proximum et differentiam specificam", fast wörtlich in 124 I.3.5). Für „artbildender Unterschied" sagt man oft auch „spezifische Differenz". Die Idee ist folgende: Man sucht den nächst-allgemeineren Begriff zum Definiendum und schränkt diesen dann durch ein Unterscheidungsmerkmal zu einem angemessenen Definiens ein. Dieses lässt sich besonders deutlich durch die Wendung „und zwar" einführen.

Definiendum   Definiens
                            Genus proximum   Differentia specifica
x ist ein *Hund* gdw x ist ein *Säugetier*,   und zwar eines, *das bellt*.
x ist eine *Katze* gdw x ist ein *Säugetier*,   und zwar eines, *das miaut*.

Natürlich kann man mit dieser Methode ganze Definitionsbäume bauen. Hier ist ein Beispiel ohne jeden Anspruch auf Korrektheit in Hinsicht auf die Wissenschaft der Botanik (vgl. zum Problem der Hinsicht anregend 139, 138 mit Verweis auf 152):

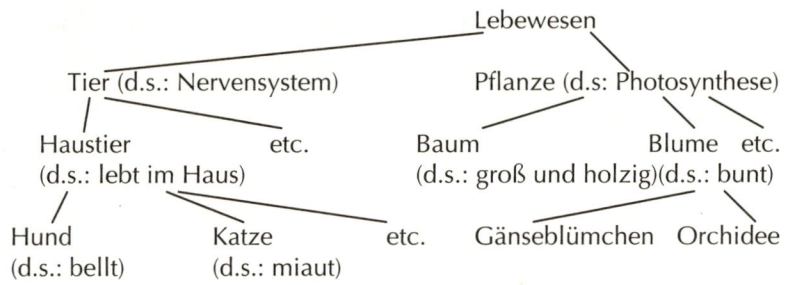

Mehrdeutigkeit | Für das Problem der Mehrdeutigkeit gibt es eine einfache, aber effektive moderne Lösung: Man versieht das mehrdeutige Wort einfach mit Indizes. Ein Index ist (in diesem Zusammenhang) nichts anderes als eine kleine Hoch- oder Tiefzahl. Um den Bereich, über den man redet, einzugrenzen, ist es übrigens sehr praktisch, eine Einschränkung mit „sei" vorauszuschicken wie im folgenden Beispiel (solche so genannten bedingten Definitionen waren nicht immer unumstritten, sind aber heute gang und gäbe):

Sei x eine Person.
x ist frei[1] gdw x nicht daran gehindert wird zu tun, was x will.
x ist frei[2] gdw x in genau derselben Situation anders handeln könnte.

Kommt man in einer Diskussion zu einer solchen Unterscheidung, so ist schon viel erreicht.

Übungen
1) Sind rekursive Definitionen zirkulär?

2) Versuchen Sie, einige der folgenden Begriffe zu definieren: [1] fortschrittlich [2] absolut [3] sozial [4] modern [5] totalitär [6] Idealismus [7] Kapitalismus [8] Globalisierung [9] Islamismus [10] Humanismus [11] extrem [12] radikal. Tipp: Ist das Definiendum ein Wort auf „-ismus", so sollte man zunächst grundsätzlich versuchen, das Definiens zu beginnen mit „ist die These, dass...".

5.2 Objekt- und Metasprache

Man kann eine Sprache einfach *sprechen*. Aber Sprache kann auch selbst *Objekt* des Darüber-Sprechens werden. Das geschieht z.B. beim Definieren. Man sieht das, wenn man Sokrates' Musterdefinition umformuliert wie folgt:

Zwei Rollen der Sprache

> Der Satz „x ist schnell" ist genau dann wahr, wenn der Satz „x kommt in kurzer Zeit durch vieles durch" wahr ist.

Um *über* Sprache zu sprechen, braucht man natürlich selbst wieder eine Sprache, die gewissermaßen eine Ebene höher angesiedelt ist als die Sprache, über die man spricht: Die Sprache, die man benutzt, um (in einer gewissen Situation) über Sprache zu sprechen, nennt man (bezüglich dieser Situation) *Metasprache*. Die Sprache, über die gesprochen wird, die also Objekt des Darüber-Sprechens ist, nennt man (bezüglich dieser Situation) *Objektsprache*. Dieser Unterschied hat sich als außerordentlich wichtig herausgestellt (Pionierarbeit: 46). Er ist deutlich, wenn Objekt- und Metasprache zwei verschiedene Sprachen sind, z.B. Deutsch und Englisch oder Deutsch und AL:

(1) Der Satz „Snow is white" ist genau dann wahr, wenn Schnee weiß ist.
(2) Die wff „~ (p ∧ ~ p)" ist AL-allgemeingültig.

Klarerweise wird im ersten Satz und im zweiten Satz jeweils unter Verwendung des Deutschen als Metasprache über das Englische bzw. über AL gesprochen. Dennoch gibt es einige komplizierte Details:
1. Es liegt nahe zu sagen: „Ein Teil von Satz (1) ist in Englisch, und ein Teil von Satz (2) ist in AL." *Aber das stimmt nicht*! Liest man Satz (1) laut vor, so spricht man vom einen Ende des Satzes bis zum anderen Deutsch. Schließlich äußert man ja einen kompletten sinnvollen Satz; man gibt nicht etwa den Satzfetzen „Der Satz ... ist genau dann wahr, wenn Schnee weiß ist" auf Deutsch von sich und redet zwischendurch etwas Englisch. Genauso ist es mit Satz (2). Die Erklärung ist dieselbe, wie sie bei der Einführung der Anführungsstriche in Kap. 2 gegeben wurde: Die Anführungsstriche weisen darauf hin, dass man es nicht mit einem objektsprachlichen Ausdruck selbst zu tun hat, sondern mit einem *Bild* eines objektsprachlichen Ausdrucks. Indem man das Bild *benutzt* (use), *erwähnt* man den objektsprachlichen Ausdruck (mention).
Im Rückblick kann man die sogenannte Suppositionslehre, ein filigranes Meisterwerk der spätmittelalterlichen Logik, als erste Überlegungen zu Objekt- und Metasprache ansehen (für einen Eindruck vgl. 12 §27; 70, I 63 f.). Der Grundgedanke der Suppositionslehre ist: Ein- und derselbe sprachliche Ausdruck kann logisch *verschiedene Rollen* spielen.

Suppositionslehre

2. Es kann in derselben Situation *dieselbe* Sprache als Objekt- und als Metasprache vorkommen. Ein berühmtes Beispiel (vgl. 46) ist die folgende Feststellung, die nur auf den ersten Blick trivial ist:

Der Satz „Schnee ist weiß" ist genau dann wahr, wenn Schnee weiß ist.

Hier ist das Deutsche sowohl Objekt- als auch Metasprache.

3. Die Objektsprache einer Äußerung ist *nicht* unbedingt die Sprache, mit der man nicht mehr über Sprache spricht, sondern über die Dinge („die Objekte"). Das sieht man an folgendem Satz (vgl. „nomen est nomen", 70, I 11):

Der Satz „Ockhams Beispiel ‚Das Wort «Wort» ist ein Wort' ist ein schönes Beispiel" enthält 61 Zeichen.

Denn hier wird in der Metasprache Deutsch etwas über den in der Objektsprache Deutsch geäußerten Satz „Ockhams Beispiel ‚Das Wort «Wort» ist ein Wort' ist ein schönes Beispiel" gesagt. Und in dem geht es wieder um einen Satz - in dem es um ein Wort geht.

Metasprachliche Abkürzungen ≠ objektsprachliche Zeichen!

4. Auch beim Definieren für eine formale Sprache ist es sehr wichtig, sich den Unterschied zwischen Objekt- und Metasprache immer deutlich zu machen: Wir sprechen, wenn wir eine Definition formulieren, auf Deutsch in der Rolle der Metasprache über die Sprache AL als Objektsprache. Die Abkürzungsregel, mit der ich etwa den Hut mit Hilfe der Tilde und des Pfeils einführe, muss also ein ganz normaler deutscher Satz sein:

$\ulcorner (\alpha \wedge \beta) \urcorner$ kürzt $\ulcorner \sim (\alpha \rightarrow \sim \beta) \urcorner$ ab.

Oft schreibt man statt „kürzt ... ab" kürzer als „:=", „=^{def}" oder gar (ein wenig ungenau) „gdw". Es ist wichtig, sich klar zu machen, dass man, wenn man diese Zeichen benutzt, *metasprachliche* Zeichen benutzt, die nicht etwa Teil eines objektsprachlichen Ausdrucks sind. Das ist selbst dann so, wenn man vereinbart, dass sie Anführungsstriche aller Art schlucken. Im Kontrast sieht man das an Folgendem:

$\ulcorner \sim (\alpha \rightarrow \sim \beta) \equiv (\alpha \wedge \beta) \urcorner$

ist keine Definition des Hutes: Die Spaghetti sind ein Zeichen von AL und nicht ein metasprachliches Zeichen. Alles, was die zweite Zeile besagt ist also „Das Ergebnis des Hinschreibens von Tilde – Klammer auf – einer wff von AL – Pfeil – Tilde ... Klammer zu". Und man fragt sich: Was *ist* denn mit diesem Ergebnis? Zweifellos wäre es richtig, *nach* dem Aufstellen der Definition zu sagen:

$\ulcorner \sim (\alpha \rightarrow \sim \beta) \equiv (\alpha \wedge \beta) \urcorner$ ist allgemeingültig.

Doch vor dem Aufstellen der Definition kann man das gar nicht sagen (da ist der Hut ja noch gar nicht eingeführt). Und nach dem Aufstellen der

Definition ist es zwar richtig. Aber das ist eine Folge der Definition, nicht die Definition selbst.

Übrigens benutzt man als *metasprachliche* Abkürzung für „ist allgemeingültig" üblicherweise das Zeichen „$\models$", als metasprachliche Abkürzung für „ist herleitbar" das Zeichen „$\vdash$". Sind die Zeichen schräg durchgestrichen, so heißt das „ist nicht allgemeingültig" und „ist nicht herleitbar". Diese Zeichen schlucken die normalen Anführungsstriche und die Winkelklammern. Deshalb muss man ihre Rolle als metasprachliche Zeichen immer besonders beachten.

Gebräuchliche *metasprachliche* Abkürzungen

„gdw"	kürzt ab „genau dann, wenn"
„:=" „$=^{\text{def}}$"	kürzt ab „kürzt ab" bzw. „ist definiert als"
„$/$"	kürzt ab „(ausgetauscht gegen oder eingesetzt) für"
„$\ulcorner ... \urcorner$"	kürzt ab „das Ergebnis des Hinschreibens von ...".
„$\Rightarrow$"	kürzt ab „wenn..., dann..."
„$\models \alpha$"	kürzt ab „α ist allgemeingültig"
„$\vdash \alpha$"	kürzt ab „α ist herleitbar"
„$\alpha \vdash \beta$"	kürzt ab „Unter der Annahme von α ist β herleitbar"
„$\{\alpha_1,...,\alpha_n\} \vdash \beta$"	kürzt ab „Mit den Annahmen $\{\alpha_1,...,\alpha_n\}$ ist β herleitbar"

Die Definition des Schemas in Kap. 3 lässt sich jetzt dahingehend verdeutlichen, dass ein Schema (ein Gebilde mit mindestens einem griechischen Buchstaben und ggf. Winkelklammern) nie ein objektsprachlicher, sondern ein metasprachlicher Ausdruck ist.

Übungen
1) Erzeugen Sie durch eine kleine typografische Änderung einen wahren Satz und erklären Sie, wieso dann leider der Witz weg ist: [1] Liebe ist nur ein Wort. [2] Werner, sag mal bescheid – Bescheid. (153) [3] Blind (zu Frosch): Lassen Sie mich sofort los. ICH BIN NICHT BLIND, MEIN NAME IST BLIND! (Johann Strauss, Die Fledermaus, III.Akt 10.Auftritt [Aufführungstradition]) [4] Der Name der Firma McClean ist „Programm".
2) Die Münchener Tageszeitung *tz* enthielt am 26.3.04 die folgende Quizfrage: „Was ist die indirekte Rede von Veronika sagt: ‚Ich will in den Urlaub fahren'?" Quizfrage: Was ist hier schief gegangen? Wie kann man es besser machen?
3) Erklären Sie die folgenden (allesamt wahren) Behauptungen über AL:
[1] $\models \sim(p \wedge \sim p)$ [2] $\not\models \sim p \wedge \sim p$ [3] $\not\models p \wedge \sim p$ [4] $\models \alpha \vee \sim \alpha$
[5] $\models p \wedge \sim p \rightarrow \alpha$ [6] $\vdash \alpha \Rightarrow \not\vdash \sim\alpha$ [7] $\vdash \alpha, \alpha \rightarrow \beta \Rightarrow \vdash \beta$ [8] $\vdash \alpha$ gdw $\models \alpha$.
4) Zusatzfragen zu 3: Wie heißt [7]? Welche Resultate sind in [8] festgehalten?
5) Sie erhalten in der Redaktion einer logischen Fachzeitschrift das Manuskript eines Artikels des bekannten finnischen Logikers Jaakko Hintikka. Der Titel lautet: „Die Überwindung von Überwindung der Metaphysik durch logische Analyse der Sprache durch logische Analyse der Sprache". Die Sekretärin hat sich zwar vertippt (bei dem Titel kein Wunder!), aber nur minimal (bei dem Titel ein Wunder...). Wie drucken Sie den Titel? Tipp: Schlagen Sie im Literaturverzeichnis unter 31 nach (Lösung: 85).

5.3   Das Isolieren, Motivieren und Klassifizieren von Prämissen

Analysiert man ein Argument, so spricht man über Sprache. Man fragt sich: Was sind im Geäußerten die einzelnen Prämissen, wo ist die Konklusion, und wie hängt das eine mit dem anderen zusammen? Die Isolation von Prämissen ist also das A und O der Argumentanalyse. Es gibt für sie aber kein schematisches Verfahren, sondern man muss damit Erfahrungen sammeln.

Implizite Prämissen   Eine Faustregel wurde schon in Kap. 4 erwähnt: Die Konklusion kommt oft am Anfang, und die Prämissen werden als Begründung nachgeschoben. Es wurde auch schon erwähnt, dass beim Argumentieren oft implizite, also unausgesprochene Prämissen verwendet werden. Sie gilt es in der Analyse explizit zu machen. Implizite Prämissen sind dann problematisch, wenn sie nicht selbstverständlich sind, sondern erst motiviert werden müssen. Denn wer es (absichtlich oder unabsichtlich) übersieht, eine nicht selbstverständliche Prämisse überhaupt zu nennen, der übersieht leicht seine wichtigste Beweislast.

Keine Letztbegründung   Prämissen müssen deutlich auf den Tisch, damit ein Argument angreifbar ist. Sie sind aber nicht etwas, *worauf* logisch geschlossen wird, sondern das, *woraus* logisch geschlossen wird. Ohne Prämissen gibt es kein Argument. Es ist illusorisch, dass man irgendetwas beweisen kann, ohne etwas vorauszusetzen, auch wenn es in der Philosophiegeschichte immer wieder Versuche gegeben hat, ein solches Zauberstück zustande zu bringen. Prämissen werden in ihrer Rolle als Prämissen selbst nicht bewiesen, sondern informal *motiviert*. Man plädiert dafür, warum sie *plausibel* oder *attraktiv* sind. Wenn man den Gesprächspartner davon nicht überzeugen kann, so weiß man wenigstens, wo genau man sich nicht einig ist.

Evaluative Prämissen   Besonders oft geschieht die Unterdrückung von wichtigen Voraussetzungen bei evaluativen Prämissen, also Prämissen, die eine moralische (oder, seltener, eine ästhetische) Wertaussage machen. Eine Prämisse, die eine moralische Wertaussage ist, nennt man auch oft (in einem weiten Sinn von „normativ") eine normative Prämisse. Es sieht dann so aus, als sollte eine evaluative Konklusion allein aus deskriptiven Prämissen folgen. Das wäre allerdings wieder Zauberei, so dass David Hume bemerken konnte (126, III i 1):

> „... I have always remark'd, that the author proceeds for some time in the ordinary way of reasoning ... when of a sudden I am surpris'd to find, when, instead of the usual copulations of propositions, *is*, and *is not*, I meet with no proposition that is not connected with an *ought* or *ought not*."

Naturalistischer Fehlschluss?   George Edward Moore gab einem ähnlichen wie dem von Hume kritisierten Vorgehen 1903 in seinen *Principia Ethica* (141) den Namen „naturalistic fallacy" („naturalistischer Fehlschluss" bzw. „naturalistischer Fehler"). Typische Fälle, um die es dabei geht, sind Situationen, in denen (z.B.) aus der Natur des Menschen für bestimmte Verpflichtungen gegenüber Menschen argumentiert wird. Man kann freilich bezweifeln, dass ein solcher naturalistischer Schluss ein Fehlschluss im *formalen* Sinn ist. Denn das Grob-Schema des naturalistischen Schlusses ist dann ja:

Prämisse: A ist der Fall.
Konklusion: Also soll B der Fall sein.

Dabei wird natürlich niemand behaupten, dass an der Stelle von A und B alles und jedes stehen kann. Vielmehr können bestimmte hier nicht abgebildete Beziehungen zwischen den Sätzen an A- und B-Stelle wichtig sein. Selbst abgesehen davon, worum es in den Sätzen geht und in welcher inhaltlichen Beziehung sie zueinander stehen, kann man aber feststellen, dass sich ein ungültiger Schluss dieser Form immer zu einem korrekten modus ponens erweitern lässt:

Prämisse 1: Wenn A der Fall ist, soll B der Fall sein.
Prämisse 2: A ist der Fall.
Konklusion: Also soll B der Fall sein.

Das reicht aber klarerweise nicht. Das Problem ist, dass Prämisse 1 zunächst verschwiegen wurde und deswegen nicht motiviert wurde. Das Argument weist deshalb eine peinliche Motivationslücke auf. *Mit* der hinzugefügten Prämisse 1 ist es gültig (Motto: „You can always repair validity"), aber es muss dann fraglich sein, ob es beweiskräftig ist, solange Prämisse 1 nicht motiviert wurde. Verschweigt man die Prämisse nicht, so wird man versuchen, sie zu motivieren. Die These, dass eine Prämisse dieser Form *nie* plausibel motiviert werden kann, ist stark begründungsbedürftig. Keinesfalls ist das eine These der Logik.

Um in Argumenten mit evaluativen (bewertenden) Prämissen seine Begründungslast richtig einschätzen zu können, muss man diese natürlich erst einmal von deskriptiven (beschreibenden) Prämissen unterscheiden. Das ist nicht einfach. In den letzten Jahren setzt sich sogar zunehmend die Ansicht durch, dass eine vollkommen trennscharfe Unterscheidung gar nicht möglich ist. Den Anstoß dazu gab, in Wiederbelebung der pragmatistischen Tradition, Hilary Putnam (92). Dennoch fällt eine Entscheidung, welche Eigenschaft überwiegt, in der Anwendung relativ leicht und ist für die Argumentanalyse außerordentlich wichtig.

Beweislast

Übungen

1) Machen Sie, sofern nötig, implizite Prämissen explizit, so dass gültige Schlüsse entstehen. Markieren Sie dann alle deskriptiven Aussagen mit „D" und alle evaluativen mit „E" :
[1] Käptn Blaubär ist der Kapitän. Also hat Käptn Blaubär dafür zu sorgen, dass im Falle einer Havarie Frauen und Kinder zuerst in die Boote können.
[2] X ist ein Mensch. Also kann man X nicht einfach unmenschlich behandeln.

2) Im vierten Kapitel von John Stuart Mills klassischem Essay „Utilitarianism" (136) findet sich das folgende Argument: „[T]he sole evidence it is possible to produce that anything is desirable, is that people do actually desire it. [...] No reason can be given why the general happiness is desirable, except that each person, so far as he believes it to be attainable, desires his own happiness." Man kann das Argument wie folgt rekonstruieren:
[1] Jeder wünscht die weitestmögliche Verwirklichung seines eigenen Glücks.
[2] Es ist wünschenswert, dass jeder sein Glück weitestmöglich verwirklicht.

[3] Das allgemeine Glück ist genau dann verwirklicht, wenn jeder sein eigenes Glück weitestmöglich verwirklicht.

[4] Also ist es wünschenswert, dass das allgemeine Glück verwirklicht wird.

Machen Sie, sofern nötig, implizite Prämissen durch Einfügen explizit, so dass ein gültiger Schluss entsteht. Markieren Sie dann alle deskriptiven Aussagen mit „D", alle evaluativen Aussagen mit „E". Definitionen sollen dabei als deskriptiv gelten.

3) Ist das Argument in Übung 2) beweiskräftig? Tipp: Untersuchen Sie eine mögliche Doppeldeutigkeit der Begriffe „wünschenswert" und „weitestmöglich".

5.4   Zusammenfassung und Literaturhinweise

Zusammenfassung

(1) In diesem Kapitel wurden verschiedene Arten von Definitionen erläutert, wobei es sich bereits angeboten hat, für beliebige Gegenstände mit Platzhaltern wie „x" zu arbeiten. Die Theorie für dieses Vorgehen ist ein (kleiner) Teil des nächsten Kapitels. (2) Der wichtige Unterschied zwischen Objekt- und Metasprache hat sich als eine Art allgemeine Theorie der Anführungsstriche herausgestellt. (3) Im Zusammenhang mit der Klassifikation von Prämissen in der Dimension deskriptiv / evaluativ hat sich ergeben, dass der so genannte naturalistische Fehlschluss weniger ein logischer Fehlschluss als vielmehr eine Fehleinschätzung der Beweislast in ethischen Argumenten ist.

Literaturhinweise

Zu Definitionsbäumen ist der klassische Text die (gut lesbare) spätantike Einleistung von Porphyrius in Aristoteles' Kategorienschrift (zugänglich in (2) zu 57). Lesenswert dazu ist auch der Anfang von Platons „Sophistes" (116, 218b-221c). Sehr anregend zum Thema ist Foucaults Interpretation (138) von Borges' Text (152) über eine chinesische Enzyklopädie; außerdem Eco (139). Zu Sein und Sollen: Stuhlmann-Laeisz (97, anspruchsvoll), 143, S.120-125. Zur Suppositionstheorie: 12 §27; 70, I 63f.

6. Prädikatenlogik

Als historischer Einstieg in die Prädikatenlogik dient die Aristotelische Syllogistik und der Nachweis ihrer engen Grenzen (6.1). Es wird gezeigt, wie Freges Lehre von Prädikaten und Relationen diese Grenzen überwinden kann (6.2). Freges Ansatz wird in eine formale Sprache mit Zeichen für „alle" und „einige" (die sogenannten Quantoren) umgesetzt: die Prädikatenlogik 1. Stufe PL (6.3 bis 6.7). Das natürliche Schließen für PL (6.8) wird ebenso behandelt wie die Möglichkeit, PL um ein Identitätszeichen zu erweitern (6.9). Im Mittelpunkt des letzten Teils des Kapitels (6.10 und 6.11) steht ein berühmtes Anwendungsbeispiel: Wie kann man sinnvoll über Nichtexistierendes sprechen?

6.1 Die assertorische Syllogistik des Aristoteles

Die assertorische Syllogistik des Aristoteles ist eine Theorie von dreizeiligen Schlüssen, in deren Zentrum die Wörter „alle" und „einige" stehen. Aristoteles bringt diese Theorie auf wenigen dicht gedrängten Seiten der Ersten Analytiken (14, Buch I (A), Kap. 1-7) unter. Der Name der Theorie kommt vom lateinischen *assertio* = (einfache) Behauptung. In späteren Kapiteln versucht Aristoteles, die assertorische Syllogistik um eine Theorie der Ausdrücke „möglich" und „notwendig" zu erweitern (Modalsyllogistik). Während die Klarheit der Darstellung der assertorischen Syllogistik immer Bewunderung hervorgerufen hat, beginnt man die Modalsyllogistik erst in den letzten Jahren wieder besser zu verstehen (66).

Aristoteles setzt die „ti kata tinos" -These voraus, dass in jeder einfachen Aussage etwas (ti) über etwas (tinos) ausgesagt wird (vgl. Kap. 2.2). Jede einfache Aussage enthält, wenn das stimmt, genau zwei Begriffe: den Subjektbegriff und den Prädikatbegriff. Aristoteles' Beschäftigung mit Schlüssen geht deshalb aus von Prämissenpaaren wie den folgenden: — Die Figuren

(1) Keine *Katze* bellt	1. Figur
Einige Haustiere sind *Katze*n	
(2) Alle Hasen sind *Langohrtier*e	2. Figur
Einige Esel sind *Langohrtier*e	
(3) Alle *Ferrari*s sind schnell	3. Figur
Einige *Ferrari*s sind rot	

In diesen Prämissenpaaren kommen jeweils drei Begriffe vor (z.B. Hase, Langohrtier, Esel), wobei beide Prämissen genau einen Begriff, den *terminus medius* oder Mittelterm, gemeinsam haben (z.B. Langohrtier). Die Frage, die sich Aristoteles stellt, ist: In welchen Fällen kann man aus solchen Prämissenpaaren einen neuen Satz von ähnlicher Struktur als Konklusion gewinnen, in der „etwas anderes gesagt wird", d.h. in welcher der *terminus medius* weggekürzt ist? Er bemerkt, dass man alle überhaupt denkbaren Prämissenpaare in drei *Figuren* unterteilen kann: (1) Der *terminus medius* ist in einer der Prämissen Subjektbegriff, in der anderen Prädi- — terminus medius katbegriff (er wird von vorn nach hinten oder von hinten nach vorn, also schräg weggekürzt). (2) Der *terminus medius* ist in beiden Prämissen Prädikatbegriff (er wird hinten weggekürzt). (3) Der *terminus medius* ist in beiden Prämissen Subjektbegriff (er wird vorn weggekürzt).

Den ersten Fall kann man noch in zwei Unterfälle unterteilen (je nachdem, ob man schräg nach hinten oder schräg nach vorn wegkürzt). Aristoteles hat zwar auch den zweiten Fall wohl gesehen, aber theoretisch etwas stiefmütterlich behandelt. Er wurde in späteren Fassungen der Syllogistik zur einer vierten Figur verselbständigt. Wann, ist umstritten, spätestens von Leibniz (12: §32D, §36F; 61). Die ganze Theorie wird dadurch gleichmäßiger. Sie ist aber schon in Aristoteles' Version komplett.

Quantität und Qualität In Sätzen der angegebenen Form gibt es zwei Parameter, die variieren können:

(1) Die Quantität des Urteils: Die Sätze können – so jedenfalls die übliche Interpretation – etwas über *alle* Gegenstände aussagen, die unter den Subjektbegriff fallen (universelles Urteil), oder nur über *manche* davon (partikuläres Urteil). Einen Satz wie „Ned ist ein Bär" kann man in diesem Rahmen wahlweise als „Manches, was mit Ned identisch ist, ist Bär" oder „Alles, was mit Ned identisch ist, ist Bär" ausdrücken.

(2) Die Qualität des Urteils: Die Sätze können Dingen, die unter den Subjektbegriff fallen, den Prädikatbegriff *zusprechen* (bejahendes Urteil) oder aber *absprechen* (verneinendes Urteil).

SaP, SeP, SiP, SoP Quantität und Qualität lassen sich beliebig kombinieren. Es gibt also vier Sorten von Urteilen, die seit dem Mittelalter wie folgt abgekürzt werden. Dabei erinnert „S" an „Subjektbegriff" und „P" an „Prädikatbegriff":

Universell bejahendes Urteil	SaP	„a" von „**a**ffirmo" = „ich bejahe"
Universell verneinendes Urteil	SeP	„e" von „n**e**go" = „ich verneine"
Partikulär bejahendes Urteil	SiP	„i" von „aff**i**rmo"
Partikulär verneinendes Urteil	SoP	„o" von „neg**o**".

„einige" und „alle" Dabei war immer klar, dass „einige" soviel heißt wie „nicht alle nicht", „alle" soviel wie „nicht einige nicht", „nicht alle" soviel wie „einige nicht" und „kein(er)" soviel wie „alle nicht". Statt „einige(s)" kann man (mit kleinen grammatischen Anpassungen) natürlich auch „manche(r/s)" oder „mindestens eine(r/s)" sagen, statt „alle" auch „jede(r/s)".

Diese Gleichsetzungen sind nicht selbstverständlich. Man entscheidet sich damit nämlich für die Auffassung „,einige' schließt ,alle' nicht aus". „Einige Elefanten sind grau" heißt demnach *nicht* ohne weiteres: „*Nur* einige Elefanten sind grau, andere aber nicht". Die natürliche Sprache ist da weniger eindeutig.

Aristoteles und mit ihm die ganze klassische Logik macht eine weitere (von dieser Entscheidung unabhängige) Grundannahme:

Wenn man „alle" sagt, gibt es etwas, worüber man redet. Es ist daher erlaubt, von „alle" auf „einige" zu schließen: Wenn alle Elefanten grau sind, dann sind auch einige Elefanten grau. Und „Einige Elefanten sind grau" bedeutet dasselbe wie „Es gibt mindestens einen grauen Elefanten" oder „Es existiert wenigstens eine grauer Elefant".

Diese Annahme ist höchst problematisch und wird später in diesem Kapitel noch eine Rolle spielen. *Wenn man sie macht,* so bekommt man freilich im Gegenzug etwas Nützliches, nämlich das folgende logische Quadrat:

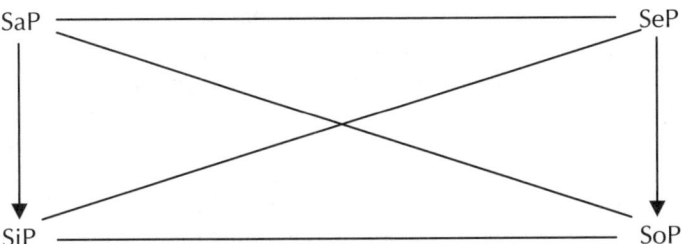

Das logische Quadrat ist bei Sätzen in den klassischen Urteilsformen (so genannnten kategorischen Urteilen) besonders wichtig, weil es klar macht: Es gibt zu einem kategorischen Urteil nicht einfach *das* Gegenteil. Es gibt sein kontradiktorisches Gegenteil (äquivalent mit seiner Satznegation) und sein konträres Gegenteil. Es nützt viel, auf diese Differenzierung zu achten.

Die angemessene Reaktion auf manche Prämissenpaare der beschriebenen Form ist: „Na und? Daraus folgt doch gar nichts, worin der terminus medius weggekürzt ist!" Zwar folgt im ersten Beispiel oben, dass einige Haustiere nicht bellen und im dritten Beispiel, dass manches Rote schnell ist. Aber was soll im zweiten Fall folgen? Doch wann ist *bewiesen,* dass aus einem Prämissenpaar durch Wegkürzen des *terminus medius* nichts folgt? Rein kombinatorisch gibt es 64 mögliche Formen von syllogistischen Prämissenpaaren mit unterschiedlicher Qualität und Quantität der darin enthaltenen Sätze. Aristoteles geht sie systematisch durch. Die Antwort ergibt sich jeweils durch den Tafelschwamm-Test (vgl. Kap. 2): Es folgt dann nichts, wenn es zu jeder der vier möglichen Formen von Konklusion (a, e, i, o) mit weggekürztem terminus medius ein konkretes Gegenbeispiel mit wahren Prämissen und falscher Konklusion gibt. Man nennt die erste Prämisse, die den Prädikatbegriff für die Konklusion liefert auch maior (die größere), oder Obersatz, und die zweite Prämisse minor (die kleinere) oder Untersatz.

Aristoteles gibt auf sehr effiziente Weise (auf ganzen fünf Seiten der Werkausgabe von Bekker) 232 Gegenbeispiele an. Man dürfte danach mit einem Fazit wie dem folgenden nicht einmal völlig unzufrieden sein: „Mir sind bei 24 von 256 möglichen Kombinationen von Prämissenpaaren mit Konklusionen keine Gegenbeispiele eingefallen. In diesen 24 Fällen werden wir also wohl Schlüsse vor uns haben, deren Gültigkeit einfach evident ist." Aber Aristoteles gibt natürlich keine so schlechte Begründung. Er verfährt viel systematischer und reduziert damit das, worin wir ihm ohne Begründung glauben sollen, auf ein Minimum. Er nimmt nämlich vier

Ungültige Schlüsse

maior und minor

Reduktionsbeweise

Syllogismen (Prämissenpaar + Konklusion) aus der ersten Figur und setzt diese als unmittelbar einsichtig („perfekt") voraus:

Barbara	Celarent	Darii	Ferio
M a P	M e P	M a P	M e P
S a M	S a M	S i M	S i M
S a P	S e P	S i P	S o P

Ein Beispiel für einen Ferio ist etwa: „Keine Katze bellt; manche Haustiere sind Katzen; also gibt es einige Haustiere, die nicht bellen". Aristoteles beweist (immer noch auf denselben fünf Seiten) alle anderen gültigen Syllogismen mit Hilfe dieser vier. Später reduziert er die vier Annahmen sogar auf zwei, wie erst vor kurzem durch eine scharfsinnige Textanalyse nachgewiesen wurde (69). Das Reduktionsverfahren versteht man am besten am folgenden Merkvers aus der im 13. Jahrhundert entstandenen Einführung in die Logik eines gewissen Petrus Hispanus (67, S.136). Er besteht bis auf das Füllwort „deinde" („daraufhin") aus Kunstwörtern, die aber alles andere als sinnlos sind.

> [I.] Barbara, Celarent, Darii, Ferio [;] Baralipet
> Celantes, Dabitis, Fapesmo, Frisesmo, deinde.
> [II.] Cesare, Camestres, Festino, Baroco. [III.] Darapti
> Felapto, Disamis, Datisi, Bocardo, Ferison.

Die Vokale geben die Urteilsform an, die hier mit römischen Zahlen markierten Abschnitte die Figur. Deshalb codieren die Vokale eines Wortes zusammen mit der Information, in welchem Abschnitt es steht, einen kompletten Syllogismus. Aber das ist nicht alles. Denn auch einige Konsonanten bedeuten etwas. „p" und „s" sind Befehle zum Anwenden gewisser Hilfsregeln: „s" bedeutet „conversio simplex" und spielt darauf an, dass aus „SiP" „PiS" folgt und aus „SeP" „PeS" (aus „Keine Katze bellt" folgt „Nichts Bellendes ist Katze"). „p" bedeutet: conversio per accidens: Aus „SaP" folgt „PiS" (Aus „Alle Bären sind pelzig" folgt „Manches Pelzige ist Bär"). Der erste Konsonant (z.B. „Cesare") schließlich verweist jeweils zurück auf einen perfekten Syllogismus der ersten Figur, der irgendwo im Beweis eingesetzt wird. Hier ist Aristoteles' Beweis für Cesare (14, I(A) 5, 27a5-9) mit mittelalterlichem Kompressionsprogramm daneben:

[Angenommen,] M werde von keinem N ausgesagt,	1.NeM	Cesare
aber von jedem X, [so gilt,]...	2.XaM	Cesare
da sich umkehrt das Verneinte,...		
dass keinem M N zukommt.	3.MeN 1.conv.simplex	Cesare
Doch M kommt ganz X zu,...	4.XaM 2. (wdh.)	Cesare
also N keinem X.	5.XeN 3. und 4.	Cesar**e**
Das wurde oben gezeigt	wg. Celarent	**C**esare

Besonders beeindruckend sind Aristoteles' Beweise für Baroco und Bocardo (14, 27a36-b1, 28b17-21, erläutert in 12 als 13.11, 13.17). Er wendet nämlich für sie – wohl als erster überhaupt – das Verfahren des indirekten Beweises an.

Die faszinierende Geschlossenheit der assertorischen Syllogistik steht in einem frustrierenden Missverhältnis zu ihrem Anwendungsbereich. Man hat zwar mit den Mitteln der modernen Logik zeigen können, dass Aristoteles tatsächlich alles über syllogistische Drei-Zeilen-Schlüsse gesagt hat, was es darüber zu sagen gibt (59, 60). Aber man hat immer nur zwei Prämissen, darin nicht mehr als drei Begriffe und pro Satz nicht mehr als einmal „alle" und „einige". Zwar kann man mit der Syllogistik auch längere Schlussketten bauen, aber man ist immer darauf angewiesen, sie aus Drei-Zeilen-Schlüssen zusammenzusetzen. Vieles alltägliche Argumentieren läuft jedoch ganz anders ab. Schon die erste Voraussetzung, dass jede Aussage eine einfache Subjekt-Prädikat-Struktur hat (ein sogenanntes „kategorisches Urteil" ist), stimmt bei genauerer Betrachtung nicht. Man betrachte den folgenden Satz:

> Zu zwei beliebigen voneinander verschiedenen Punkten gibt es einen dritten dazwischen.

Was ist hier Subjekt- und was Prädikatbegriff? Gar nichts. Als umfassende Theorie des Argumentierens ist die aristotelische Syllogistik also viel zu beschränkt. Weil sie aber (neben den fünf hypothetischen Syllogismen der Stoiker) die einzige ausgearbeitete Argumentationstheorie war, versuchte man seit dem Mittelalter, alle wissenschaftlichen Argumente in Syllogismen zu pressen. Etwas anderes galt nicht als wissenschaftliches Argumentieren. Das war insofern nicht unvernünftig, als man sich bei Syllogismen wenigstens sicher sein konnte, dass nichts schief ging. Aber es schränkte auf unerträgliche Weise ein (vgl. – vielleicht nicht nur als Satire – die Schülerszene in Goethes „Faust": 154, Verse 1918-1921). Die Logik war in der Krise, ohne dass die Logiker es selbst recht merkten.

Übungen

1) „Alle Elfmeter sind ungerecht; einige Freistöße sind Elfmeter; also sind einige Freistöße ungerecht". Analysieren Sie den Schluss: Welche Quantität und Qualität haben die enthaltenen Urteile? Welcher Figur gehört er an? Was ist der terminus medius? Was ist der Subjektbegriff und was der Prädikatbegriff der Konklusion? Ist der Schluss gültig? Falls ja, wie heißt er?
2) Erklären Sie in allen Einzelheiten das logische Quadrat für die traditionellen Urteilsformen. Benutzen Sie als Beispiel „Politiker" als Subjekt- und „korrupt" als Prädikatbegriff. Geben Sie alle alternativen Formulierungen an. Führen Sie auch die Konversionen (simplex, per accidens) durch.
3) Was heißt „Datisi" ? Erklären Sie alle Buchstaben bis auf das „t".
4) Aristoteles und der Tafelschwamm-Test. Ein Beispiel für die Prämissen der Pseudo-Syllogismen Nikita, Simile, Rimini und Dimido der 1. Figur ist: „Einige *Fischbrötchen* sind lecker; Einige Zwischenmahlzeiten sind *Fischbrötchen*". Aristoteles gibt dazu den folgenden Kommentar ab (14, I(A) 4, 26 b 25): „Gemeinsame Begriffe für alle diese Fälle: Lebewesen – Weiß – Pferd, Lebewesen – Weiß – Stein." Wie lässt sich das entschlüsseln? Tipp: Benutzen Sie „Lebewesen" als Prädikatterm der Konklusion; benutzen Sie für Dimido und Simile „Pferd" als Subjektterm der Konklusion, für Rimini und Nikita „Stein" als Subjektterm der Konklusion.
5) Analysieren Sie einen der „schulgerechten Schlüsse" im Anhang zu Leibniz' „Theodicée" (130).

Krise der traditionellen Logik

6.2   Prädikate und Relationen

Assertorische Syllogismen sind der Analyse durch AL nicht zugänglich. Alles, was man an logischer Struktur mit AL herausholen kann aus „Alle Bären sind pelzig; Ned ist ein Bär; also ist Ned pelzig" ist: $p \land q \to r$. Das ist zwar AL-erfüllbar, aber nicht AL-allgemeingültig. Es ist also durch AL-Analyse gar nicht darzustellen, dass wir hier einen gültigen Schluss vor uns haben. Ähnlich ist es mit dem Nichtwiderspruchssatz in Aristoteles' Formulierung (Kap. 2): „Es gibt nichts, dem genau dasselbe sowohl zukommt als auch nicht zukommt". Es ist zwar ganz richtig, zu sagen, dass der aussagenlogische Kerngehalt dieses Gesetzes durch die Formel „$\sim(p \land \sim p)$" ausgedrückt werden kann. Aber fällt dabei nicht einiges an Information unter den Tisch? Wo ist das Pendant zu „Es gibt nichts, das...."? Wo sieht man, dass hier verboten wird, dass etwas *ein und- demselben* Ding *zukommt und nicht zukommt*?

Die aristotelische Syllogistik löst das Problem nicht: Sie ist zwar feinkörniger als AL, indem sie mit Ausdrücken wie „alle" oder „einige" und mit Aussagesubjekten und Prädikaten umgehen kann. Aber sie kennt keine Möglichkeit zur Darstellung von Schlüssen aufgrund von aussagenlogischen Junktoren: Ausdrücke wie „und" und „oder" werden ja von ihr ganz vernachlässigt. Und sie beruht auf der nicht unproblematischen Annahme, jeder Satz bestehe aus einem logischen Subjekt und einem logischen Prädikat. Es ist also wünschenswert, eine Logik zur Verfügung zu haben,
– die den großen Anwendungsbereich von AL besitzt und damit die Beschränkung auf simple Drei-Zeilen-Schlüsse überwindet;
– die außerdem die differenzierte Ausdruckskraft der aristotelischen Syllogistik besitzt, aber die auch deren Beschränkung auf einfache Subjekt-Prädikat-Sätze überwindet.

Dieses Projekt hat 1879 Gottlob Frege mit seiner „Begriffsschrift" (15) verwirklicht. Er führte damit die Logik aus der Krise. Frege, geboren 1848 in Wismar, war Professor für Mathematik in Jena. Er war lange verkannt, bis um 1900 andere Logiker, z.B. Bertrand Russell, ähnliche Idee hatten wie er und seine bahnbrechende Leistung bemerkten. Die Begriffsschrift enthält einerseits im Prinzip das Spiel AL - inklusive des materialen Konditionals und seiner Probleme. Das ist aber noch längst nicht das Kreativste daran (hier hatten, obwohl die Logik der Stoiker weitgehend vergessen war, im 19. Jahrhundert De Morgan und Boole wichtige Vorarbeit geleistet). Das Besondere ist darüber hinaus die Einbeziehung von Prädikaten und Quantoren, die im Mittelpunkt dieses Kapitels steht. Das hier vorgestellte Spiel PL ist mit Freges Begriffsschrift eng verwandt. Freges eigene *Notation* seiner Begriffsschrift ist weit von einer üblichen Schrift entfernt: Sie ist *zwei*dimensional. Seine Formeln sehen aus wie Schaltpläne oder wie Oberflächen von Microchips. In den 1890er Jahren hat Frege seinen Ansatz weiter ausgebaut, z.B. in den bahnbrechenden Aufsätzen „Über Sinn und Bedeutung" und „Funktion und Begriff". 1884 schlug er außerdem im wichtigen Büchlein „Die Grundlagen der Arithmetik" eine ganz neuartige Antwort auf die Frage „Was sind Zahlen?" vor. Frege fasste den

Plan, *die gesamten* Grundgesetze der Arithmetik (Zahlenlehre) mit den Mitteln einer recht weit gehenden Version der Begriffsschrift zu beweisen. Er kam ziemlich weit damit. 1902, kurz vor Drucklegung des zweiten Bandes seines gigantischen Projekts, erreichte ihn jedoch ein Brief von Bertrand Russell, von dessen Inhalt am Ende dieses Kapitels noch die Rede sein wird. Frege starb 1925 in Bad Kleinen in der Überzeugung, sein Lebenswerk sei gescheitert. Angesichts der zu ihrer Zeit ganz neuartigen syntaktischen Strenge der Begriffsschrift kann man sagen, dass er nicht nur der Vater der modernen Logik ist, sondern auch der Großvater aller Computer-Software (zu Frege: 103).

Zweifellos haben *manche* Sätze eine einfache Subjekt-Prädikat-Struktur, z.B.

Prädikate

Subjekt	Prädikat
(1) London	ist-eine-große-Stadt
(2) Berlin	ist-eine-große-Stadt
(3) Moskau	ist-eine-große-Stadt

Hier wird jeweils einem Subjekt, einem Gegenstand, über den man spricht, etwas zugesprochen. Und zwar ist das bei allen drei Beispielsätzen dasselbe: London, Berlin und Moskau fallen unter den Begriff der großen Stadt; sie sind Elemente der Extension dieses Begriffs; sie haben jeweils die Eigenschaft, eine große Stadt zu sein (was auch immer man unter „Eigenschaft" versteht - vgl. dazu ausführlich 88); es kommt ihnen jeweils zu, eine große Stadt zu sein; oder: sie erfüllen das Prädikat „... ist eine große Stadt".

Doch was ist logisches Subjekt und logisches Prädikat in den folgenden Sätzen:

(4) London liegt westlich von Berlin
(5) Berlin liegt westlich von Moskau
(6) Berlin liegt in West-Ost-Richtung zwischen London und Moskau

Man *kann* diese Sätze natürlich so analysieren:

Subjekt	Prädikat
London	liegt-westlich-von-Berlin
Berlin	liegt-westlich-von-Moskau
Berlin	liegt in West-Ost-Richtung zwischen London und Moskau

Nur wird es dem, was man hier sagen will, auf merkwürdige Weise nicht gerecht. Nach dieser Analyse geschieht inhaltlich gesehen in Satz (4) und Satz (5) jeweils etwas völlig anderes: In Satz (4) wird einem Subjekt, London, das Prädikat zugesprochen, westlich von Berlin zu liegen; und in Satz (5) wird einem anderen Subjekt, Berlin, ein *völlig anderes* Prädikat zugesprochen, nämlich westlich von Moskau zu liegen. Man hat aber doch sehr stark den Eindruck, dass Satz (4) und Satz (5) inhaltlich eine große

Relationen

Gemeinsamkeit aufweisen: In beiden Fällen wird ja gesagt, dass eine Stadt westlich von einer anderen liegt. Zwei Städte werden miteinander in Beziehung gesetzt, in die Beziehung des Westlich-Liegens-von. In diesem Sinn liegt es viel näher, die Sätze (4) und (5) in dem Sinne zu analysieren, dass die Beziehung des Westlich-Liegens-von zwei Leerstellen hat, die sich auffüllen lassen:

Leerstelle 1	Beziehung	Leerstelle 2
London	*liegt-westlich-von*	Berlin
Berlin	*liegt-westlich-von*	Moskau

Was ist im ersten Satz *das* logische Subjekt? London oder Berlin? Das ist schwer zu sagen. Denn das logische Subjekt sollte ja dasjenige sein, wofür gilt: Wenn man ihm das Prädikat zuspricht, so ergibt sich ein wahrer oder falscher Satz. Aber weder „London liegt westlich von" noch „liegt westlich von Berlin" sind wahre oder falsche Sätze. Es gibt in diesem Satz nicht *das* logische Subjekt! Es ist also am besten, nach 23 Jahrhunderten Aristoteles' Subjekt-Prädikat-These aufzugeben und zur logischen Struktur von (4) einfach zu sagen: „London steht in der Beziehung ‚... liegt westlich von...' zu Berlin". Für Satz (6) ergibt sich eine ganz ähnliche Analyse:

Leerstelle 1	Beziehung	Leerstelle 2	Leerstelle 3
Berlin	*liegt-in-West-Ost-Richtung-zw.*	London	*und* Moskau

Es gibt eben nicht nur Zweier-, sondern auch Dreierbeziehungen. Den Komplikationen sind im Prinzip keine Grenzen gesetzt: Es gibt vierstellige, fünfstellige, sechsstellige Beziehungen usw. Statt „Beziehung" sagt man meist „Relation". Die Idee, Relationen als Ausdrücke mit einer gewissen Anzahl Lücken zu notieren, lässt deutlich werden: Auch einstellige Prädikate sind nicht in sich komplett, sondern haben eine Leerstelle, die gefüllt werden muss, damit ein wahrheitswertfähiges Gebilde, eine Aussage, entsteht. Relationen wiederum stellen sich ebenfalls als Prädikate heraus, bloß als solche, die nicht nur *eine* Leerstelle besitzen, sondern mehrere. Freges Metapher für das Wesen des Prädikats ist: Prädikate sind für sich genommen immer *ungesättigt* (vgl. z.B. 35, S.80).

... *ist-eine-große-Stadt*	einstelliges Prädikat
... *liegt westlich von* ...	zweistelliges Prädikat
... *liegt in West-Ost-Richtung zwischen* ... *und* ...	dreistelliges Prädikat
usw.	

Eine neue Notation für Prädikate

Die natürliche Sprache bringt hier eine gewisse Unübersichtlichkeit mit sich, indem die Prädikatausdrücke ihre Leerstellen mal hier und mal dort haben und sie bei vielstelligen Relationen wie einen Schweizer Käse aussehen lassen. Viel übersichtlicher ist es, sich darauf zu einigen, immer zuerst den Prädikatausdruck hinzuschreiben, mit einer kleinen Hochzahl anzumerken, wie viele Leerstellen er zur Auffüllung enthält, und dann die „Füllungen" hinzuschreiben. Sätze nehmen dann solche Gestalt an:

Ist-eine-große-Stadt[1] Berlin
Liegt-westlich-von[2] London, Berlin
Liegt in West-Ost-Richtung zwischen[3] Berlin, London, Moskau

Wenn die etwas gewöhnungsbedürftige Schreibweise, bei der das Prädikat vorangestellt wird, daran erinnert, wie man Funktionen notiert, so ist das ganz in Freges Sinn. Denn ohne tief in Freges Metaphysik einsteigen zu wollen, muss erwähnt werden, dass er die folgende Parallele für sehr wichtig und aufschlussreich gehalten hat (34):

Prädikate und Funktionen

F	(2)	=	4	mit $F(x) = x^2$
Ist-eine-große-Stadt[1] Berlin		=	wahr	
Ist-eine-große-Stadt[1] Bad Kleinen		=	falsch	

Allgemein, nämlich mit „n" als Platzhalter für eine beliebige natürliche Zahl außer 0, lässt sich sagen: n-stellige Prädikate sind eigentlich n-stellige Funktionen, aber wieder Funktionen, deren Funktionswerte nichts mit Zahlen zu tun haben. Vielmehr geben sie Wahrheitswerte. Einstellige Prädikate nehmen als Argumente einzelne Gegenstände und geben Wahrheitswerte. Zweistellige Prädikate nehmen als Argumente geordnete Paare von Gegenständen und geben Wahrheitswerte (⟨London,Berlin⟩ erfüllt z.B. das zweistellige Prädikat *Liegt-westlich-von*[2]) etc., kurz: n-stellige Prädikate nehmen n-Tupel als Argumente und geben Wahrheitswerte. Die Extension eines n-stelligen Prädikats ist eine Menge von n-Tupeln, nämlich die Menge all der n-Tupel, für die das Prädikat den Wert „wahr" gibt (bzw.: die es erfüllt). Für den Fall einstelliger Prädikate heißt das: Die Extension ist einfach die Menge von Gegenständen, auf die das Prädikat zutrifft, denn Einertupel werden von ihren Elementen nicht unterschieden. Für den Fall zweistelliger Prädikate heißt das: Die Extension ist eine Menge von geordneten Paaren.

Extension von *Ist-eine-große-Stadt*[1]:
{Berlin, London, Moskau, New York, ...}
Extension von *Liegt-westlich-von*[2]:
{⟨London, Berlin⟩, ⟨Berlin, Moskau⟩, ⟨London, Moskau⟩,...}

Extensionen von Prädikaten

Bad Kleinen ist dagegen nicht in der Extension von *Ist-eine-große-Stadt*[1] enthalten. Denn Bad Kleinen ist keine große Stadt. Wie man sieht, lassen sich zweistellige Relationen wie Funktionen extensional als Mengen von geordneten Paaren notieren. Der Unterschied zur Funktion ist: Derselben ersten Komponente des geordneten Paars (z.B. London) können verschiedene zweite Elemente zugeordnet sein (hier: sowohl Berlin als auch Moskau). Außerdem ist zu beachten: ⟨Berlin, London⟩ ist nicht in der Extension von *Liegt-westlich-von*[2] enthalten. Denn es liegt zwar London westlich von Berlin, aber Berlin liegt nicht westlich von London. Auf die Reihenfolge kommt es bei Tupeln jedoch an!

Relationen können selbst wieder interessante Eigenschaften haben. Besonders wichtig sind gewisse recht häufig vorkommende Eigenschaften zweistelliger Relationen:

Eigenschaften von
Relationen:
symmetrisch...

(1) Es gibt zweistellige Relationen, für die gilt: immer, wenn ein geordnetes Paar mit einer bestimmten Reihenfolge von Komponenten in ihrer Extension vorkommt (z.B. ⟨Gabi, Uwe⟩), so auch das Paar mit denselben Komponenten, aber in umgekehrter Reihenfolge (⟨Uwe, Gabi⟩). Solche Relationen nennt man symmetrisch. Ein typisches Beispiel für eine symmetrische Relation ist *Verheiratet-mit*^{2}: Uwe kann nicht mit Gabi verheiratet sein, ohne dass auch das Umgekehrte gilt. Das Beispiel mit London und Berlin zeigt: *Liegt-westlich-von*^{2} ist keine symmetrische Relation. Vielmehr ist *Liegt-westlich-von*^{2} sogar asymmetrisch. Für kein Paar von Gegenständen gilt: Wenn der erste westlich vom zweiten liegt, so auch der zweite westlich vom ersten. *Liebt*^{2} ist nicht symmetrisch, aber zum Glück auch nicht asymmetrisch: Gegenliebe ist zwar nicht garantiert, kommt aber vor.

...reflexiv...

(2) Auch ⟨London, London⟩ und ähnliche Paare sind nicht in der Extension von *Liegt-westlich-von*^{2} enthalten. Solche Paare sind zwar formal völlig in Ordnung. Aber London liegt nicht westlich von London, d.h. westlich von sich selbst. Das liegt nicht an einer Besonderheit von London. Vielmehr gilt: Es liegt nicht nur manches nicht westlich von sich selbst, sondern es liegt nichts westlich von sich selbst. *Liegt-westlich-von*^{2} ist nicht nur nicht reflexiv, sondern sogar irreflexiv. *Ist-genauso-groß-wie*^{2} dagegen ist reflexiv, da alles genauso groß ist wie es selbst (die Extension von *Ist-genauso-groß-wie*^{2} enthält das geordnete Paar ⟨London, London⟩!). Es ist denkbar, dass auch *Liebt*^{2} reflexiv ist, wenn nämlich jeder (auch) sich selbst liebt.

...transitiv

(3) *Liegt-westlich-von*^{2} ist transitiv: Da London westlich von Berlin liegt und Berlin westlich von Moskau, liegt auch London westlich von Moskau; und so ist es für *alle* denkbaren Fälle. *Liebt*^{2} dagegen ist nicht transitiv: Es kann sein, dass Uwe Gabi liebt und Gabi Jens, und Uwe Jens (gerade deshalb) nicht liebt.

Übungen
1) Analysieren Sie (so feinkörnig wie möglich) die folgenden Sätze: [1] „Hamburg ist eine Hafenstadt" [2] „München ist eine Hafenstadt" [3] „Hamburg liegt nördlich von München" [4] „Frankfurt liegt in Nord-Süd-Richtung zwischen Hamburg und München".
2) Notieren Sie die (vollständige!) Extension von [1] *ist-Hauptstadt (eines Staates)*^{1}, [2] *liegt-nördlich-von*^{2}, [3] *liegt-in-Nord-Süd-Richtung-zwischen*^{3}, [4] *liegt-im-selben-Staat-wie*^{2} in Bezug auf die folgenden Städte: Oslo, Hamburg, München, Verona, Rom.
3) Legen Sie drei Gegenstände, die Sie zufällig gerade bei sich haben, nebeneinander auf den Tisch. Notieren Sie die Extension der folgenden Prädikate. *Schmeckt-gut*^{1}, *Besteht-aus-Atomen*^{1}, *Ist-unsichtbar-klein*^{1}, *Liegt-zwischen*^{3}, *Liegt-links-von*^{2}, *Wiegt-genauso-viel-wie*^{2}, *Ist-größer-als*^{2}.
4) Untersuchen Sie die folgenden Relationen auf ihre Eigenschaften: [1] Ist-Nachbar-von^2, [2] Steht-im-Telefonbuch-direkt-vor-oder-hinter^2, [3] Ist-Vater-von^2, [4] Ist-Sohn-von^2, [5] Bemitleidet^2, [6] Ist-verwandt-mit^2, [7] Ist-genau-so-schlau-wie^2.
5) Man denke einmal an die Stellenzahl! Ergänzen Sie die folgenden unverständlichen Satztrümmer zu sinnvollen (nicht unbedingt wahren) Aussagen: [1] „Alle Bewegung ist relativ" – „Nein, es gibt absolute Bewegung" [2] „Alle Werte sind relativ" – „Nein, es gibt absolute Werte" [3] „Gott ist absolut" [4] „Der Raum ist

leer" – „Nein, er ist voll". Tipp: „relativ" heißt „bezogen *auf*" und „absolut" heißt „abgelöst *von*".
6) Informieren Sie sich anhand der ersten Definition in Spinozas „Ethik" über Spinozas Ansicht zur Relation *Ist-Ursache-von*[2]. Hält er sie für irreflexiv? Hält er sie für reflexiv? Ist seine Ansicht plausibel? (Die Anregung zu dieser Übung entnehme ich mit Dank 10, S.77.)

6.3   Die Definition des Spiels PL

Die Lehre von den n-stelligen Prädikaten ist so allgemein und präzise, dass sich ein Spiel definieren lassen sollte, mit dem man ihre Analyse von Aussagen nachspielen kann. Dieses Spiel soll im Folgenden PL genannt werden. *An sich* ist PL natürlich wieder vollkommen sinnfrei und unabhängig von der Deutung im Sinne einer Prädikatenlehre.

Das Spiel PL wird durch elf Definitionen vollständig beschrieben. Jede davon ist erklärungsbedürftig und wird im Folgenden genau erklärt werden. Zunächst zur Syntax, den Definitionen 1–7. Sie sieht abschreckend kompliziert aus, ist aber schnell erklärt:

Definition 1: „Alphabet von PL"
Das Alphabet von PL ist die Menge { F, x, ∀, ~, ∧, *, _ , ',), (}.

Definition 1 hält fest: Das Alphabet von PL enthält außer „p" die schon aus AL bekannten Zeichen sowie als neue Zeichen den Großbuchstaben „F" und den so genannten Allquantor „∀" und einige Hilfszeichen (tief gestellter Querstrich, hoch gestellte Häkchen).

Definition 2: „Prädikatbuchstabe von PL"   Prädikatsymbole
1. „F" ist ein Prädikatbuchstabe von PL.
2. Wenn α ein Prädikatbuchstabe von PL ist, dann auch ⌐ α* ⌐.
3. Nichts sonst ist ein Prädikatbuchstabe von PL.

Definition 2 verschafft uns unendlich viele Prädikatbuchstaben: „F*". „F**", „F***" usw. Diese sind das Rohmaterial für die Prädikat*symbole*.

Definition 3: „Prädikatsymbol von PL"
1. Ist α ein Prädikatbuchstabe, so ist ⌐ α _ ⌐ ein Prädikatsymbol von PL.
2. Wenn α ein Prädikatsymbol von PL ist, dann auch ⌐ α _ ⌐.
3. Nichts sonst ist ein Prädikatsymbol von PL.

Die Idee ist: Ein Prädikatbuchstabe wird zum Symbol für ein n-stelliges Prädikat, indem man ihn mit n Leerstellen versieht. Die tief gestellten Querstriche dienen als Leerstellen-Anzeiger. Prädikatsymbole bestehen nach Definition 3 aus Prädikatbuchstaben mit beliebig vielen Leerstellenzeichen daran: „F_ ". „F*_ ", „F*_ _ ", „F*_ _ _", „F**_" usw. sind Prädikatsymbole mit bestimmter *Stellenzahl*:

> Definition 4: „n-stelliges Prädikatsymbol von PL"
> Sei n eine natürliche Zahl.
> α ist ein n-stelliges Prädikatsymbol von PL gdw
> 1. α ist ein Prädikatsymbol von PL
> 2. α enthält n tief gestellte Querstriche (Leerstellen-Anzeiger).

Prädikatsymbole stehen für n-stellige Prädikate, und die Zahl der Häckchen zeigt die Stellenzahl des Prädikats an. „F_" könnte z.B. für *Ist-eine-große-Stadt*[1] stehen, „F*_ _" für *Liegt-westlich-von*[2] usw. Definition 5 verschafft uns unendlich viele so genannte Variablen (x, x', x'' usw.):

Variablen

> Definition 5: „Variable von PL" (auch: „Individuenvariable")
> 1. „x" ist eine Variable von PL.
> 2. Wenn χ (sprich: chi) eine Variable von PL ist, dann auch ⌜ χ ' ⌝.
> 3. Nichts sonst ist eine Variable von PL.

Definition 6 hält fest, was eine atomare Formel ist, nämlich ein n-stelliges Prädikatsymbol gefolgt von n Variablen.

> Definition 6: „Atomare Formel von PL"
> 1. Jedes n-stellige Prädikatsymbol von PL mit n Variablen von PL an der Stelle der Leerstellen-Anzeiger ist eine atomare Formel von PL.
> 2. Nichts sonst ist eine atomare Formel von PL.

Eine atomare Formel entsteht, indem die Leerstellen des Prädikatsymbols mit Variablen aufgefüllt werden. Die Anzahl der Variablen müssen also der Stellenzahl des vorangehenden Prädikatsymbol entsprechen: ein zwei-stelliges Prädikatsymbol ist mit einer Variablen noch nicht zur atomaren Formel vervollständigt, ein einstelliges Prädikatsymbol wäre mit zwei Variablen dahinter gleichsam übersättigt. In der Anwendung kommt dieser Fehler aber nie vor. „F"s mit vielen Sternen daran sind ebenso verwirrend wie „x''''''" und ähnliches Augenpulver. Es bieten sich deshalb sofort folgende Zusatzdefinitionen an:

> PL-Zusatzdefinition 1
> 1. Ein einstelliges Prädikatsymbol von PL darf mit „G" und „H" abge-kürzt werden, ein mehrstelliges mit „R" (für „Relation").
> 2. Eine Variable darf mit „y" oder „z" abgekürzt werden.

Typische atomare Formeln sind demnach „Fx", „Gx", „Hy", „Hz" „Rxy", „Ryx", „R*xyz" oder „Rxx". Das macht die Sache schon übersichtlicher. Es fehlt noch die Definition der wff:

wffs von PL

> Definition 7: „wff von PL"
> 1. Jede atomare Formel von PL ist eine wff von PL.
> 2. Wenn α eine wff von PL ist, dann ist auch ⌜ ~ α ⌝ eine wff von PL.
> Wenn α und β wffs von PL sind, dann ist auch ⌜ (α ∧ β)⌝ eine wff von PL.
> Wenn α eine wff von PL und χ eine Variable von PL ist,
> dann ist auch ⌜ ∀χ α ⌝ eine wff von PL.
> 3. Sonst ist nichts eine wohlgeformte Formel von AL.

Definition 7 hält zunächst fest, dass jede atomare Formel wohlgeformt ist. Außerdem führt sie die Junktoren „~" und „∧" so ein, dass sie atomare Formeln von PL genauso verbinden können, wie sie atomare Formeln von AL verbinden können. Dies legt eine weitere Zusatzdefinition nahe:

PL-Zusatzdefinition 2
Die Junktoren „→", „∨", „≡" und „∇" sind eingeführt wie für AL.

So sind z.B. „Fx → Gx", „~ Hx", „Fx ∧ (Rxy → Ryz)" wffs von PL. Definition 7 enthält schließlich als Neuerung gegenüber AL die Syntax für den Allquantor „∀". Im Prinzip darf man vor jede wff von PL einfach das Zeichen „∀" gefolgt von einer Variablen davorhängen. Es ist dafür *nicht* erforderlich, dass diese Variable schon in der wff vorkommt. So ist „∀x(Fy→Gy)" eine wff von PL, die auch durch die Wertzuweisung berücksichtigt wird. In der Anwendung sind aber *nur* solche wffs mit Quantor interessant, bei denen die Variable hinter dem Quantor auch *in* der wff vorkommt, vor der der Quantor steht. Man sagt dann, dass der Quantor diese Variable *bindet*. Eine Variable, die nicht durch irgendeinen Quantor gebunden ist, nennt man *freie Variable*. So ist „x" in „Fx" frei, aber in „∀xFx" durch den Allquantor gebunden.

Syntax des Allquantors

Freie und gebundene Variablen

   Manche PL-Varianten benutzen „x", „y", „z" etc. nur gebunden und stattdessen „a", „b", „c" etc. für freies Vorkommen. Die hier bevorzugte Version mit *einer* Sorte von Variablen ist meiner Ansicht nach einfacher zu erklären. Manche älteren Notationsvarianten haben „(x)" statt „∀x" (etc.) und sparen damit sogar den Allquantor im Alphabet. Manchmal findet man „Λ" statt „∀".

   Die wff, vor die man einen Quantor hängt, nennt man dessen Bereich (scope, Skopus). So ist „Fx" der Bereich des Allquantors in „∀xFx". Formeln mit Quantoren können wieder durch Junktoren verbunden werden (z.B. zu „∀xFx ∧ ∀yGy"). Eine wff, vor die man einen Quantor hängt, kann auch selbst bereits einen Quantor enthalten: Quantoren lassen sich verschachteln. Es kommen also wffs vor wie, „∀x ∀y(Fx → Rxy)" oder „Hz ∧ ~ ∀xFx".

Skopus

   Neben dem Allquantor wird ein weiterer Quantor durch Definition eingeführt: der Existenzquantor „∃" (in älteren Varianten manchmal „V"). Es können deshalb wffs vorkommen wie „∃yFy" oder „∀x∃y(Rxy)". Der Existenzquantor ist eingeführt wie folgt:

Syntax des Existenzquantors

PL-Zusatzdefinition 3
⌜∃χ α⌝ kürzt ⌜~ ∀χ ~α⌝ ab.

„∃x" ist also einfach eine Abkürzung für „~∀x~".

Übungen:
1) Ist die folgende Zeichenkette a) eine atomare Formel von PL b) eine wff von PL?
   [1] Fx [2] Fy [3] Fx ∧ Gy → Fx [4] ∃x (Gx ∧ Fx) [5] ∃x (Gx ∧ Fy) [6] ∀xFx
   [7] Rxyz [8] ∀x (Fy → Gy) [9] ∀FG [10] ∀F Fx
2) Unterstreichen Sie alle in den folgenden wffs frei vorkommenden Variablen.
   [1] Fx ∧ Gy [2] ∃x(Fx ∧ Gy) [3]∀x (Fxy → ∃z Rxzy).

3) Notieren Sie mit „∃": [1]~ ∀z ~ Fz ∧ ∀y ~ Gy [2]   ∀x ~∀ y ~ (Fx → Ryx).

4) Unterstreichen Sie den Bereich jedes in der folgenden Formel vorkommenden Quantors: ∀x (Fx → ∃y Rxy) → Fy ∧ ∀yGy.

6.4   Die Semantik von PL für quantorenfreie Formeln

PL-Modell

Die Semantik von PL ist etwas kniffliger. Sie besteht aus vier Definitionen: 8 bis 11.

> Definition 8: „PL-Modell"
> Ein PL-Modell ist ein geordnetes Paar ⟨U,I⟩ , für das gilt:
> (1) U ist eine nichtleere Menge, genannt „Redebereich" oder „universe of discourse";
> (2) I ist eine Funktion, die jedem n-stelligen Prädikatsymbol von PL eine Menge von n-Tupeln über U zuordnet.

Redebereich

Definition 8 hält fest, was ein PL-Modell ist. PL soll die Rede von Gegenständen und ihren Eigenschaften simulieren. Also wird zunächst festgelegt, von welchen Gegenständen die Rede sein soll: was überhaupt der Redebereich U ist. Es wird vorausgesetzt, dass es überhaupt etwas gibt, worüber man redet. Der Redebereich ist für PL nach Definition 8.1 nichtleer. Der Redebereich kann aber sehr klein sein, z.B.

U = {Klaus, Hein},

Extensionen von Prädikatsymbolen

wenn wir nur über die aus diesen zwei Personen bestehende Besatzung eines Fischkutters reden wollen. Ferner gibt eine Funktion I für jedes n-stellige Prädikatsymbol eine Menge von n-Tupeln an. Die Komponenten der Tupel müssen aus dem Redebereich stammen. Die Idee der Deutung ist: Ein Prädikatsymbol steht für ein Prädikat, und die Menge von Tupeln, mit der das Symbol interpretiert wird, steht für die *Extension* des Prädikats. Es ist dabei erlaubt, dass die Extension des Prädikats *leer* ist: Die übliche Mengenlehre erlaubt eine leere Menge als Menge ohne Elemente darin. Sie soll hier als „{ }" notiert werden. Nehmen wir an, Hein und Klaus fischen, Hein flucht dabei und Klaus nicht, keiner von beiden faulenzt und Hein überragt Klaus um zwei Köpfe. Auf der Ebene des PL-Modells (vgl. Definition 8.2) lässt sich das so wiedergeben:

Interpretation der Prädikatsymbole	mögliche Deutung
I(F) = {Klaus, Hein}	*Fischt*[1]
I(G) = {Hein},	*Flucht*[1]
I(H) = { },	*Ist-faul*[1]
I(R) = {⟨Hein, Klaus⟩}...	*Überragt*[2]

Variablen als Namensschilder

Damit man in PL Aussagen über Hein und Klaus formulieren kann, brauchen die beiden noch objektsprachliche Namen, also Namen aus dem Vokabular von PL („Hein" und „Klaus" sind in Bezug auf PL als Objektsprache metasprachliche Namen). Dazu sind die Variablen da. Sie kommen über die Definitionen 9 und 10 ins Spiel:

Definition 9: „PL-Belegung"
Sei ⟨U,I⟩ ein PL-Modell.
Eine PL-Belegung für ⟨U,I⟩ ist eine Funktion, die jeder Variablen von PL ein Element von U zuordnet.

Definition 10: „Alternative PL-Belegung"
Sei ⟨U,I⟩ ein PL-Modell, seien μ (sprich: mü) und μ^* PL-Belegungen für ⟨U,I⟩ und sei χ eine Variable von PL. μ^* ist genau dann eine bezüglich χ alternative PL-Belegung zu μ für ⟨U,I⟩, wenn gilt:
(1) entweder $\mu^* = \mu$
(2) oder μ^* ordnet *nur* χ ein anderes Element von U zu als μ, während die Zuordnung zu allen anderen Variablen für μ und μ^* übereinstimmt.

Zunächst muss uns davon nur Definition 9 interessieren. Die Idee ist: Variablen sind Namensschilder für Elemente des Redebereichs. Eine Belegung nach Definition 9 ist eine bestimmte Verteilung der Namensschilder auf die Elemente des Redebereichs. Nehmen wir an, Hein bekomme durch die Belegung μ das Schild „x" und Klaus das Schild „y" umgehängt, es sei also

$$\mu(\text{Hein}) = x \qquad \mu(\text{Klaus}) = y \ ...$$

Bei zwei Elementen und unendlich vielen Variablen bekommt jeder der beiden Fischer sehr viele Namensschilder, aber man muss ja in der Anwendung nicht alle benutzen und kann den Rest sofort wieder vergessen. Wichtig ist aber, dass es in PL keine leeren Namen gibt: Jede Variable muss an einen Gegenstand des Redebereichs vergeben sein. Außerdem gibt es, anders als in der natürlichen Sprache, keine doppeldeutigen Namen. Jeder Name ist hier eindeutig. Beides folgt direkt daraus, dass μ eine *Funktion* im Sinne von Kap. 2.1 ist.

Um atomare Formeln von PL für unser angenommenes Modell und für die Namensverteilung μ zu bewerten, brauchen wir noch Definition 11. Das „Φ" (sprich: phi) darin ist Platzhalter für ein Prädikatsymbol.

Wahrheitsbedingungen für PL

Definition 11: „PL-Wertzuweisung"
Sei M ein PL-Modell, μ eine PL-Belegung für M.
Eine PL-Wertzuweisung ist eine Funktion V, die jeder wff von PL für M und μ ein Element aus $\{1,0\}$ zuordnet, wobei gilt:
1. $V_{M,\mu}(\ulcorner \Phi \chi^1 ... \chi^n \urcorner) = 1$ gdw $\langle \mu(\chi^1), ..., \mu(\chi^n) \rangle \in I_M(\Phi)$;
2. $V_{M,\mu}(\ulcorner \sim \alpha \urcorner) = 1$ gdw $V(\alpha) = 0$;
3. $V_{M,\mu}(\ulcorner (\alpha \wedge \beta) \urcorner) = 1$ gdw sowohl $V(\alpha) = 1$ als auch $V(\beta) = 1$;
4. $V_{M,\mu}(\ulcorner \forall\chi\, \alpha \urcorner) = 1$ gdw *für jede* bezüglich χ zu μ alternative PL-Belegung μ^* gilt: $V_{M,\mu^*}(\alpha) = 1$.

Die Klauseln 2.–4. interessieren zunächst noch nicht. Wir sind schon allein mit Klausel 1 in der Lage, atomare Formeln zu bewerten. Die fol-

Atomare Formeln

gende Tabelle zeigt, wie das konkret funktioniert. Man sieht daran auch, dass es legitim ist, den Wert 1 dabei wieder als „wahr" und den Wert 0 als „falsch" zu deuten. „∉" heißt „ist nicht Element von". Man erinnere sich außerdem, dass Einertupel mit ihren Elementen identifiziert werden.

Formel	mgl. Deutung	Wert	Begründung (vgl. Def. 11.1)
„Fx"	„Hein fischt"	1	Hein ∈ {Hein, Klaus}, also $\mu(x) \in I(F)$
„Gy"	„Klaus flucht"	0	Klaus ∉ {Hein}, also $\mu(y) \notin I(G)$
„Hx"	„Hein ist-faul"	0	Hein ∉ { }, also $\mu(x) \notin I(H)$
„Hy"	„Klaus ist-faul"	0	Klaus ∉ { }, also $\mu(y) \notin I(H)$
„Rxy"	„Hein überragt Klaus"	1	⟨Hein, Klaus⟩ ∈ {⟨Hein, Klaus⟩}, also ⟨$\mu(x), \mu(y)$⟩ ∈ I(R)
„Rxx"	„Hein überragt sich selbst"	0	⟨Hein, Hein⟩ ∉ {⟨Hein, Klaus⟩}, also ⟨$\mu(x), \mu(x)$⟩ ∉ I(R).

Die Formel „Fx" wird also z.B. deshalb wahr (Wert „1"), weil es sich beim Träger des Namensschildes „x" für die Namensverteilung μ („$\mu(x)$") um Hein handelt, Hein zur Menge gehört, die aus Hein und Klaus besteht („{Hein, Klaus}") und gerade diese Menge die Extension von „F", also „I(F)" ist.

Aussagenlogisch komplexe Formeln

Nun zu Definition 11.2 und 11.3: Die Semantik für *aussagenlogisch komplexe* Formeln ohne Quantoren ergibt sich ohne weiteres im Stil von AL, da für Tilde und Hut ja genau dieselben Bedingungen gelten und die anderen Junktoren auf dieselbe Weise definiert sind. So bekommt z.B. „Fx ∧ Fy" („Hein und Klaus fischen beide") den Wert 1; „~Gy" ("Klaus flucht nicht") bekommt auch den Wert 1, da „Gy" den Wert 0 erhalten hat; „Hx ∨ Hy" („Hein oder Klaus ist faul") bekommt den Wert 0, da beide nicht zu I(H) gehören, sprich: da beide nicht faul sind. Entsprechendes gilt natürlich auch für aussagenlogische Verknüpfungen beliebig komplexer Formeln, also auch solcher mit Quantoren.

Abkürzungs-verzeichnis für PL-Anwendung

Vor der ersten konkreten Anwendung von PL ist noch darauf hinzuweisen, wie man üblicherweise beim Formalisieren mit PL Abkürzungsverzeichnisse anlegt. Üblicherweise tut man dies, indem man einfach Variablen benutzt, z.B. so:

Fx	: x ist-Fischer	Gx	: x flucht
Hx	: x ist faul	Rxy	: x überragt y.

Daran, dass hier auch *in der Übersetzung* „x" steht und nicht etwa „Hein", sieht man, dass im Abkürzungsverzeichnis die Variablen eine andere Funktion haben als beim Bewerten von Formeln für Modelle. Sie übernehmen hier einfach die Funktion der Leerstellen-Anzeiger. Statt „Fx" könnte auch „F_" stehen, statt „Rxy" auch „R_ _". Das bedeutet: Mit dem ersten Eintrag in diesem Abkürzungsverzeichnis ist nicht nur festgelegt, wie die Formel „Fx" bei einer gegebenen Belegung gedeutet werden soll, sondern auch, wie „Fy", „Fz" usw. gedeutet werden sollen. Und mit dem letzten Eintrag ist nicht nur festgelegt, wie „Rxy" gedeutet werden soll, sondern auch, wie „Ryx", „Rxx", „Rxz", „Ryz" usw. gedeutet werden sollen.

Übungen

1) Es sei U = {Rom, Verona, Neapel};
   I= {⟨F,{Rom}⟩,
   ⟨G,{ }⟩,
   ⟨H,{Rom, Neapel}⟩,
   ⟨R,{⟨Neapel, Rom⟩, ⟨Rom, Verona⟩, ⟨Neapel, Verona⟩}⟩...}.
   Es sei außerdem: µ(x) = Rom, µ(y)=Neapel, µ(z)=Verona.
   Welchen V-Wert für µ bekommen die folgenden Formeln?
   [1] Gx [2] Fz [3] Fx [4]Rxy [5] Ryx [6] Rzz [7] Hy ∧ Hx [8] Fz ∨ Hy [9] ~Gy
   [10] ~Gy ∧ Fx [11] ~Rzx ∧ Rxz.
2) Denken Sie sich für das Modell in Übung 1 ein realistisches Abkürzungsverzeichnis aus.
3) Übersetzen Sie auf Grundlage des folgenden Abkürzungsverzeichnisses und für
   µ={⟨x,Uwe⟩, ⟨y,Gabi⟩, ⟨z,Jens⟩...}: R*xy ∧ R*yx ∧ (R*zy → Rxz ∧ ~Fx).
   Fx : x geht-es-gut; Rxy : x ist-eifersüchtig-auf y; R*xy : x liebt y
4) Übersetzen Sie mit dem Abkürzungsverzeichnis und der Belegung µ aus Übung 3 in PL: [1] Jens liebt sich selbst. [2] Uwe liebt Gabi, aber Gabi liebt Uwe nicht. [3] Jens geht es gut, aber Uwe geht es nicht gut [4] Wenn Gabi Uwe liebt oder umgekehrt, dann ist Jens auf Uwe eifersüchtig.

6.5 Die Semantik von PL für Formeln mit Quantoren – einfache Beispiele

Für Formeln mit Quantoren sind die Definition 10 und die vierte Klausel von Definition 11 einschlägig. Das Ziel der Definitionen ist es, den Allquantor als „für alle ... gilt:" deuten zu können. Für unseren kleinen Redebereich ist es wahr, zu sagen: „Alle sind Fischer". Aber es ist nicht wahr, zu sagen: „Alle fluchen". Die den Sätzen entsprechenden PL-Formeln sind, im Hinblick auf das angenommene Modell, „∀xFx" und „∀xGx". Man liest diese Formeln auch als „Für alle x (aus dem Redebereich) gilt: x ist Fischer" bzw. „Für alle x (aus dem Redebereich) gilt: x flucht". *Variablen verlieren also ihren Charakter als konkrete Namen, wenn sie durch einen Quantor gebunden sind.* Wie kommt das, und wieso stellen die Definitionen sicher, dass das Zeichen „∀" wirklich als *All*quantor funktioniert? Nun wird Definition 10 relevant.

> Eine weitere Rolle für Variablen

Definition 10 legt fest, was bezüglich einer bestimmten Variablen eine zu einer gegebenen Belegung alternative Belegung ist. Für die angenommene Belegung µ und die Variable „x" lässt sich das so erklären: Alternativen zu µ für x entstehen dadurch, dass man das Namensschild „x" noch einmal neu vergibt, während man alle anderen Namensschilder lässt, wo sie sind. Man kann dabei das Namensschild „x" wieder genau dahin hängen, wo es zuvor war (Klausel (1)). Oder man hängt es irgendwo anders hin (Klausel 2). Das, was zuvor „x" hieß, wird dann namenlos oder behält seine übrigen Namen. In unserem kleinen Redebereich gibt es für „x" zu µ nur zwei Alternativen. Die erste ist µ selbst, wonach Hein „x" heißt und Klaus „y". Die zweite Alternative besteht darin, Hein das Namensschild „x" wegzunehmen und es Klaus umzuhängen (zusätzlich zum Namensschild „y", das Klaus behält). Nennen wir diese Alternative µ*.

> Wandernde Namensschilder

Semantik des
Allquantors

Definition 11.4 besagt nun, dass die Formel „∀xFx" (für μ) gerade dann den Wert 1 bekommt, wenn die Formel „Fx" für alle alternativen Belegungen zu μ bezüglich „x" den Wert 1 bekommt. „Fx" bekommt den Wert 1 für die Belegung μ, gemäß der Hein „x" heißt; denn Hein ist Fischer. „Fx" bekommt den Wert 1 auch für die Belegung μ*, gemäß der Klaus „x" heißt; denn Klaus ist auch Fischer. Also bekommt „∀xFx" (für μ) den Wert 1. „∀xGx" bekommt dagegen (für μ) den Wert 0. Denn „Gx" bekommt zwar für μ selbst den Wert 1 (Hein flucht ja); für μ* bekommt „Gx" aber den Wert 0 (*Klaus* flucht nicht). Damit hat „Gx" nicht für alle alternativen Belegungen zu μ bezüglich „x" den Wert 1.

Die Überlegung lässt sich gut auf größere Redebereiche übertragen: Wenn alles aus dem Redebereich zur Extension von „F" gehört, kann das Namensschild „x" hinwandern, wohin es will: „Fx" bleibt immer wahr, und deshalb wird „∀xFx" wahr. Gibt es auch nur *ein* Element im Redebereich, das nicht zur Extension von „F" gehört, so wird das Namensschild „x" irgendwann auch zu diesem Gegenstand herumgereicht werden; und dann wird „Fx" falsch, so dass „∀xFx" nicht mehr wahr werden kann.

PL und S5

Die Bewertung von Formeln mit Allquantor funktioniert ähnlich wie die Bewertung von Formeln mit der Box in S5 (Kap. 4.5). Bei S5-Formeln mit der Box reicht es nicht aus, die Bewertungswelt zu berücksichtigen, sondern man muss alle alternativen möglichen Welten berücksichtigen, und „□p" wird erst wahr, wenn „p" nicht nur in der Bewertungswelt, sondern in allen alternativen möglichen Welten wahr wird. Bei PL-Formeln mit Allquantor reicht es nicht aus, die gegebene Namensverteilung zu berücksichtigen, sondern man muss alle alternativen möglichen Namensverteilungen berücksichtigen, und „∀xFx" wird erst wahr, wenn „Fx" nicht nur für die gegebene Namensverteilung wahr wird, sondern auch für alle alternativen möglichen Namensverteilungen.

Warum so
kompliziert?

Man mag sich fragen, ob das nicht nur schrecklich kompliziert ist, wenn der Allquantor bloß das Wort „alle" bzw. „jede(r/s)" wiedergeben soll, sondern auch noch zirkulär: Schließlich kommt das Wort „jede" doch in Definition 11.4 selbst vor in der Wendung *„für jede* bezüglich χ zu μ alternative PL-Belegung μ* gilt"! Tatsächlich liegt hier *kein* Zirkel vor, denn das „jede" in Definition 11.4 wird auf der Ebene der Metasprache gebraucht, das Zeichen „∀" ist aber ein objektsprachliches Zeichen. Die Bedenken zeigen aber etwas Wichtiges: Der Begriff „alle" bzw. „jede(r/s)" ist so fundamental, dass man auf ihn nicht verzichten kann, wenn man ein entsprechendes Zeichen einführen will. Dennoch ist mit dem Allquantor viel gewonnen. Denn die Regeln, nach denen er sich verhält, sind völlig präzise und durchschaubar. Die Regeln für „alle" sind es überraschenderweise nicht (auch wenn sie klar genug sind, um Definition 11.4 zu formulieren); das wird sich in Kap. 6.7 zeigen.

Stellung des
Negators

Da im Beispiel „∀xGx" (für μ) falsch wird, wird „~∀xGx" wahr: Nicht alle (an Bord) fluchen. „∀x~Gx" dagegen wird falsch. Denn wenn das wahr sein sollte, müsste „~Gx" für alle bezüglich „x" alternativen Belegungen zu μ wahr sein, also auch für μ selbst. „~Gx" ist aber für μ falsch, denn „Gx" ist wahr (*Hein* flucht ja). Es ist nicht so, dass man sagen kann: „Auf alle an Bord trifft es zu, dass sie nicht fluchen". PL ist also expressiv genug, um durch die Stellung des Negators den Unterschied zwischen „nicht alle" und „alle nicht" ausdrücken zu können.

Was hat es mit dem Zeichen „∃" auf sich? Da sich „∀" als „alle" lesen lässt, heißt „~∀...~" soviel wie „nicht alle nicht"; „nicht alle nicht" heißt soviel wie „einige"; also muss sich „∃" als die Abkürzung für „~∀...~" als „einige" lesen lassen (bzw. als „mindestens ein" oder „manches"). Wenn also „∀x" heißt „für alle x gilt:", so heißt „∃x" soviel wie „für einige x gilt:", „für mindestens ein x (aus dem Redebereich) gilt:", „für manches aus dem Redebereich gilt" oder „es gibt ein x (im Redebereich), für das gilt:". Gerade so, wie der Allquantor der S5-Box ähnelt, ähnelt der Existenzquantor „∃" dem S5-Diamanten. „∃xGx" ist deutbar als „Wenigstens einer (an Bord) flucht", „∃x~Gx" als „Wenigstens einer an Bord flucht nicht" und „~∃xHx" als „Keiner (an Bord) ist faul". Semantik des Existenzquantors

Die angestellten Überlegungen beschränken sich natürlich nicht auf einstellige Prädikate: „∃xRxy" wird genau dann wahr, wenn man „x" so verteilen kann, dass „Rxy" wahr wird – was der Fall ist, wenn Hein einfach den Namen „x" behält. „∃xRxy" lässt sich deshalb deuten als „Es gibt jemand (an Bord), der Klaus überragt" (nämlich Hein). „∀xRxy" („Jeder an Bord überragt Klaus") ist dagegen falsch, denn Klaus überragt sich ja nicht selbst.

Auch andere Aussagen über das Verhältnis von „alle" zu „einige" finden ihre Gegenstücke in PL: Die Formel „∀xFx" lässt sich zu „~~∀x~~Fx" aufblasen, was sich abkürzen lässt zu „~∃x~Fx"; kurz: „alle" bedeutet dasselbe wie „nicht einige nicht". Die Formel „∃x ~Gx" (im Beispiel „Es gibt jemand (an Bord), der nicht flucht") ist, ohne Abkürzung notiert, „~∀x~~Gx". Das ist äquivalent mit „~∀xGx" (doppelte Negation!); kurz: „mindestens einer nicht" entspricht „nicht alle". Die Formel „~∃xGx" (im Beispiel „Es gibt keinen (an Bord), der flucht" oder „Niemand (an Bord) flucht") ist, ohne Abkürzung notiert, „~~∀x~Gx". Das ist äquivalent mit „∀x~Gx", kurz: „keiner" entspricht „alle nicht" (bzw., bei Sachen: „nichts" entspricht „alles nicht"). Es ist nicht überraschend, dass man daher das folgende logische Quadrat erhält: Logisches Quadrat für PL...

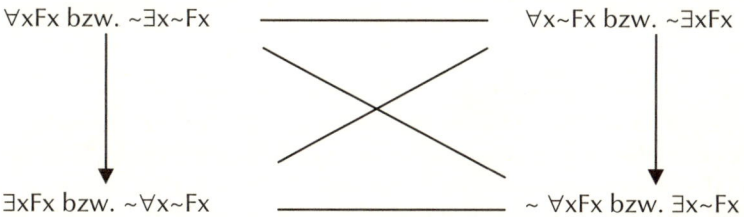

Doch Vorsicht! Es spielt eine Rolle, dass im Bereich der Quantoren die sehr einfache Formel „Fx" steht. Eine Verallgemeinerung des logischen Quadrats auf beliebige wffs ist nicht möglich, wie der übernächste Abschnitt zeigen wird. ...aber Vorsicht!

Übungen

1) Übersetzen Sie unter den gleichen Voraussetzungen wie in Übung 3 zu Kap. 6.4 in PL: [1] Alle lieben Uwe. [2] Wenn alle Jens lieben, dann liebt Jens sich auch selbst. [3] Keiner liebt Jens [4] Wenn Uwe Gabi liebt, dann gibt es jemand, der eifersüchtig ist auf Uwe. [5] Gabi liebt alle und ist auf keinen eifersüchtig. [6] Nicht allen geht es gut, aber doch manchen.

2) Übersetzen Sie unter den gleichen Voraussetzungen:

[1] ~$\forall$x (R*xy → Fx) [2] $\exists$x Rzx [3] ~ $\exists$x ~R*xy [4] ~ $\exists$x Rxx [5] ~$\forall$x ~Fx.

6.6   Die kategorischen Urteile in PL

Kategorische Urteile als Konditional und Konjunktion

In den bisher behandelten Beispielen zur Funktionsweise des Allquantors kam jeweils nur ein einziges Prädikatsymbol („F", „G" oder „R") vor. In den kategorischen Urteilen der aristotelischen Syllogistik kommen dagegen immer zwei Begriffe vor, die in PL offenbar durch zwei Prädikatsymbole dargestellt werden müssen. Wenn PL mindestens soviel leisten soll wie die Syllogistik, so muss es PL-Formeln geben, die den kategorischen Urteilen entsprechen. Doch wie bezieht man überhaupt in PL zwei Prädikate aufeinander? Man muss dazu einen Trick anwenden, der zunächst sehr gewöhnungsbedürftig ist. Denn die PL-Struktur kategorischer Urteile ist weit von dem entfernt, was die traditionelle Logik, aber auch die Alltagsgrammatik zu solchen Urteilen meint:

„Jeder Fischer (an Bord) flucht"	$\forall$x(Fx → Gx)
„Kein Fischer (an Bord) flucht nicht"	~$\exists$x(Fx ∧ ~Gx)
„Mancher Fluchende (an Bord) ist nicht faul"	$\exists$x(Gx ∧ ~Hx)
„Nicht alle Fluchenden (an Bord) sind faul"	~$\forall$x(Gx → Hx)
„Mancher Fluchende (an Bord) ist Fischer"	$\exists$x(Gx ∧ Fx)
„Nicht alle Fluchenden (an Bord) sind nicht Fischer"	~$\forall$x(Gx → ~Hx)
„Kein Fischer (an Bord) ist faul"	~$\exists$x(Fx ∧ Hx)
„Alle Fischer (an Bord) sind nicht faul"	$\forall$x(Fx → ~Hx).

Es lässt sich leicht zeigen, dass die Formeln zu den gleichbedeutenden Aussagen auch wirklich äquivalent sind. Auffällig ist: In PL verwendet man zur Wiedergabe von Aussagen mit zwei Begriffen *aussagenlogische* Junktoren: das Konditional und die Konjunktion. Am ehesten lässt sich das plausibel machen, wenn man die Ausgangssätze zunächst in Relativsätze umformt und dann mit aussagenlogischen Junktoren formuliert, z.B. so:

Für jeden (an Bord), der Fischer ist, gilt, dass er flucht.
Für jeden (an Bord) gilt: *wenn* er Fischer ist, *dann* flucht er.

Mancher (an Bord), der Fischer ist, ist nicht faul.
Für manchen (an Bord) gilt: er ist Fischer, *und* er ist nicht faul.

Nach einer Weile bekommt man ein Gefühl dafür, universelle Urteile als quantifizierte Konditionale und partikuläre Urteile als quantifizierte Konjunktionen aufzufassen, und die Übersetzung macht in der Praxis keine Schwierigkeiten. Es gibt allerdings ein nicht zu unterschätzendes theoretisches Problem: Wenn die kategorischen Urteile der Syllogistik ein logisches Quadrat bilden, so wird man vermuten, dass deren Gegenstücke in PL auch ein logisches Quadrat bilden. Für diese Vermutung sprechen die folgenden kontradiktorischen Gegensätze:

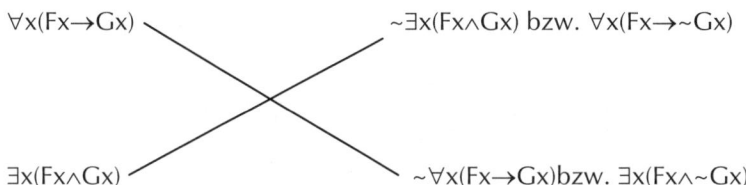

$\forall x(Fx \to Gx)$ $\sim\exists x(Fx \land Gx)$ bzw. $\forall x(Fx \to \sim Gx)$ *Kein* logisches Quadrat!

$\exists x(Fx \land Gx)$ $\sim\forall x(Fx \to Gx)$ bzw. $\exists x(Fx \land \sim Gx)$

Dennoch ist die Vermutung unzutreffend. Die Standard-Übersetzungen   Leere Terme
der kategorischen Urteilsformen in PL bilden kein logisches Quadrat! Die Formel „$\forall x(Fx \to Gx)$" impliziert nicht die Formel „$\exists x(Fx \land Gx)$". Denn es lässt sich ein Gegenbeispiel angeben, in dem „$\sim\exists x(Fx \land Gx)$" zusammen mit „$\forall x(Fx \to Gx)$" wahr wird: Nehmen wir an, unser Redebereich sei die Menge aller zur Zeit lebenden Tiere. Nehmen wir an, das Prädikatsymbol „F" stehe für die Menge der Einhörner, also bekanntlich für die leere Menge. Das ist ja in der Semantik für PL erlaubt. Nehmen wir außerdem an, das Zeichen „G" stehe für die Menge der Tiere mit rotem Fell (Füchse, Rothirsche etc.). Nun besagt „$\sim\exists x(Fx \land Gx)$" folgendes: Welchem Gegenstand aus dem Redebereich auch immer du das Namensschild „x" umhängst - es wird nie passieren, dass die Formel „$Fx \land Gx$" wahr wird. Das stimmt. Stellen wir uns einen beliebigen Fall vor, in dem irgendeinem Tier das Namensschild „x" umgehängt ist. „Fx" wird dann nicht wahr sein, denn bei dem Tier handelt es sich nicht um ein Einhorn. „$Fx \land Gx$" kann deshalb auch nicht wahr sein: Es gibt eben deshalb keine Einhörner mit rotem Fell, weil es überhaupt keine Einhörner gibt. „$\forall x(Fx \to Gx)$" besagt: Welchem Gegenstand aus dem Redebereich auch immer du das Namensschild „x" umhängst – es wird auf jeden Fall die Formel „$Fx \to Gx$" wahr werden. Das stimmt auch, denn das Antezedens „Fx" wird falsch sein und damit das Konditional wahr: Es wird nie passieren, dass etwas ein Einhorn ist und trotzdem kein rotes Fell hat, weil es ja sowieso keine Einhörner gibt. Wenn „$\sim\exists x(Fx \land Gx)$" und „$\forall x(Fx \to Gx)$" zusammen wahr sein können, so ist nebenbei auch sofort bewiesen, dass sie nicht konträr zueinander stehen, dass ihre kontradiktorischen Gegenteile zusammen falsch sein können und also nicht subkonträr zueinander stehen und dass „$\sim\exists x(Fx \land Gx)$" nicht „$\sim\forall x(Fx \to Gx)$" impliziert.

Es ist nicht leicht zu sagen, welche theoretische Bedeutung dieses Ergebnis hat: Hatte Aristoteles nicht verstanden, wie das griechische Wort für „alle" *wirklich* funktioniert? Hatte Frege unrecht zu behaupten, der Allquantor verhalte sich wie das Wort „alle" ? Sind die traditionelle und die moderne Logik grundverschieden? Die Antwort, die den geringsten Schaden hinterlässt, dürfte sein: Die traditionelle Logik beansprucht gar nicht, auch leere Terme mit einzubeziehen (vgl. Abschnitt 1). Das ist eine weitere Grenze ihres ohnehin engen Anwendungsbereichs. Aber innerhalb der Grenzen ist alles in Ordnung (vgl. 98). Man könnte versucht sein, die Definition 8.2 zu ändern, indem man einfach das Wort „nichtleere" vor „Menge" einfügt. Kap. 6.10 wird zeigen, dass die Vorteile überwiegen, wenn man dieser Versuchung nicht erliegt.

Übungen
1) Übersetzen Sie in PL: [1] „Alle Schwäne sind weiß" [2] „Einige Schwäne sind nicht weiß" [3] „Einige Schwäne sind weiß" [4] „Kein Schwan ist weiß".
   Abkürzungsverzeichnis: Fx : x ist-ein Schwan; Gx : x ist-weiß.
2) Übersetzen Sie in PL (Abkürzungsverzeichnis nicht vergessen!) Als Redebereich gilt hier – wie oft in der Anwendung – die Menge aller konkreten Einzeldinge.
   [1] Wenn alle Frösche grün sind, ist kein Frosch blau und nichts Blaues ein Frosch
   [2] Alle Frösche quaken, und alles, was quakt, ist ein Frosch   (möglichst kurz!)
   [3] Jeder Frosch, der in Gefahr ist und quakt, ist dumm
   [4] Einige Frösche sind dumm und einige nicht.
3) In einer Logikgeschichte finden Sie den folgenden Satz: „Es gibt in Freges Logik keinen Unterschied mehr zwischen Subjekt- und Prädikatbegriff. Die conversio simplex der traditionellen Syllogistik folgt nämlich einfach aus der Kommutativität der Konjunktion". Bitte erklären Sie.

6.7   Mehrere Quantoren in einer Formel

Ein großer Vorteil von PL gegenüber der Syllogistik ist, dass man beliebig komplexe Aussagen damit nachspielen kann, in denen an allen möglichen Stellen die Ausdrücke „einige" und „alle" vorkommen können. Dabei kann ein Quantor im Skopus eines anderen vorkommen, die Quantoren können also verschachtelt sein. Die Syllogistik war dagegen auf entweder einmal „alle" oder einmal „einige" pro Aussage beschränkt.

Gleiche Quantoren: kein Problem
Keinerlei Probleme bereiten Formeln, in denen zwei Quantoren *derselben Sorte* so ineinander verschachtelt sind, dass sie direkt aufeinander folgen. Wir hatten uns ja schon klargemacht, dass, bezogen auf den kleinen Kutter, „∃xRxy" deutbar ist als „Es gibt jemand (an Bord), der Klaus überragt" und „∀xRxy" als „Jeder (an Bord) überragt Klaus". Es spricht nichts dagegen, auch noch das „y" mit Quantor zu binden. Man erhält dann z.B. die Formeln „∃y∃xRxy" und „∀y∀xRxy". Diese Formeln sind im Sinne von Definition 11.4 zu deuten als „Jemand (an Bord) wird von jemandem (an Bord) überragt" (was stimmt) und als „Jeder (an Bord) wird von jedem (an Bord) überragt" (was natürlich nicht stimmt). Die jetzt *gebundenen* Variablen verlieren wieder ihren Charakter als konkrete Namen. Die Aufeinanderfolge zweier gleichartiger Quantoren ist so häufig, dass sich zur einfacheren Notation eine neue Zuatzdefinition anbietet (mit χ und ξ (sprich: xi) für Variablen und α für irgendeine wff):

PL-Zusatzdefinition 4
⌜∀$\chi\xi$ α⌝ kürzt ⌜∀χ ∀ξ α⌝ ab, und ⌜∃$\chi\xi$ α⌝ kürzt ⌜∃χ ∃ξ α⌝ ab.

Durch mehrfache Anwendung der Definition kann man auch drei oder noch mehr Variablen hinter denselben Quantor schreiben („∃xyz Rzxy" u.Ä.). Die Reihenfolge zweier *gleichartiger* Quantoren spielt für den Wahrheitswert der Formel keine Rolle, so dass man nach dem Quantor immer in der Reihenfolge „x,y,z..." notieren kann.

Mehrere aufeinander folgende Quantoren derselben Sorte kommen oft in etwas komplizierteren Definitionen vor. Ein Beispiel für eine solche Definition ist: „x ist Großvater gdw x männlich ist und es ein y und ein z gibt, so dass z Kind von y ist und y Kind von x". Man mag das, wenn schon „Rxy: x ist Kind von y" und „Fx" als „x ist männlich" eingeführt hat, im Abkürzungsverzeichnis notieren als:

Gx   := Fx ∧ ∃yz (Rzy ∧ Ryx)

Die Variablen sind dabei wieder reine Platzhalter. Entscheidend ist: Das „y" und das „z" müssen durch Quantor gebunden sein. Denn sonst wäre die Absicht der Definition ganz verfehlt. Grundsätzlich gilt für die vorgeschlagene Notation: Genau die im Definiendum vorkommenden Variablen sind frei. Sie kommen im Definiendum selbst frei vor („Gx") und werden auch im Definiens nicht gebunden. Alle Variablen, die im Definiens, aber nicht im Definiendum vorkommen, müssen aber unbedingt durch einen Quantor gebunden werden; sie dürfen nicht frei vorkommen.

Manchmal werden für dieselbe Absicht so genannte kontextuelle Definitionen bevorzugt. Dies sind objektsprachliche Formeln, deren Wahrheit wie die eines Axioms vorausgesetzt wird, und die *im Kontext* zeigen, wie das Definiendum zu benutzen ist. Im Beispielfall könnte das durch die Formel „∀x(Gx ≡ Fx ∧ ∃yz (Rzy ∧ Ryx))" geschehen. Das ist etwas ungewöhnlich, wenn man das Definieren typischerweise als Vorgang auf der Ebene der Metasprache versteht; aber es ist in komplizierteren Fällen manchmal sogar unumgänglich.

Auch Eigenschaften von Relationen lassen sich nun übersichtlich mit PL-Formeln mit (meist) mehreren Quantoren ausdrücken:

∀x Rxx	Reflexivität von R
∀xy (Rxy → Ryx)	Symmetrie von R
∀xyz (Rxy ∧ Ryz → Rxz)	Transitivität von R

Viel größere Vorsicht als bei gleichartigen Quantoren ist bei der Verschachtelung von *verschiedenartigen* Quantoren angebracht. Oft wird das mit dem folgenden Beispiel erläutert: „Rxy" wird gedeutet als „x ist ein Junge, y ein Mädchen, und x wird von y geliebt". Man nimmt als Redebereich eine Schulklasse mit folgenden Eigenschaften an. Für jedes Mädchen gibt es einen Jungen, den es liebt („∀x∃yRyx" wird wahr); aber es gibt keinen Jungen, den alle Mädchen lieben („∃y∀xRyx" wird falsch). „∀x∃yRyx" impliziert also nicht „∃y∀xRyx". Umgekehrt liegt die Implikation vor, aber das heißt nur: Falls es tatsächlich einen Jungen gibt, den alle Mädchen lieben („∃y∀xRyx"), dann gibt es mit ihm für jedes Mädchen einen Jungen, den es liebt („∀x∃yRyx"). Den Fehlschluss von „∀x∃yRyx" auf „∃y∀xRyx" nennt man im Englischen „quantifier shift fallacy" (als deutsche Übersetzung dürfte „Quanto-

Definieren mit PL

Der Quantorendreher

„Alles hat eine Ursache" ≠ „Alles hat eine Ursache"

rendreher" passend sein). Dieser Fehlschluss ist in der natürlichen Sprache nicht offensichtlich, und er ist philosophisch alles andere als harmlos. Man begeht in z.B., wenn man (1) aus „Jede Handlung hat ein Ziel" ohne weiteres auf „Es gibt ein Ziel aller Handlungen" schließt und damit die Existenz eines allgemeinen höchsten Gutes für bewiesen hält. Man begeht ihn auch, wenn man (2) von „Jedes Ereignis hat eine Ursache" ohne weiteres schließt auf „Es gibt *eine* Ursache, (die Ursache) für *jedes* Ereignis (ist)" und damit die Existenz eines Gottes für bewiesen hält. In der Literatur wird zuweilen vertreten (vgl. z.B. 160, Artikel „quantifier shift fallacy"), Aristoteles unterlaufe der erste der beiden Fehlschlüsse in den ersten Kapiteln der „Nikomachischen Ethik" (v.a. Buch I Kap. 5) und der zweite im 8. Buch der „Physik" (105, Kap. 5 und 6), von wo ihn Thomas von Aquin übernehme (124, I 2.3). Eine genaue Lektüre zeigt: Es ist zumindest nicht klar, ob Aristoteles und Thomas *ohne weiteres* so schließen.

Übungen
1) Übersetzen Sie unter den gleichen Voraussetzungen wie in Übung 3 zu Kap. 6.4 in PL: [1] Es gibt jemand, auf den Uwe eifersüchtig ist. [2] Es gibt jemand, der auf Uwe eifersüchtig ist. [3] Wenn alle Gabi lieben, dann gibt es jemand, den alle lieben. [4] Nicht alle, die lieben, sind eifersüchtig, und nicht alle, die eifersüchtig sind, lieben. (Tipp: hier ist, wie sehr oft in der Anwendung, einiges zu ergänzen!)
2) Übersetzen Sie unter den gleichen Voraussetzungen ins Deutsche:
$\forall xy R^* xy \rightarrow {\sim} \exists xy Rxy$.
3) Das Abkürzungsverzeichnis enthalte die folgenden Primitiva:
Fx : ist-männlich; Gx : ist-weiblich; Rxy : ist-Kind-von
Definieren Sie: [1] Ist-Vater-von, [2] Ist-Mutter-von [3] Ist-Tochter-von [4] Ist-Sohn-von. Dabei sind „V", „M" etc. als Prädikatbuchstaben zugelassen.
4) „Wenn jeder Zug eine Endstation hat, dann gibt es eine Endstation für alle Züge". Formalisieren Sie in PL und erläutern Sie das Problem.

6.8   Herleitungsspiele für PL

Wie für AL, so gibt es auch für PL Herleitungsspiele. Sie bauen auf den Herleitungsspielen für AL auf. Denn PL inkorporiert ja AL. Der Begriff der Allgemeingültigkeit für PL ist wenig überraschend: Eine wff von PL ist genau dann PL-allgemeingültig, wenn sie bezüglich jeder Belegung für jedes Modell den Wert 1 erhält. Offensichtlich PL-allgemeingültig ist z.B. „Fx → ∃x Fx" („Wenn x F ist, dann gibt es etwas, das F ist"). Die übliche Axiomatik für PL ist erstaunlich übersichtlich, wenn man sie mit Axiomenschemata, also, streng genommen, als Regeln zur *Erzeugung* von Axiomen formuliert (vgl. z.B. 4, Kap. 10, S.96).

Axiomatik für PL

PL-Ax 1: Jede PL-Instanz eines AL-allgemeingültigen Schemas ist ein Axiom.
PL-Ax 2: ⌜∀χ¹ (Φ [χ¹]) → Φ [χ²/χ¹]⌝ ist ein Axiom (universelle Spezialisierung).
Herleitungsregeln: 1) modus ponens
2) ⊢⌜α → β⌝ ⇒ ⊢⌜α → ∀ χ β⌝,
wobei χ eine Variable und α eine wff von PL ist,
in der χ *nicht* frei vorkommt (universelle Generalisierung).

Eine PL-Instanz eines AL-allgemeingültigen Schemas ist dabei eine wff von PL, deren Teilformeln so durch die aus AL bekannten Junktoren verbunden sind, dass die wff die Struktur eines AL-allgemeingültigen Schemas hat. Z.B. ist „~($\forall$xFx $\wedge$ ~$\forall$xFx)" eine PL-Instanz von $\ulcorner$~($\alpha \wedge$ ~α)$\urcorner$.

In PL-Ax 2 bedeutet „Φ [χ^1]" soviel wie „wff, in der n-mal die Variable χ^1 vorkommt". „Φ [χ^2/χ^1]" bedeutet: „die Formel, die aus $\ulcorner\Phi$ [χ^1]$\urcorner$ entsteht, wenn man alle Vorkommnisse von χ^1 durch Vorkommnisse der Variablen χ^2 ersetzt". Beispiele für Axiome von PL nach PL-Ax 2 sind „$\forall$xFx $\rightarrow$ Fx" (hier ist „x" durch „x" ersetzt!), „$\forall$xFx $\rightarrow$ Fy", „$\forall$xFx$\rightarrow$Fz" usw. Die Idee dabei ist: Wenn *alles* im Redebereich eine gewisse Eigenschaft hat, dann auch jeder einzelne Gegenstand daraus. Somit kann man eine Allaussage auf jeden einzelnen Gegenstand *spezialisieren* („$\forall$xFx $\rightarrow$ Fy" – „Wenn *alle* an Bord Fischer sind, dann auch Klaus").

Kein Entscheidungsverfahren

Ein erfreuliches Ergebnis ist: Die Standard-Axiomatik ist bezüglich der Semantik von PL korrekt und vollständig (erster Beweis: Gödel (1930), 11, S.305-315; klassischer Beweis von Henkin: 72, 11, S.315–322; Darstellung in 4, Kap. 11). Ein weniger erfreuliches Ergebnis ist: Man kann zwar mit der Methode der stilisierten Fallunterscheidung einfach ausrechnen, ob eine Formel AL-allgemeingültig ist; aber 1936 konnte Alonzo Church beweisen, dass es kein Verfahren gibt, mit dem man einfach ausrechnen kann, ob eine Formel PL-allgemeingültig (vgl. 4, S.107, 3, S.154). Gäbe es ein solches Verfahren, so könnte man damit auch ausrechnen, ob die Formel herleitbar ist, denn die Axiomatik ist ja vollständig. Aber PL-Modelle sind wegen der feineren Struktur von PL viel komplizierter zu überblicken als simple AL-Modelle. Gerade weil man nicht so leicht auf einen Blick sieht, ob eine PL-Formel allgemeingültig ist, ist die Beherrschung eines praktikablen Herleitungsspiels für die Einschätzung von PL-Formeln noch wichtiger als für die Einschätzung von AL-Formeln. Nur gibt es keine Garantie, *dass* einem ein Beweis einfällt. Eine gewisse, wenn auch nicht vollständige Abhilfe schafft hier die so genannte Methode der semantischen Tableaux, wie sie etwa beschrieben ist in 4, Kap. 12. Sie soll aber hier nicht behandelt werden.

Natürliches Schließen für PL

Besser handhabbar als die Standard-Axiomatik ist eine Erweiterung des in Kap. 4 eingeführten Kalküls des Natürlichen Schließens (Grundlage: 8, Teil III, §§27-29). Diese Erweiterung soll K-PL heißen. Die entscheidende Idee ist: Wie die Junktoren Einführungs- und Eliminationsregeln haben, so auch die Quantoren. Einen Allquantor führt man z.B. mit der Universellen Generalisierung ein, und man eliminiert ihn mit der Universellen Spezialisierung.

K-PL

Der Kalkül K-PL

    (1) Alle Regeln von K-AL gelten weiter, nur dass mit α, β usw. jetzt nicht mehr wffs von AL, sondern wffs von PL gemeint sind.

    (2) Der Aufbau der Beweiszeilen wird um eine Spalte ergänzt: den *Flaggenmast* hinter der Bezugszeilenspalte.

    (3) Es gibt vier neue Schlussregeln:

US, EG, ES, UG

<u>Regel</u>

1. Universelle Spezialisierung
US: Wenn du in einer Zeile
$\ulcorner \forall \chi^1 \, \Phi \, [\, \chi^1 \,] \urcorner$ erreicht hast, dann darfst
du darunter $\ulcorner \Phi \, [\chi^2/\chi^1] \urcorner$ schreiben.

<u>Motivation</u>

Wenn man etwas von *allen*
Gegenständen im Redebereich
behaupten kann, dann
kann man einen beliebigen
Gegenstand aus dem
Redebereich herausgreifen,
und es auch von ihm behaupten.

2. Existenzielle Generalisierung
EG: Wenn du in einer Zeile $\ulcorner \Phi \, [\chi^1] \urcorner$ hast,
wobei χ^1 frei vorkommt, dann darfst
du darunter $\ulcorner \exists \chi^2 \, \Phi \, [\chi^2/\chi^1] \urcorner$ schreiben.

Wenn etwas auf einen Gegenstand aus dem Redebereich
zutrifft, dann kann man sagen,
dass es im Redebereich
mindestens einen Gegenstand
gibt, auf den es zutrifft.

3. Existenzielle Spezialisierung
ES: Wenn du in einer Zeile $\ulcorner \exists \chi^1 \, \Phi \, [\chi^1] \urcorner$
hast, dann darfst du darunter
$\ulcorner \Phi \, [\chi^2/\chi^1] \urcorner$ schreiben.

Wenn es mind. einen Gegenstand
im Redebereich gibt, von dem
man etwas behaupten kann, kann
man *einen solchen* Gegenstand
herausgreifen und es auch von
ihm behaupten.

4. Universelle Generalisierung
UG: Wenn du in einer Zeile $\ulcorner \Phi \, [\chi^1] \urcorner$
hast, wobei χ^1 frei vorkommt,
dann darfst du darunter $\ulcorner \forall \chi^2 \, \Phi \, [\chi^2/\chi^1] \urcorner$
schreiben.

Wenn etwas auf einen *beliebigen*
Gegenstand aus dem Redebereich
zutrifft, dann kann man sagen,
dass es auf *jeden* Gegenstand im
Redebereich zutrifft.

(4) Um sie später wiedererkennen zu können, sollten durch die Regeln US und ES eingeführte Variablen einen kleinen 0-Index bekommen. Die Einführung einer Variablen mit 0-Index durch die Regel ES und ihre Eliminierung durch die Regel UG muss deutlich signalisiert werden. Deshalb gilt: a) Jede Variable, die durch ES eingeführt wird, muss am Flaggenmast *eingeflaggt* werden. b) Jede Variable, die durch UG eliminiert wird, muss am Flaggenmast *ausgeflaggt* werden.

Fertige Ableitung

(5) Eine Ableitung mit K-PL muss leider am Ende immer noch daraufhin geprüft werden, ob sie wirklich eine *fertige Ableitung* ist. Man kann auch die Verwendung von UG und ES von vornherein einschränken (vgl. z.B. 3, Band 1, Kap. 4.3.6); aber ich finde die Einschränkungen noch unübersichtlicher als die Endkontrolle. Für die Endkontrolle fragen wir uns:

<u>Test A</u>: Kommt eine irgendwo *geflaggte Variable in der letzten Zeile* vor? Falls ja, verwerfen wir die Ableitung; falls nein, fragen wir uns: Kommen in der letzten Zeile *Sterne* vor? Falls nein, machen wir Test B. Falls ja, falls wir also etwas aus gewissen Prämissen herleiten wollen, ohne diese fallen zu lassen, suchen wir nacheinander jede Hyp-Zeile auf, aus der ein Stern zur letzten Zeile mitgeschleppt wurde, und fragen uns: Kommt in *dieser* Zeile eine irgendwo geflaggte Variable vor? Falls ja, verwerfen wir die Ableitung, falls jedesmal nein, machen wir Test B.

Test B: Ist eine der geflaggten Variablen *mehrmals* geflaggt (z.B. durch ES eingeführt und durch UG eliminiert)? Falls ja, verwerfen wir die Ableitung. Falls nein, machen wir Test C.

Test C: Die offizielle Version lautet: Können die freien Variablen in der Ableitung in eine solche *Reihenfolge* $\chi^1, ..., \chi^n$ gebracht werden, dass keine Variable χ^i mit $1 \leq i \leq n$ in auch nur einer derjenigen Zeilen frei ist, in der eine der Variablen χ^j mit $i+1 \leq j \leq n$ geflaggt ist? (vgl. 8, S.215). Die praktische Durchführung dieses von Quine stammenden Tests ist unzumutbar. Man kann das Verfahren aber vereinfachen, wenn in der ganzen Ableitung nicht mehr als *zwei* Variablen frei vorkommen. Zum Glück ist das in den meisten Anwendungsfällen so. Und dann gilt:
a) Kommt überhaupt nur *eine* Variable frei vor, kann nichts schiefgehen, und wir sind fertig.
b) Kommen zwei Variablen, χ^1 und χ^2, frei darin vor, dann können sie in zwei verschiedenen Reihenfolgen, R1 und R2, vorkommen:

$$R1 = \chi^1, \chi^2$$
$$R2 = \chi^2, \chi^1$$

Wir fragen uns nun zu (R1): Kommt χ^1 *frei* in einer Zeile vor, in der χ^2 *geflaggt* ist? Falls nein, sind wir fertig. Falls ja, fragen wir uns zu (R2): Kommt χ^2 *frei* in einer Zeile vor, in der χ^1 *geflaggt* ist? Falls ja, verwerfen wir die Ableitung; falls nein, sind wir fertig.

Folgende Herleitungen sind in Ordnung und zeigen, wie die Regeln funktionieren: Beispiele für K-PL

(1) rein aussagenlogische Herleitung ohne Verwendung der neuen Regeln
* 1. $\sim \sim \forall x\, Fx$ Hyp
* 2. $\forall x\, Fx$ 1   AL+E$\rightarrow$ (doppelte Negation)
   3. $\sim \sim \forall x\, Fx \rightarrow \forall x\, Fx$ 1,2   I$\rightarrow$

(2) US und EG
* 1. $\forall x\, Fx$ Hyp   Wenn alles F ist,
* 2. Fx_0 1   US   dann auch x_0;
* 3. $\exists x\, Fx$ 2   EG   dann gibt es auch ein F;
   4. $\forall x\, Fx \rightarrow \exists x\, Fx$ 3   I$\rightarrow$ wenn also alles F ist, ist etwas F.

In (2) haben wir das typische Zusammenwirken einer Spezialisierungs- und einer Generalisierungsregel vor uns. Man kann sie sich wie Werkzeuge vorstellen: Die Spezialisierungsregel schraubt einen Quantor ab. Die Generalisierungsregel dient dann zum Wiederanschrauben eines Quantors.

(3) Herleitung mit US, UG und Def. $\exists$
* 1. $\forall x\, (Fx \rightarrow Gx)$ Hyp   Alles ist, wenn es F ist, auch G;
* 2. $Fx_0 \rightarrow Gx_0$ 1   US   also ist x_0, wenn es F ist, G;
* 3. $\sim (Fx_0 \land \sim Gx_0)$ 2   AL   dann ist es nicht F-*und*-nicht-G,
* 4. $\forall x \sim (Fx \land \sim Gx)$ 3 x_0 UG   was man verallgemeinern darf,
* 5. $\sim \sim \forall x \sim (Fx \land \sim Gx)$ 4   AL   woraus man mit DN bekommt:
* 6. $\sim \exists x\ (Fx \land \sim Gx)$ 5   DEF   Dann ist nichts F *und* nicht G
   7. $\forall x\, (Fx \rightarrow Gx) \rightarrow \sim \exists x\, (Fx \land \sim Gx)$ 1, 6   I$\rightarrow$ Wenn also 1, dann 6.

In (3) hat das Abschrauben des Quantors mit Hilfe der universellen Spezialisierung den Sinn, dass man so ans Innere der Formel herankommt und dort mit aussagenlogischen Werkzeugen weiterarbeiten kann. Nach Abschluss des aussagenlogischen Eingriffs wird der Quantor mit der universellen Generalisierung wieder angeschraubt. Ähnlich ist es mit ES und EG in (4):

(4) ES und EG

*	1.	$\exists x\,(Fx \wedge Gx)$		Hyp	Es gebe etwas, das F und G ist,
*	2.	$Fx_0 \wedge Gx_0$	1	x_0 ES	sagen wir: x_0. Dann ist x_0 F und G.
*	3.	$Gx_0 \wedge Fx_0$	2	AL	Dann ist x_0 aber auch G und F;
*	4.	$\exists x\,(Gx \wedge Fx)$	3	EG	und dann gibt es auch etwas, das G und F ist.

Hier dagegen sind Herleitungen, wo etwas schief geht – zu Recht, wie man an der haarsträubenden Paraphrase sieht:

(5) geflaggte Variable in der letzten Zeile (scheitert an Test A)

*	1.	$\exists x\,Fx$		Hyp	Es gibt etwas, das F ist;
*	2.	Fx_0	1	x_0 ES	nennen wir *dieses* Ding „x_0", so ist x_0 F;
	3.	$\exists x\,Fx \rightarrow Fx_0$	3	I $\rightarrow$	wenn es also etwas gibt, das F ist, dann x_0.

(6) Doppelflaggung (scheitert an Test B)

*	1.	$\exists x\,Fx$		Hyp	Es gibt etwas, das F ist;
*	2.	Fx_0	1	x_0 ES	nennen wir *dieses* Ding „x_0", so ist x_0 F;
*	3.	$\forall x\,Fx$	2	x_0 UG	dann ist aber auch alles F;
	4.	$\exists x\,Fx \rightarrow \forall x\,Fx$	3	I $\rightarrow$	wenn also etwas F ist, ist alles F.

Beim letzten Beispiel schaut das Induktionsproblem aus der Wissenschaftstheorie um die Ecke: ein *solcher* Schluss von einigen beobachteten Fällen auf alle ist kein gültiger Schluss, ganz gleich, wie viele Beoachtungen man gemacht hat, und seien es 100.000 (klassisch dazu: 40, Kap. 1).

Auch wenn das Testen auf die Frage hin, ob eine Herleitung fertig ist, etwas Mühe macht, sieht man somit: Es lohnt sich, um absurde Fehlanwendungen der neuen Regeln zu vermeiden. Diese beruhen, wenn man genau sieht, übrigens alle darauf, dass man unter der Hand vorschnell verallgemeinert. Besonders lehrreich ist in diesem Zusammenhang der Versuch, den Quantorendreher herzuleiten:

(7) Schlechte Reihenfolge der Variablen (scheitert an Test C)

*	1.	$\forall x\,\exists y\,R\,x\,y$			Hyp
*	2.	$\exists y\,R\,x_0\,y$	1		US
*	3.	$R\,x_0\,y_0$	2	y_0	ES
*	4.	$\forall x\,R\,x\,y_0$	3	x_0	UG
*	5.	$\exists y\,\forall x\,R\,x\,y$	4		EG

Test A geht durch: Die letzte Zeile enthält keine geflaggten Variablen. Test B ebenfalls: Keine Variable ist doppelt geflaggt; Es bleibt Test C: Es kommen zwei Variablen frei vor. Die zwei möglichen Reihenfolgen sind: R1 = x_0, y_0; R2 = y_0, x_0. Kommt nun x_0 frei in einer Zeile vor, in der y_0 geflaggt ist? Ja, in Zeile 3. Wir müssen also weiterfragen: Kommt y_0 frei in einer Zeile vor, in der x_0 geflaggt ist? Die Antwort ist: ja, in Zeile 4. Und an dieser letzten möglichen Hürde scheitert die Herleitung des Quantorendrehers.

Übungen:
1) Leiten Sie mit K-PL her: [1] ∀x (Fx → Gx) → (∀x Fx → ∀x Gx),
   [2] ~ ∃xFx → ∃x~Fx [3] ∀x (Fx → Gx) ∧ ∀x (Gx → Hx) → ∀x (Fx → Hx)
2) Wie heißt [3] in 1) traditionell?

6.9   Die Spiele PL+= und PL2

Die Frage, was eigentlich Identität ist, ist in der theoretischen Philosophie   Identität
äußerst umstritten. Aber wenigstens ist klar, wie für unseren kleinen Kutter
die Extension eines zweistelligen Prädikatsymbols aussehen müsste, das
man standardmäßig mit derjenigen Relation interpretiert, in der genau
jeder Gegenstand zu sich selbst steht: {⟨Hein,Hein⟩,⟨Klaus,Klaus⟩}. Und es
ist auch klar, dass dieses Symbol dann irgend etwas mit Identität zu tun
hat - nur nicht unbedingt, was. Es bietet sich an, PL um ein Zeichen für ein
solches Prädikatsymbol zu erweitern. PL lässt sich zur einer Sprache PL+=
erweitern, indem man „=" als besonderes zweistelliges Prädikatsymbol
hinzufügt. Und man fügt Definition 8.2 die folgende Bedingung hinzu:
„I(=) ist immer die Menge aller derjenigen geordneten Paare über U, deren
erste Komponente mit der zweiten Komponente identisch ist". Die erfreulich große Ausdruckskraft von PL+= zeigt sich immer, wenn man die Einschränkung machen will, dass von zwei *verschiedenen* Gegenständen die
Rede ist. Die Aussage „Zwischen zwei verschiedenen Zeitpunkten liegt
immer noch ein weiterer" war für die traditionelle Logik unanalysierbar.
Mit PL+= lässt sie sich wie folgt wiedergeben (mit „x ≠ y" für „~x = y"):

∀xy(Fx ∧ Fy ∧ x ≠ y → ∃z Rzxy).
Abkürzungsverzeichnis: Fx : x ist ein Zeitpunkt; Rxyz : x liegt zwischen y und z

PL+= lässt sich korrekt und vollständig axiomatisieren (4, S.130, 11,
S.311). Die einzige dafür über die PL-Axiomatik hinaus nötige und hinreichende Regel ist philosophisch außerordentlich gehaltvoll:

(1) ⌜∀χ χ=χ⌝ und
(2) ⌜∀χ¹χ²(χ¹ = χ² → (Φ [χ¹] → Φ [χ²/χ¹]))⌝ ist ein Axiom von PL+=.

Beispiele für Axiome nach Klausel (1) sind „∀x x=x", „∀y y=y" usw., was   A=A
man natürlich sofort zu „x=x" usw. spezialisieren kann. Ein Beispiel für ein
Axiom nach Klausel (2) ist „∀ x y (x = y → (F x → F y))". Dass Formeln
im Sinne von (1) Axiome sein müssen, ist so plausibel, dass man im Laufe
der Philosophiegeschichte dem Axiom „A = A" *allein* bisweilen sehr viel
zugetraut hat (vgl. – freilich als nichtlogischer Text nicht uninteressant –
Fichtes 133 §1f). Die deutlich umfangreicheren Herleitungsspiele für AL
und PL beweisen, dass man es dabei überschätzt. Durch (2) wird die folgende Intuition eingefangen: Wenn derselbe Gegenstand sowohl Träger
des Namens „x" als auch Träger des Namens „y" ist, so kann man, wenn

man sagt, dass irgendetwas auf x zutrifft, auch sagen, dass ebendies auf y zutrifft, ohne dass sich der Wahrheitswert ändert. Verschiedene Gegenstände müssen sich *in irgendetwas* unterscheiden (vgl. 64, Nr. 8–10; 65, 2.Brief an Clarke §4). Man formuliert diese Intuition oft mit Verweis auf das so genannte Leibnizsche Substitutionsgesetz: „Eadem sunt quorum unum potest substitui alteri salva veritate" (Dieselben sind, wovon man eins durch das andere ersetzen kann bei Bewahrung der Wahrheit: 63, S.228). Ein Blick in den Originaltext zeigt, dass Leibniz wohl eher an ein Kriterium für die Bedeutungsgleichheit (Synonymie) von *Begriffen* gedacht hat und nicht an Individuen; aber der Unterschied ist bei Leibniz nicht sehr groß, und in jedem Fall ist der Vorschlag auch für Individuen interessant.

K-PL lässt ganz sich entsprechend durch folgende Zusatzregeln zu einem Herleitungsspiel für PL+= erweitern:

=**1**: Du darfst $\ulcorner \chi = \chi \urcorner$ jederzeit ungestemt zum Einsatz bringen.   A = A

=**2**: Wenn du in einer Zeile $\ulcorner \chi^1 = \chi^2 \urcorner$ erreicht hast   eadem sunt, quorum unum
und du in einer weiteren Zeile $\ulcorner \Phi [\chi^1] \urcorner$ hast,   potest substitui alteri
dann darfst du darunter $\ulcorner \Phi [\chi^2/\chi^1] \urcorner$ hinschreiben. salva veritate

Etwas kurios ist, dass das Leibnizsche Substitutionsgesetz zwar das entscheidende Axiom von PL+= motiviert, es aber selbst nicht als PL+=-Formel hingeschrieben werden kann. Man müsste dafür ja etwas in eine Formel fassen können wie: „Für jedes (Prädikat) F gilt: wenn x = y und x ist F, dann ist auch y F". Aber „für jedes F gilt" lässt sich in PL+= gar nicht notieren. Das liegt daran, dass in PL (und damit auch in PL+=) Quantoren laut PL-Definition 7.2 nur vor Individuenvariablen stehen können. Das für einen beliebigen Prädikat*ausdruck* stehende „Φ" in den oben angeführten Regeln ist ja, wie die Regeln selbst, pure Metasprache. Hier ist eine Grenze der Expressivität von PL und PL+= erreicht.

Man kann PL+= aber aufstocken zu einer *Prädikatenlogik zweiter Stufe*, die man PL2 nennen könnte. So lässt sich der Definition 7.2 die Klausel hinzufügen: „Wenn α eine wff und Φ ein Prädikatsymbol ist, dann ist auch $\ulcorner \forall \Phi \, \alpha \urcorner$ eine wff." Zusätzlich muss man die Definition der Alternativbelegung und die semantische Klausel für den Allquantor so erweitern, dass man auch über Prädikate quantifizieren kann. Das ist nicht schwer zu bewerkstelligen. Die Einzelheiten sollen hier aber hier keine Rolle spielen. In PL2 lässt sich das Leibnizsche Substitutionsgesetz im oben motivierten Sinne nun notieren als „x = y → ∀F(Fx ≡ Fy)". Tatsächlich ist das eine typische allgemeingültige Formel für PL2. In der philosophischen Anwendung spricht nichts dagegen, die zweite Stufe zu benutzen. Es kommt ja häufig vor, dass man über die Eigenschaften eines Gegenstandes etwas aussagen will. Nur sollte man sich immer darüber im klaren sein, wann man eine Prädikatenlogik erster und wann eine Prädikatenlogik zweiter Stufe benutzt. Was man auch auf der ersten Stufe ausdrücken kann, dafür sollte man nicht die zweite bemühen. Für deren Expressivität zahlt man nämlich einen überraschenden technischen Preis: Es lässt sich beweisen, dass es für PL2 kein vollständiges Herleitungsspiel gibt (gute Einführung: 3, Kap. 5.4).

Übungen

1) Übersetzen Sie unter den gleichen Voraussetzungen wie in Übung 3 zu Kap. 6.4:
   [1] Allen außer Jens geht es gut. [2] Alle lieben Gabi, nur sie sich selbst nicht.
   [3] ∀xy (x ≠ y ≡ Rxy).
2) Bei den Eigenschaften von Relationen ist die so genannte Antisymmetrie von der Asymmetrie zu unterscheiden. Die Antisymmetrie ist durch die folgende Formel charakterisiert: ∀xy (Rxy ∧ x ≠ y → ~Ryx). Erklären Sie den Unterschied.
3) Beweisen Sie mit K-PL+=, dass die Antisymmetrie sich auch durch die folgende Formel charakterisieren lässt: ∀xy (Rxy ∧ Ryx → x = y)
4) Definieren Sie unter Voraussetzung von Übung 3 zu Kap. 6.7 in PL+=: [1] Ist-Schwester-von, [3] Ist-Bruder-von, [4] Ist-Onkel-von, [5] Ist-Nichte-von, [6] Ist-Großvater-mütterlicherseits-von. Tipp: Bereits definierte Begriffe können in den darauf folgenden Definitionen eingesetzt werden.

6.10 Gibt es den Weihnachtsmann?

Die technische Überraschung, dass PL2 nicht vollständig axiomatisierbar ist, ist nur eine Art Nebenergebnis zu zwei viel größeren Überraschungen, die die Logik zwischen 1902 und 1931 erschütterten. Am 16. Juni 1902 (vgl. 102, S.153f) schrieb Bertrand Russell einen Brief an Frege, in dem sinngemäß (nicht wörtlich!) folgendes stand:

Die Russell-Antinomie

„Wenn Ihre Logik stimmt, dann muss es so etwas geben wie die Menge aller Mengen, die sich nicht selbst enthalten. Angenommen, diese Menge sei in sich selbst enthalten. Dann gehört sie zur Menge aller Mengen, *die sich nicht selbst enthalten*. Daraus folgt, dass sie *nicht* in sich selbst enthalten ist. Angenommen, sie sei nicht in sich selbst enthalten, so *gehört* sie zur Menge der Mengen, die nicht in sich selbst enthalten sind; daraus folgt, dass sie *doch* in sich selbst enthalten ist."

Das hieß: Die Logik, die Frege für ausdrucksstark genug gehalten hatte, um aus ihr die ganze Arithmetik herleiten zu können, war nicht widerspruchsfrei (keine Sorge: PL, PL+= und PL2 *sind* widerspruchsfrei; sie sind zum Glück gar nicht erst nicht ausdrucksstark genug, um eine solche Paradoxie zu generieren). Russell versuchte zusammen mit seinem Kollegen Whitehead von Freges Projekt zu retten, was zu retten war. Das Ergebnis kann sich sehen lassen: drei zwischen 1910 und 1913 erschienene Bände voll Formeln mit dem Namen „Principia Mathematica" (45). Auf Seite 86 des zweiten Bandes findet sich der Beweis für den Satz „1+1=2". Russell merkt darunter an: „This proposition is occasionally useful". Doch 1931 konnte Kurt Gödel zeigen, dass auch Russells und Whiteheads Reparaturversuch in einem entscheidenden Punkt nicht funktionierte: Es ist prinzipiell unmöglich, die *gesamte* Mathematik als *formal bewiesene* logische Formeln zu hinzuschreiben. Denn schon allein für die elementare Zahlentheorie geht das nicht. Gödels Idee war, sehr grob gesagt, jeder Formel eine Art Telefonnummer zuzuordnen und zu zeigen, dass eine bestimmte Nummer soviel bedeutet wie: Diese Formel ist nicht beweisbar. Quine kommentiert dieses Ergebnis so: „Es gibt nur wenig Dinge, die erstaunlicher sind als die Tatsache, daß man die elementare Zahlentheorie nicht

„Principia Mathematica"

Gödels Unvollständigkeitsresultat

vervollständigen kann; eins davon ist die Tatsache, daß uns diese Tatsache überhaupt bekannt werden konnte." (8, S.314)

Bevor Russell an einen Lösungsversuch für die technische Seite des Problems (die so genannte Typentheorie) gehen konnte, musste er ein großes philosophisches Hindernis aus dem Weg räumen: das Problem des Nichtexistierenden. Wie tückisch das Problem ist, sieht man schon daran, dass man kaum einen vernünftigen Namen dafür finden kann. Denn im strengen Sinne *über* Nichtexistierendes reden kann man nicht: *es* ist ja gar nicht da. Aber was heißt da „es" ...? Angenommen, jemand behauptet ernsthaft, der Weihnachtsmann existiere. Es wäre praktisch, ihm darin widersprechen zu können, ohne ihm indirekt zugeben zu müssen, dass der Weihnachtsmann doch existiert. Aber das ist gar nicht so einfach. Die für die tradionelle Logik (vor Frege) praktisch unvermeidbare Analyse des Satzes „Der Weihnachtsmann existiert doch gar nicht" war ja:

Subjekt	Prädikat	Qualitätsanzeiger (am Prädikat)
Der Weihnachtsmann	existiert	nicht.

Platons Bart — Sagt man demnach nicht *vom Weihnachtsmann* aus, er existiere nicht? Und setzt das nicht voraus, dass er existiert? Aristoteles tat also gut daran, seine Logik wohl sogleich so zu konzipieren, dass sie nur für Sätze über Existierendes galt. Vielleicht hielt er sich dabei an einen guten Rat seines Lehrers Platon, den dieser wiederum von dem fast ein ganzes Jahrhundert vor ihm lebenden Philosophen Parmenides übernahm: „Niemals zähmt man, was nicht ist, zu etwas, das ist" (DK (106) 28B7, überliefert in 116, 237a). Platon macht zwar im Zusammenhang mit dieser Warnung interessante Vorschläge zu falschen Aussagen über Existierendes, die Aristoteles' „ti kata tinos" -These vorbereiten (116, 263a-d). Aber was Aussagen über Weihnachtsmänner u.Ä. angeht, hat er keinerlei Lösung. Das Problem überdauerte die Jahrtausende und erhielt den Namen „Platons Bart" (43, S.2). Warum musste sich Russell dafür interessieren? Man kann das am ersten Satz der Paraphrase von Russells berühmtem Brief sehen: „Wenn Ihre Logik stimmt, dann muss es so etwas geben wie die Menge aller Mengen, die sich nicht selbst enthalten." Das liegt an Folgendem: Die sehr komplexe Logik von Freges Werk um 1900 setzte für ihren Anwendungsbereich voraus, dass es zu jeder Beschreibung der Art „der / die / das so-und-so" etwas geben muss, worauf diese Beschreibung passt. Diese Voraussetzung erzeugt die Paradoxie. Um eine Chance zu haben, sie zu vermeiden, muss man sagen können: „Die Menge aller Mengen, die sich nicht selbst enthält, gibt es gar nicht". Nur wie? Offensichtlich ist diese Aussage von derselben Struktur wie „Den Weihnachtsmann gibt es gar nicht" (in diesem Sinn genauere Interpretation 102, S.175f, 182f). Russell gelang es, einen Lösungsvorschlag für das alte Problem zu machen, der viele Logiker überzeugt hat, und der wiederum ohne Freges Pionierarbeit nicht denkbar gewesen wäre. Der Vorschlag besteht im Prinzip in einer PL+=-Formel. Im Originaltext (44) kommt zwar keine Formel vor, dafür kommen aber Sätze vor, die ihr genau entsprechen. Der berühmteste dieser Sätze ist „The present king of France is bald"

(„Der gegenwärtige König von Frankreich ist kahl"). Russells Formalisierung ist sinngemäß:

„The present king of France is bald"

$\exists x (Fx \wedge Gx \wedge \forall y (Fy \rightarrow x=y))$
Abkürzungsverzeichnis: Fx : x ist (gegenwärtig) König von Frankreich;
Gx : x ist kahl.

Die Formel lässt sich lesen als „Es gibt etwas, das König von Frankreich ist und kahl ist, und alles, was König von Frankreich ist, ist damit identisch". Zunächst sieht man, dass die Formel innerhalb des Skopus des Existenzquantors drei Konjunktionsglieder enthält. Es muss somit etwas geben, das drei Bedingungen erfüllt, wenn sie wahr werden soll. Das komplizierteste Konjunktionsglied ist das dritte: „...$\forall y (Fy \rightarrow x=y)$". Aber es formalisiert nur den bestimmten Artikel „der": Wo auch immer man das Namensschild „y" hinhängt – wenn man es einem König von Frankreich umhängt, dann immer der Person, die bereits das Namensschild „x" trägt. Der Clou ist schon in den ersten beiden Konjunktionsgliedern („Fx $\wedge$ Gx") enthalten, und zwar im Wesentlichen im ersten („Fx"): Es wird nicht mehr über den König von Frankreich gesprochen, sondern einzig und allein davon, ob etwas im Redebereich *die Eigenschaft hat*, König von Frankreich zu sein. Hier ist nun der Umstand sehr willkommen, dass Prädikatsymbole in PL+= mit der leeren Menge interpretiert werden können. „F" ist mit der leeren Menge interpretiert, und die Formel ist deshalb falsch: Es gibt nichts, was sowohl König von Frankreich als auch kahl ist, weil kein Mensch im Redebereich (d.h.: unter den 1905 lebenden Menschen) die Eigenschaft hat, König von Frankreich zu sein.

Was bringt diese Analyse nun genau für das seit Platon und Parmenides ungelöste Problem? Man sieht das am besten an der Verallgemeinerung von Russells Ansatz, die Quine 1948 in seinem Aufsatz „On What There Is" vorgenommen hat (43). Während Russell sich nur mit sogenannten definiten Beschreibungen wie „der gegenwärtige König von Frankreich" beschäftigt, bezieht Quine auch ganz gewöhnliche Eigennamen in den Ansatz mit ein (wie Eigennamen genau funktionieren, ist übrigens ein kompliziertes und umstrittenes Thema, vgl. 38). Quines Paradebeispiel ist der Satz „Pegasus existiert nicht" (das kann man auch mit dem Weihnachtsmann durchspielen). Seine Analyse ist:

Pegasus

$\sim \exists x \ F x$ („Es gibt nichts, das pegasiert")
Abkürzungsverzeichnis: F x : x pegasiert.

Von der traditionellen Subjekt-Prädikat-Struktur ist nichts mehr zu finden. „Existieren" wird nicht mehr als Prädikat aufgefasst, dafür aber ersetzt das Prädikat „... pegasiert" das vermeintliche Subjekt Pegasus.

Es ist für PL typisch, dass das Zeichen „$\exists$", das man bei der Deutung von PL-Formeln mit Hilfe des Worts „existiert" vorliest, kein Prädikatsymbol, sondern ein Quantor ist. PL ist metaphysisch nicht folgenlos: Es wird oft die Ansicht vertreten, dies zeige, dass Existenz gar kein Prädikat ist, und deswegen scheitere das so genannte ontologische Argument für die Existenz Gottes, das z.B. Anselm von Canterbury (120) und Descartes

Existenzquantor und ontologischer Gottesbeweis

(125, Med.III & V) vertreten haben. Denn dieses Argument versucht, Existenz als eines der bereits im Begriff Gottes gedachten *Prädikate* zu erweisen. Oft wird hinzugefügt, Kant habe als erster die Ansicht vertreten, dass Existenz kein Prädikat ist; das ist im Text aber nicht eindeutig (vgl. 127, B 620–630).

Übung:
„Der Barbier von Sevilla rasiert genau die Männer, die sich nicht selbst rasieren." Untersuchen Sie diesen Satz mit einer Fallunterscheidung: 1. Was folgt unter der Annahme, dass der Barbier sich selbst rasiert? 2. Was folgt unter der Annahme, dass der Barbier sich nicht selbst rasiert? Gibt es den Barbier von Sevilla? Falls nicht: Wie schreibt man nach Russell und Quine in einer PL-Formel hin, dass nicht?

6.11 Über PL hinaus: Freie Logik und modale Prädikatenlogik

Wie alles Interessante in der Philosophie ist auch die Russell / Quine-Analyse umstritten. Das ist für diese Einführung wichtig, weil man damit zwei Varianten der Prädikatenlogik motivieren kann, die sich zwar hier nicht ausführlich darstellen lassen, die aber doch Erwähnung verdienen:
1. die sogenannte Freie Logik („Free Logic")
2. die modale Prädikatenlogik.

Freie Logik Technisch gesehen ist es charakteristisch für die Freie Logik, dass sie, anders als PL, leere Namen erlaubt: Variablen müssen nicht unbedingt mit einem Gegenstand aus dem Redebereich interpretiert werden, während das für PL durch die Definition der Belegung erzwungen wird (vgl. Definition 9). Die Semantik für die Freie Logik wird so gefasst, dass Formeln, in denen leere Namen vorkommen, weder wahr noch falsch sind (24, 25, 26). Man kann versuchen, das plausibel zu machen, indem man auf Folgendes hinweist: Bei einer Meinungsumfrage würden die meisten Menschen auf die Frage, welchen Wahrheitswert der Satz „Der gegenwärtige König von Frankreich ist kahl" hat, vermutlich antworten mit „weiß nicht" oder mit „gar keinen; denn damit er einen Wahrheitswert haben kann, muss das, worum es darin geht, der gegenwärtige König von Frankreich, erst einmal existieren". Man kann sagen: Dieser Satz setzt (für seine Wahrheit oder Falschheit) die Existenz eines gegenwärtigen Königs von Frankreich voraus: Er enthält eine Existenzpräsupposition. Wie es technisch überhaupt möglich ist, eine Semantik zu definieren, in der manche Formeln weder wahr noch falsch sind, lässt sich im Rahmen dieser Einführung in Kap. 8 aber nur für die einfacher gebauten aussagenlogischen Sprachen andeuten.

Modale Prädikatenlogik Die modale Prädikatenlogik ist eine Kombination der Modallogik S5 (vgl. Kap. 4.5) und PL: Jedem Prädikatsymbol wird *pro möglicher Welt* eine Extension zugewiesen, und mögliche Welten kann man mit den Modaloperatoren berücksichtigen. So ist die Extension von „G" („*Flucht*[1]") zwar in der Wirklichkeit {Hein}, in einer anderen möglichen Welt aber, in der Hein ebenso schweigsam ist wie Klaus, die leere Menge. Damit wird für die Wirklichkeit die Formel „Gx ∧ ◇~Gx" wahr. Ihre Ausdruckskraft macht die modale Prädikatenlogik attraktiv:

(1) Man kann mit PL nur mit *Extensionen* von Prädikaten umgehen. Des-
halb konnte im Abkürzungsverzeichnis für die Beschreibung der Besatzung des kleinen Kutters nur vorsichtig stehen: *„mögliche* Deutung". Denn
Ist-Fischer[1] ist zwar eine *mögliche* Deutung für „F". Aber jedes andere
Prädikat mit der Extension {Hein, Klaus} wäre als Deutung des Prädikat-
symbols im angegebenen Modell genauso gut möglich gewesen, z.B., falls
Klaus und Hein beide gern Labskaus essen, *Isst-gern-Labskaus*[1]. Nun ist die
Intension von *Ist-Fischer*[1] und *Isst-gern-Labskaus*[1] aber offenbar verschieden: Fischer zu sein und Labskaus zu mögen *bedeutet* nicht dasselbe.
Ende der 40er Jahre des 20. Jahrhunderts hatte Rudolf Carnap die brillante
Idee, dass man die Intension als die Extensionen für alle möglichen Welten beschreiben könnte (32). Am Beispiel sieht man, wie das funktionieren
kann: Es gibt mögliche Welten, in denen Klaus und Hein zwar nach wie
vor Fischer sind, in denen aber wenigstens einer von beiden Labskaus
hasst. Die Extension von *Ist-Fischer*[1] und *Isst-gern-Labskaus*[1] ist also zwar
zufällig in der Wirklichkeit dieselbe; aber die Extensionen weichen in
anderen möglichen Welten voneinander ab. Damit ist für *Ist-Fischer*[1] die
Menge der Extensionen in allen möglichen Welten nicht dieselbe Menge
wie für *Isst-gern-Labskaus*[1].

(2) Man kann mit einer modalen Prädikatenlogik einen wichtigen Unterschied nachvollziehen, der in der mittelalterlichen Logik bekannt war als
der Unterschied zwischen Modalitäten „de dicto" („über die (ganze) Aussage") und „de re" („über das Ding (um das es in der Aussage geht)")
(historisch vgl. z.B. 12 §29D; systematisch ausführlicher 3, Kap. II 3.1; 16,
S.250-254). Nehmen wir an, dass „G*" steht für *Fängt-berufsmäßig-
Fische*[1]. Die Formel

$$\forall x \; \square \; (Fx \rightarrow G^*x) \qquad \qquad \text{Modalität de dicto}$$

wird für das Kutter-Modell (und „F" in der Deutung „*Ist-Fischer*[1]") wahr.
Denn in allen möglichen Welten gilt: Wer Fischer ist, der fängt berufsmäßig Fische – das liegt an der Bedeutung von „Fischer". Die Formel

$$\forall x \; (Fx \rightarrow \square G^*x) \qquad \qquad \text{Modalität de re}$$

wird dagegen falsch. Denn, wie das Leben so spielt, sollte man eine mögliche Welt nicht ausschließen, in der Hein nicht berufsmäßig Fische fängt,
sondern Skilehrer ist, in der also „~G*x" wahr ist. Da er in Wirklichkeit
Fischer ist („Fx"), wird „Fx $\wedge$ $\lozenge$~G*x" wahr. Damit wird „Fx $\rightarrow$ $\square$G*x"
falsch und also auch „$\forall$x (Fx $\rightarrow$ $\square$G*x)" falsch.

Warum lässt sich mit den Mitteln der modalen Prädikatenlogik ein Alter-
nativvorschlag zur Russell/Quine-Analyse des Problems des Nichtexistierenden machen? Das liegt zunächst an einer technischen Kuriosität: Definiert man eine modale Prädikatenlogik so wie vorgeschlagen und kombiniert entsprechend die Axiomatiken für S5 und PL, so wird der folgende
Spezialfall einer 1948 entdeckten Formel beweisbar (Beweis: 16, S.247),
die nach ihrer Entdeckerin Ruth Barcan Marcus die Barcan-Formel heißt:

*Intensionen als
Extensionen*

de dicto und *de re*

Die Barcan-Formel

$$\forall x \ \square \ (Fx \to Gx) \quad \equiv \quad \square \ \forall x \ (Fx \to Gx).$$

Solange in allen möglichen Welten, die man in einem Modell betrachten will, genau dieselben Dinge oder Personen, über die man reden will, existieren, ist diese Formel völlig harmlos. Solange man z.B. nur darüber Aussagen treffen will, was die zwei Fischer auf dem kleinen Kutter im Gegensatz zu dem, was sie tun, auch tun könnten, ist die Formel ganz plausibel. Oft möchte man aber viel größere Redebereiche berücksichtigen. Dabei ist es realistisch, Folgendes anzunehmen: Es *könnten* zum Teil andere Dinge oder Personen existieren, als in Wirklichkeit existieren. Nehmen wir an, alle denkenden Wesen, die in Wirklichkeit existieren, brauchen zum Denken ein Gehirn; sie können nicht ohne Gehirn denken – so hat sich das Leben eben entwickelt (diese These ist natürlich in der Philosophie umstritten, aber nehmen wir es an!). Steht „Fx" für „x denkt" und „Gx" für „x hat ein Gehirn", so wird man vermuten, dass die Formel „$\forall x \ \square(Fx \to Gx)$" wahr ist. Denn für jedes in der Wirklichkeit existierende Wesen gilt ja nach der Annahme, dass es in allen möglichen Welten, in denen es denkt, ein Gehirn hat. Ferner angenommen, in einer anderen möglichen Welt gebe es außer den in dieser Welt existierenden denkenden Wesen noch intelligente Roboter, die zum Denken kein Gehirn benötigen, sondern einen speziellen Mikrochip. Das wirft Zweifel auf, ob auch die Formel „$\square \ \forall x(Fx \to Gx)$" wahr ist. Denn man kann nicht sagen, dass für jede mögliche Welt gilt, dass alle *darin* vorhandenen denkenden Wesen ein Gehirn haben. Barcan lässt uns aber keine Wahl: Beide Formeln sind für die skizzierte Logik äquivalent. Es muss bei ihrer Deutung etwas schief gegangen sein. Tatsächlich hat man sich den Redebereich nicht hinreichend klar gemacht: Dieser muss, wenn der angeführte Spezialfall der Barcan-Formel gelten soll, nicht nur alle wirklichen, sondern auch alle bloß *möglichen* Wesen umfassen - also auch die intelligenten Roboter. Die linke Hälfte der Barcan-Formel ist deshalb in diesem Fall ebenso falsch wie die rechte Hälfte. Wie aber unterscheidet man dann wirkliche und bloß mögliche Wesen? Durch ein Existenzprädikat „E!", das für jede Welt genau die Wesen auswählt, die *in ihr* existieren. Man kann dann sagen: Was man zunächst für eine Deutung der Formel „$\forall x \ \square \ (Fx \to Gx)$" hielt, passt eigentlich zur Formel „$\forall \ x \ (\ E!x \ \to \ \square \ (Fx \ \to \ Gx))$". Der Existenzquantor stellt sich als falsch benannt heraus; er hat mit Existenz nichts zu tun und muss eigentlich als „Mindestanzahlquantor" gedeutet werden (für eine völlig konsequente Entwicklung einer solchen Theorie vgl. in der vorliegenden Reihe den Band „Einführung in die Ontologie" von Uwe Meixner (88, vgl. besonders S.60–63)). Der Satz „Der Weihnachtsmann existiert nicht" wird dann in dem Sinn verstanden, dass es ihn zwar gibt, er aber nicht existiert. Am einfachsten (in diesem Punkt freilich abweichend von der differenzierteren Theorie in 88) stellt man sich den Weihnachtsmann als ein Wesen vor, das zwar nicht in der Wirklichkeit vorkommt, aber zur Population einer anderen möglichen Welt gehört, und somit ein mögliches Wesen (possibilium) ist. Man versteht dann, wieso Quine der modalen Prädikatenlogik sehr skeptisch gegenüberstand (41, §41, bes. S.199; S.245 f.). Wer sie anwendet, verwirft offenbar gerade die Grundidee seiner Analyse von „Pegasus existiert nicht". Ist mit der mod-

Existenzprädikat, Mindestanzahlquantor, mögliche Wesen

alen Prädikatenlogik vielleicht die Russell/Quine-Analyse sogar logisch widerlegt? Nein. Denn ein Befürworter dieser Analyse kann sagen, dass er die Aufnahme von bloß möglichen Gegenständen in den Redebereich ablehnt, weil es derlei gar nicht gibt. Er wird dann die Anwendung der skizzierten modalen Prädikatenlogik genau deshalb ablehnen, weil sie ihn seiner Meinung nach dazu zwingen würde, bloß mögliche Gegenstände im Redebereich zuzulassen. Dies ist ein erstes konkretes Beispiel für das in Kap. 2 bereits abstrakt angedeutete Ergebnis: Welche Logik man akzeptiert, kann davon abhängen, welche Hintergrundtheorie (z.B. welche Metaphysik) man vertritt.

Übung
In der Präambel des Grundgesetzes für die Bundesrepublik Deutschland findet sich der folgende Satz: „Im Bewußtsein seiner Verantwortung vor Gott und den Menschen [...] hat sich das Deutsche Volk [...] dieses Grundgesetz gegeben". Machen Sie evtl. in diesem Satz vorkommende Existenzpräsuppositionen explizit.

6.12 Zusammenfassung und Literaturhinweise

Zusammenfassung
(1) Die in diesem Kapitel vorgestellte Prädikatenlogik 1. Stufe erlaubt die Analyse der Feinstruktur von Aussagen unterhalb der Ebene, die der Aussagenlogik zugänglich ist. Sie enthält neben den aussagenlogischen Junktoren zwei wesentliche Elemente: (a) Prädikatsymbole für Prädikate mit beliebiger Stellenzahl, also nicht nur für einstellige Prädikate, sondern auch für Relationen; (b) den Allquantor und den Existenzquantor zur Wiedergabe der Wendungen „für alle ... gilt" und „für einige ... gilt". (2) Die kategorischen Urteile der traditionellen Logik werden nun mit Hilfe von aussagenlogischen Junktoren im Skopus eines Quantors formalisiert: „Alle F sind G" hat die Struktur „$\forall x\ (Fx \rightarrow Gx)$", „Einige F sind G" hat die Struktur „$\exists x\ (Fx \wedge Gx)$", „Kein F ist G" hat die Struktur „$\sim\exists x\ (Fx \wedge Gx)$", und „Manche F sind nicht G" hat die Struktur „$\exists x\ (Fx \wedge \sim Gx)$". Da die moderne Prädikatenlogik, anders als die traditionelle Logik, auch leere Terme kennt, bilden diese Formeln aber kein logisches Quadrat mehr. (3) Die erhebliche Ausdruckskraft der Prädikatenlogik zeigt sich z.B. darin, dass es in ihr auf die Reihenfolge verschachtelter unterschiedlicher Quantoren ankommt: Der Quantorendreher „$\forall x\exists y\ Rxy \rightarrow \exists y\forall x\ Rxy$" („Wenn jedes Mädchen einen Jungen liebt, dann gibt es einen Jungen, den *jedes* Mädchen liebt") ist nicht allgemeingültig. (4) Mit einer Erweiterung der Prädikatenlogik um ein Identitätszeichen „$=$" lässt sich z.B. Russells philosophisch wichtige Analyse des Satzes „Der gegenwärtige König von Frankreich ist kahl" wiedergeben als „$\exists x\ ([KvF]x \wedge [K]x \wedge \forall y\ ([KvF]y \rightarrow y = x))$. (5) Eine Kombination der Prädikatenlogik 1. Stufe mit der Modallogik S5 ist möglich und philosophisch aufschlussreich für das Verständnis des Verhältnisses von Intension und Extension und für die traditionelle Unterscheidung zwischen Modalitäten de dicto und Modalitäten de re; sie ist aber philosophisch nicht unumstritten.

Literaturhinweise
Die assertorische Syllogistik des Aristoteles findet sich in den ersten sieben Kapiteln von Buch I(A) der Ersten Analytiken (14). Die Einzelheiten sind am besten erklärt in der Ausgabe von Robin Smith. Zur Geschichte der Syllogistik (einschließlich einer Version des Merkverses) informiert Bochenski (12). Die beste moderne Rekonstruktion, nämlich als Kalkül des natürlichen Schließens, ist die von Corcoran (59). Sehr gute biografische und fachliche Darstellung zu Frege: Kenny (103). Den Zusam-

menhang zwischen Funktion und Begriff erläutert Frege in seiner gleichnamigen Veröffentlichung von 1891 (34). Klassische Texte zum Begriff der Identität sind: 131, Buch II, Kap. 27; 36 und 48, 5.5303. Zum Gödelschen Unvollständigkeitssatz gibt es eine Reihe von auch für Anfänger lesbaren Erklärungen: Selbst wieder klassisch und sehr gründlich ist 148. Das Verfahren ist erklärt in 6 und 10. Etwas barocke, aber schön zu lesende Popularisierung: 147. Zur Russell-Paradoxie: 54, 102 (auch biografisch sehr lesenswert). Eine ausgezeichnete und für Anfänger gut verständliche Einführung in das faszinierende Gebiet der Paradoxien bietet Sainsbury (54). Zur modalen Prädikatenlogik einführend auch 3 Bd.II, Kap. 3; kurz: 10, Kap. 8.7 (enthält zu de dicto / de re aber fragwürdige Formalisierungen), umfassend, aber technisch: 16 ab Kap. 7. Zur Freien Logik: 24–26.

7. Mehr Modallogik

In diesem Kapitel werden – zunächst ohne Deutung – reduzierte Versionen der Modallogik S5 eingeführt (7.1). In den folgenden drei Abschnitten werden drei philosophisch wichtige konkrete Deutungen von Modallogiken vorgestellt werden, bei denen es sich jeweils nicht um die Modallogik S5 handelt: deontische Logik (7.2), epistemische Logik (7.3) und Zeitlogik (7.4).

7.1 Axiomatik für S5 und reduzierte Varianten von S5

Das Spiel S5 lässt sich wie folgt korrekt und vollständig axiomatisieren (16, Kap. 6). Alle Axiome und Regeln sind erklärungsbedürftig und werden im Folgenden genau erklärt.

Modallogische Axiome

> Namen   vgl. unten
>
> Axiom ist
> (1) α, falls α eine S5-Instanz eines
>   AL-allgemeingültigen Schemas ist   AL   ⎫ K ⎫
> (2) $\ulcorner\Box\,(\alpha \to \beta) \to (\Box\alpha \to \Box\beta)\urcorner$ Box-Verteiler ⎭ ⎬ T ⎫
> (3) $\ulcorner \alpha \to \Diamond\alpha \urcorner$ T-Axiom   ⎬ S4
> (4) $\ulcorner\Diamond\Diamond\,\alpha \to \Diamond\alpha \urcorner$ S4-Axiom
> (5) $\ulcorner \alpha \to \Box\Diamond\alpha \urcorner$ Brouwer-Axiom
>
> Herleitungsregeln sind m.p.: $\vdash\ulcorner\alpha \to \beta\urcorner, \alpha \Rightarrow \vdash \beta$
>   NEC: $\vdash\alpha \Rightarrow \vdash\ulcorner\Box\alpha\urcorner.$

Statt (3) ist auch $\ulcorner\Box\alpha \to \alpha\urcorner$ üblich (vgl. zur Äquivalenz Kap. 4.5, Aufg.4); statt (4) ist auch $\ulcorner\Box\,\alpha \to \Box\Box\alpha\urcorner$ gebräuchlich, statt (5) auch $\ulcorner\Diamond\Box\,\alpha \to \alpha\urcorner$ (4) und (5) zusammen lassen sich durch $\ulcorner\Diamond\alpha \to \Box\Diamond\alpha\urcorner$ oder $\ulcorner\Diamond\Box\alpha \to \Box\alpha\urcorner$ ersetzen (für Beweise vgl. den Anhang 1 am Ende dieses Buchs).

Die AL-Klausel ist erforderlich, da die aussagenlogischen Junktoren für S5 genauso definiert sind wie für AL. Auch der modus ponens als Herleitungsregel ist schon allein deshalb unverzichtbar.

Der Box-Verteiler ist intuitiv sehr plausibel. Er ist nötig, wenn sich die Box auch nur annähernd wie ein Allquantor verhalten soll (er ist aber, anders als sein prädikatenlogisches Analogon (vgl. Übung 1 [1] zu Kap. 6.8), nicht aus anderen Regeln oder Axiomen herleitbar).

Auch die Herleitungsregel NEC ist dem quantorenartigen Charakter der Box geschuldet. Sie ist der universellen Generalisierung in der Prädikatenlogik sehr ähnlich. Ebenso, wie man UG nicht verwechseln darf mit der nur selten wahren Formel „Fx → ∀xFx", darf man NEC nicht verwechseln mit der nur selten wahren Formel „p → □p". Vielmehr bedeutet NEC: Wenn α *herleitbar* ist, dann auch $\ulcorner\Box\alpha\urcorner$. Man gewinnt mit NEC z.B. aus „~(p ∧ ~p)" sofort „□~(p ∧ ~p)". Die NEC-Regel inkorporiert ins Herleitungsspiel das in Kap. 4.5 bereits für S5 motivierte Ergebnis, dass logische Gesetze an *allen* Kontexten gelten.

NEC

Inhaltlich entscheidend sind die Klauseln (3) bis (5). Der Grund ist der folgende: Die Zugänglichkeitsrelation für die einfache S5-Variante in

Eigenschaften der
Zugänglichkeits-
relation

Kap. 4.5 war so definiert, dass jeder Kontext mit jedem zugänglich sein sollte. Damit war die Zugänglichkeitsrelation A eine Äquivalenzrelation im folgenden Sinn:

> Eine Äquivalenzrelation ist eine reflexive, transitive und symmetrische Relation.

Was „reflexiv", „transitiv" und „symmetrisch" bedeutet, wurde schon in Kap. 6.2 und 6.7 geklärt. Das Interessante an den Klauseln (3) bis (5) in der S5-Axiomatik ist: Jede davon passt genau auf eine der drei Eigenschaften der Äquivalenzrelation. „□p → p" muss ein Axiom sein, wenn die Zugänglichkeitsrelation reflexiv ist. „◇◇p → ◇p" muss ein Axiom sein, wenn die Zugänglichkeitsrelation transitiv ist. Und „p → □◇p" muss ein Axiom sein, wenn die Zugänglichkeitsrelation symmetrisch ist.

Man sieht das am besten an der ortslogischen Deutung von S5, bei der man sich die Kontexte als Orte vorstellt. Formeln, deren Wahrheit am Kontext, an dem sie stehen, angenommen wird, sind dabei fett gedruckt; normal gedruckt ist, was aus der Annahme folgt. Die Modelle auf der rechten Seite sind *keine* S5-Modelle, weil ja der Zugänglichkeitsrelation eine der relevanten Eigenschaften fehlt. Ein Pfeil *von* einem Kontext *zu* einem Kontext heißt: von *diesem* Kontext aus ist *jener* zugänglich.

Reflexivität

p, ◇p,
also: p → ◇p

p, ~◇p,
also: ~(p → ◇p)

(1a) A ist reflexiv
(und symmetrisch und transitiv)

(1b) A ist nicht reflexiv
(aber transitiv und symmetrisch)

Nur am unteren Kontext ist „p" wahr. In 1a ist der untere Kontext mit sich selbst zugänglich und deshalb „◇p" wahr. In 1b ist der untere Kontext nicht mit sich selbst zugänglich. Es gibt also, von dort aus gesehen, keinen zugänglichen Kontext mit „p". Deshalb ist dort „◇p" falsch.

Transitivität

~p   ~p   p
◇◇p   ◇p
◇p,
also: ◇◇p → ◇p

~p   ~p   p
◇◇p   ◇p
~◇p,
also: ~(◇◇p→ ◇p)

(2a) A ist transitiv
(und reflexiv und symmetrisch)

(2b) A ist nicht transitiv
(aber reflexiv und symmetrisch)

In 2b ist am linken Kontext zwar „◇◇p" wahr. Denn man kommt von dort aus in *zwei* Schritten zum rechten Kontext, dem einzigen „p"-Kontext (vom mittleren Kontext aus ist der rechte zugänglich, so dass in der Mitte „◇p" wahr ist; und vom linken Kontext kommt man zum mittleren, so dass links „◇◇p" wahr ist). Aber man kommt nicht mit *einem* Schritt von links nach ganz rechts. Deshalb ist „◇p" falsch.

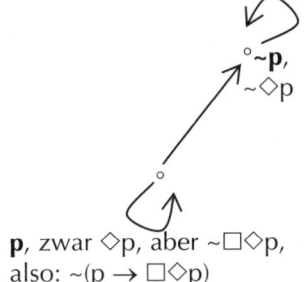

Symmetrie

~**p**, ◇p

~**p**, ~◇p

p, ◇p, □◇p, also: p → □◇p

p, zwar ◇p, aber ~□◇p, also: ~(p → □◇p)

(3a) A ist symmetrisch (und reflexiv und transitiv)

(3b) A ist nicht symmetrisch (aber reflexiv und transitiv)

„p" ist nur unten wahr. Da man von unten nach unten kommt, ist unten auch „◇p" wahr. Da man in 3a von oben nach unten kommt, ist in 3a auch oben „◇p" wahr. Damit ist an allen von unten aus zugänglichen Kontexten „◇p" wahr. Also ist unten „□◇p" wahr. In 3b kommt man *nicht* von oben nach unten. Es gibt deshalb keinen von oben zugänglichen Kontext, an dem „p" wahr ist. Also ist „◇p" oben falsch. Von unten aus ist der obere Kontext aber zugänglich. Damit ist nicht an allen von unten aus zugänglichen Kontexten „◇p" wahr. Also ist unten „□◇p" falsch. Man kann festhalten:

> Genau dann, wenn A reflexiv ist, ist „p → ◇p" allgemeingültig.
> Genau dann, wenn A transitiv ist, ist „◇◇p → ◇p" allgemeingültig.
> Genau dann, wenn A symmetrisch ist, ist „p → □◇p" allgemeingültig.

Die Axiome haben also völlig abgesehen von der Deutung jedes für sich einen guten Sinn, wenn die Zugänglichkeitsrelation eine Äquivalenzrelation ist. Für eine konkrete Deutung muss man sich fragen, ob die Axiome dafür im Einzelnen plausibel sind und wie die Zugänglichkeitsrelation konkret zu verstehen ist.

Im Fall der Notwendigkeitsdeutung kann man A lesen als „ist eine Alternative zu". Das „ab esse ad posse" (vgl. Kap. 4.5) rechtfertigt sofort die Allgemeingültigkeit von „p → ◇p". Dass auch die anderen Axiome plausibel sind, merkt man, wenn man sich vorstellt, sie würden falsch: „◇◇p ∧ ~◇p" würde bedeuten, dass, wenn statt der Wirklichkeit eine gewisse Alternative zu ihr realisiert würde, etwas, was in Wirklichkeit unmöglich ist, auf einmal doch möglich wäre. Das ist unplausibel: das, was unmöglich ist, sollte dasselbe sein, unabhängig davon, welche Möglichkeit realisiert wird. Und „p ∧ ~□◇p" (was ja äquivalent ist mit „p ∧ ◇~◇p") würde bedeuten, dass etwas zwar der Fall ist, es aber eine mögliche Welt gibt, von der aus ebendies *noch nicht einmal möglich* ist. Das ist ebenfalls sehr unplausibel. Eine plausible Deutung der Modalope-

„Notwendig" und „möglich" erfordert S5

ratoren als „notwendig" und „möglich" erfordert es also, dass die Zugänglichkeitsrelation eine Äquivalenzrelation ist. Doch für *andere* Deutungen der Modaloperatoren ist das vielleicht gerade nicht plausibel. Die präzise Rollenverteilung für die verschiedenen Axiome von S5 legt folgende Vermutung nahe:

> Man kann andere modallogische Sprachen im Prinzip genauso so definieren wie S5, nur dass man dabei einfach eine oder mehrere der Forderungen für die Zugänglichkeitsrelation A *weglässt*. Lässt man das entsprechende Axiom oder die entsprechenden Axiome weg, so bekommt man eine korrekte und vollständige Axiomatik für die neue Sprache.

S4, T, K   Diese Vermutung trifft zu. Die wichtigsten Sprachen, die man auf diese Art gewinnen kann, heißen (wiederum nach ihrer Axiomatik) S4, T und K.

- S4 ist definiert wie S5, nur dass man für A keine Symmetrie fordert (aber immer noch Reflexivität und Transitivität).
- T ist definiert wie S5, nur dass man für A keine Symmetrie und keine Transitivität fordert, sondern nur noch die Reflexivität.
- K ist definiert wie S5, nur dass man für A überhaupt keine speziellen Forderungen mehr aufstellt.

Die entsprechenden Axiomatiken sind oben neben der S5-Axiomatik mit geschweiften Klammern eingezeichnet. Die Herleitungsregeln sind für alle Systeme die gleichen.

Es ist wichtig zu beachten, dass man die Symmetrie von A nicht etwa *verbietet*, wenn man die Symmetrieforderung weglässt (etc.). Die Zugänglichkeitsrelation kann ruhig zufällig symmetrisch sein, muss es aber nicht. Deshalb gilt: Alle S5-Modelle sind S4-Modelle, alle S4-Modelle sind T-Modelle, und alle T-Modelle sind K-Modelle. Das Umgekehrte gilt aber nicht. Was man bereits für K als allgemeingültig beweisen kann, ist damit auch für alle Erweiterungen von K (z.B. T, S4, S5) als allgemeingültig bewiesen.

Serialitätsaxiom   Statt einfach nur Forderungen wegzulassen, kann man auch neue Forderungen aufstellen und dafür passende Axiome suchen. Ein im folgenden wichtiges Beispiel dafür ist die Forderung der Serialität. Die Zugänglichkeitsrelation ist genau dann *seriell*, wenn es zu jedem Kontext k überhaupt wenigstens einen Kontext k' gibt, der von k aus zugänglich ist (es mag k selbst sein oder ein anderer). Das ist mehr, als man für K fordert! Aber die Forderung der Serialität ist eine schwächere Forderung als die Forderung der Reflexivität. Das zur Forderung der Serialität genau passende Axiomen-Schema ist „$\ulcorner \Box\alpha \rightarrow \Diamond\alpha \urcorner$".

Übungen

1) Warum darf die Zugänglichkeitsrelation nicht reflexiv sein, wenn man die Box als „überall sonst" und die Raute als „irgendwo sonst" deuten will?
2) Diskutieren Sie: Ist die S5-Axiomatik für die S4-Semantik korrekt? Ist sie vollständig? Ist die S4-Axiomatik für die S5-Semantik korrekt? Ist Sie vollständig?

7.2 Deontische Logik

Deontische Logik ist die Logik von Ausdrücken wie „Es ist geboten, dass", „Es ist verboten, dass" und „Es ist erlaubt, dass". Das Wort „deontisch" stammt ab vom griechischen „deon" (= das Schickliche, die Pflicht). Man nennt die deontische Logik manchmal auch Normenlogik. In Kap. 5 ist bereits das komplizierte Verhältnis von Sein zu Sollen und von deskriptiven zu normativen Prämissen zur Sprache gekommen. Ein formales System, das hier klarer sehen lässt, ist offensichtlich wünschenswert – wäre es doch idealerweise eine Logik für die Ethik. Es ergibt sich jedoch das folgende Problem: Die deontische Logik lässt sich an dieser Stelle nur in einer technisch recht simplen Variante nachvollziehen, die in einer speziellen inhaltlichen Deutung einer einfachen Modallogik besteht. Der große finnische Modallogiker Georg Henrik von Wright (sprich: Vricht) hat sie bereits 1951 entdeckt (77). Inzwischen weiß man: Eine zufrieden stellende deontische Logik ist, wenn überhaupt, nur um den Preis einer technischen Aufrüstung zu haben, die in einer Einführung leider nicht mehr darstellbar ist. Für das vorliegende Unterkapitel bedeutet das: Es enthält viele Probleme und wenige Lösungen.

Zunächst lässt sich beobachten, dass sich die genannten deontischen Ausdrücke interessanterweise ganz ähnlich zueinander verhalten wie die Ausdrücke „notwendig", „möglich" und „unmöglich". Die Ausdrücke stehen nämlich wieder in den typischen Beziehungen des logischen Quadrats zueinander, wobei A für irgendeine Person und H für eine Handlung steht:

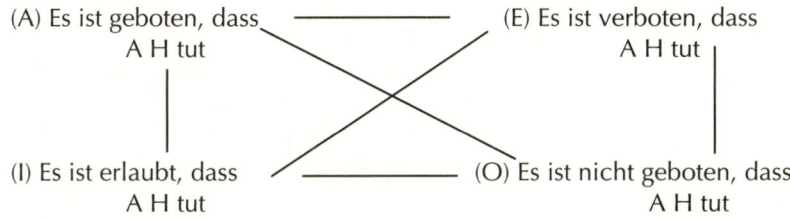

Kern der so geordneten Aussageschemata ist eine Aussage der Form „Person A tut (die Handlung) H" (statt „tun" kann man natürlich auch „ausführen" sagen). „A tut H nicht" heißt soviel wie „Es ist nicht der Fall, dass A H tut". Das wiederum ist zumindest eine plausible Minimalbedingung für „A unterlässt H".

Die bisherigen Erfahrungen mit dem logischen Quadrat legen nahe, dass es sich nicht bei allen verwendeten deontischen Ausdrücken um Primitiva handeln muss, sondern dass man, wenn man einen davon als primitiv (d.h. undefiniert) zugrunde legt, die anderen definieren kann. Legt man „geboten" als primitiv zugrunde, so ergibt sich: Man kann (E) auch formulieren als „Es ist geboten, dass A H nicht tut", (I) als „Es ist nicht geboten, dass A H nicht tut" (A kann's ruhig machen). (A) und (O) sowie (E) und (I) stehen sich dann offensichtlich jeweils kontradiktorisch gegenüber. Es sieht alles danach aus, dass sich (A) und (E) konträr gegenüberstehen: Etwas kann (in einem konsistenten Normensystem) nicht zugleich

Deontische
Ausdrücke

geboten und verboten sein; aber vieles ist zum Glück weder geboten noch verboten, sondern einfach erlaubt. (A) impliziert (I), denn was geboten ist, muss erlaubt sein; denn wenn es nicht erlaubt wäre, wäre es verboten, kann dann aber nicht mehr geboten sein. (E) impliziert (O), denn was verboten ist, darf nicht zugleich geboten sein. Statt „geboten" könnte man ebenso gut „erlaubt" als Primitivum benutzen und „Es ist geboten, dass" formulieren als „Es ist nicht erlaubt, dass nicht", „Es ist verboten, dass" als „Es ist nicht erlaubt, dass" und „Es ist nicht geboten, dass" als „Es ist erlaubt, dass nicht".

Deontische
Operatoren

Diese Überlegungen legen es nahe, einen boxartigen Modaloperator „O" (wegen „obligatory" oder „obligatorisch") als primitiv anzunehmen und den entsprechenden rautenartigen Operator „P" (wegen „permitted") als „~O~" zu definieren. Man erhält dann die folgende Version des logischen Quadrats:

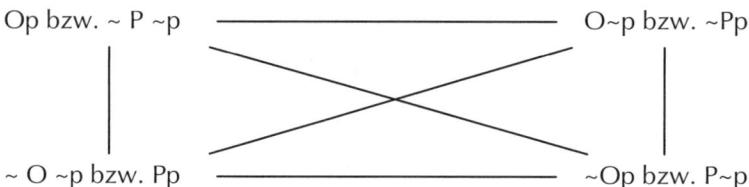

Op bzw. ~ P ~p ———————— O~p bzw. ~Pp

~ O ~p bzw. Pp ———————— ~Op bzw. P~p

Die intendierte Deutung der Operatoren und ihrer gängigsten Kombinationen mit Negatoren ist demnach:

„O"	= „Es ist geboten, dass"
„P"	= „Es ist erlaubt, dass"
„~ P" bzw. „O ~"	= „Es ist nicht erlaubt, dass" / „Es ist verboten, dass" bzw. „Es ist geboten, dass nicht"
„P ~" bzw. „~ O"	= „Es ist erlaubt, dass nicht" bzw. „Es ist nicht geboten, dass".

Verpflichtungen und
mögliche Welten

Doch eine vielversprechende denkbare Deutung von Operatoren ist noch keine formale Semantik. Wie könnte die aussehen? Die Antwort ist: Für die deontische Deutung lässt man es einfach dabei, dass die Kontexte mögliche Welten sind. Auf den ersten Blick ist es befremdlich, dass Gebote etwas mit möglichen Welten zu tun haben sollen. Auf den zweiten Blick ist es aber nicht unplausibel. Jemand mag z.B. folgendermaßen erläutern, warum er einer alten Frau über die Straße hilft: „Stell dir vor, ich lasse sie da hilflos stehen...". In die Rede von möglichen Welten kann man das übersetzen als: Eine mögliche Welt, in der X die alte Frau hilflos stehen lässt, ist deontisch defizitär im Vergleich zu einer möglichen Welt, in der X ihr über die Straße hilft. In ihr wird nämlich weniger an Gebotenem in die Tat umgesetzt. Im umgekehrten Fall mag man einen Vorwurf formulieren als „Es gab doch die Möglichkeit, ihr über die Straße zu helfen; das wäre, im Vergleich zu dem, was du gemacht hast, die bessere Alternative gewesen". Das ergibt zumindest einen Ansatz für eine deontische Deutung einer einfachen modallogischen Semantik: Die Kontexte sind mögliche

Welten, und die nunmehr als A_O bezeichnete Zugänglichkeitsrelation wird gedeutet als „...ist eine relevante deontisch perfekte Alternative zu ...".

Damit ist einsichtig, weshalb sich „O" ein wie Allquantor und „P" wie ein Existenzquantor verhält: Geboten ist in einer Welt w gerade das, was in allen deontisch perfekten Alternativen zu w getan wird. Denn die Nichtbefolgung eines Gebots macht die Welt, in der sie vorkommt, deontisch unvollkommen. Erlaubt ist eine Handlung in einer Welt w gerade dann, wenn es wenigstens eine Alternative w' zu w gibt, in der sie vorkommt, ohne dass dies der deontischen Vollkommenheit von w' Abbruch tut. Das impliziert nicht, dass die Handlung auch in w ausgeführt wird. Es lässt außerdem die Möglichkeit offen, dass es eine *andere*, ebenfalls deontisch perfekte Alternative w" zu w *ohne* die Handlung gibt.

Man kann sich nun fragen: Welche *formalen* Eigenschaften sollte die Zugänglichkeitsrelation haben und welche nicht? Zentral für die deontische Logik ist: Die Eigenschaft der Reflexivität wird *nicht* gefordert. Denn sonst wäre „Op → p" ein Theorem. Zumindest für die Wirklichkeit gilt jedoch: Nicht alles, was geboten ist, geschieht auch. Anderseits sollte auch nicht prinzipiell ausgeschlossen sein, dass eine Welt w selbst zur Menge ihrer relevanten deontisch perfekten Alternativen gehört. Denn dies ist ja für den Fall plausibel, dass w selbst deontisch perfekt ist. Es ist also für A_O nur die Forderung der Reflexivität zu unterlassen, aber nicht etwa die Forderung der Irreflexivität zu erheben. Ferner ist zu fordern, dass von jeder Welt aus wenigstens eine deontisch perfekte relevante Alternative überhaupt zugänglich ist: Was geboten ist, sollte zumindest erlaubt sein. Etwas umstrittener ist, ob man für deontisch deutbare modallogische Modelle die Transitivität von A_O fordern soll. Für die skizzierte Semantik ist die Transitivitätsforderung aber plausibel. Schließlich liegt es nahe, zu fordern: Die von einer Welt aus zugänglichen deontisch perfekten Alternativen sollten untereinander alle wieder zugänglich sein. Das erzwingt „~Op → O~Op" als Axiom, was sich leicht als äquivalent zum typischen S5-Axiom herausstellt. „O" ist dann axiomatisch gesehen *fast* eine S5-Box. Nur muss das Reflexivitätsaxiom aus der S5-Axiomatik zum Axiom D abgeschwächt werden (man kann sich „D" an „deontisch" merken):

„Was geboten ist, ist erlaubt"

| (D) | $\ulcorner O\alpha \rightarrow P\alpha \urcorner$ | Serialität (statt Reflexivität) für A_O |

Die skizzierte Sprache wird deshalb oft DS5 genannt. So vielversprechend der Ansatz ist, so zahlreich sind doch seine Probleme:

Probleme:

(1) Was heißt „1" und „0" ? Die semantische Klausel zur Einführung von „O" muss lauten:

Normen und Wahrheit

... $V(O\alpha, w) = 1$ gdw für jedes w' mit $w'A_O\,w$ gilt: $V(\alpha,w') = 1$.

Bisher hatten wir, wenn wir überhaupt gedeutet haben, den Wert 1 immer als „wahr" und den Wert 0 als „falsch" gedeutet. Es ist aber in der Allgemeinen Ethik umstritten, ob Gebote, Verbote und Erlaubnisse wahr oder falsch genannt werden können (143, Kap. 3). Sollte man daher den Wert 1 für die deontische Deutung lieber als „besitzt moralische Geltung" o.Ä.

lesen und den Wert 0 als „besitzt keine moralische Geltung"? Obwohl das zuweilen vorgeschlagen wird, ist es problematisch: Auch rein deskriptiv zu deutende Formeln ohne „O" sind wohlgeformt und müssen deshalb bewertet werden. Aus Sicht der deontischen Logik ist es also erfreulich, wenn man feststellen kann: In letzter Zeit findet man in der Ethik verstärkt die Ansicht, dass auch Gebote, Verbote und Erlaubnisse in irgendeinem Sinn wahr oder falsch genannt werden können (vgl. zu Details 143, Kap. 3).

Normative und deskriptive Sätze

(2) Wofür stehen die atomaren Formeln? Die einfachste Erklärung, wofür „p" und andere Satzbuchstaben stehen können, wurde oben schon verwendet, um überhaupt irgendwo anfangen zu können: Satzbuchstaben können nicht mehr als Aussagen über alles und jedes gedeutet werden, sondern dürfen nur für Aussagen stehen, die Handlungen beschreiben. Aber auch das ist nicht unproblematisch. Denn man wird nicht nur über Handlungen Aussagen machen wollen, sondern auch über Handlungen gebietende Tatsachen. In „p → Oq" sollte es nicht nur möglich sein, dass „q" für „Florian löscht" steht, sondern auch „p" für „Die Hütte brennt". Dann müssen reine Tatsachen-Aussagen aber auch im Skopus des „O"-Operators stehen dürfen. Doch was sollen sie dort heißen? „O~p" zu deuten als „Es ist verboten, dass die Hütte brennt", ist schlicht Unsinn. Ein Ausweg besteht darin, dass man die Handlungskomponente in die Deutung des *Operators* verlegt. Wenn schon „O" gelesen wird als „Es ist geboten, *dafür zu sorgen,* dass", dann kann „p" ruhig stehen für „Die Hütte brennt". Denn „Es ist geboten, dafür zu sorgen, dass die Hütte nicht brennt" ist ein sinnvoller Satz.

STIT

Diese Überlegung legt bereits den Gedanken nahe, dass Handlungssätze immer das Format „A sorgt dafür, dass p" haben. Die genaue Ausarbeitung dieses Ansatzes durch Nuel Belnap und seine Mitarbeiter unter dem Kürzel STIT („seeing to it that") ist aber – inklusive einer deontischen Variante – erst eine Entwicklung der letzten Jahre und geht technisch ziemlich andere Wege als die hier vorgestellte Standardversion der deontischen Logik (78).

Schlüsse auf Verpflichtungen

(3) Wie schließt man auf Verpflichtungen in einer Situation? „O(p → q) ∧ p → Oq" ist gar nicht erst allgemeingültig („p" kann in der Bewertungswelt wahr sein und zugleich sowohl „p" als auch „q" in allen deontisch perfekten Alternativen dazu falsch). „(p → Oq) ∧ p → Oq" ist zwar als Instanz des modus ponens allgemeingültig, schafft aber keinen so engen Zusammenhang zwischen der Situation („p") und der Verpflichtung, wie es intuitiv erforderlich wäre.

Deontische Paradoxien

(4) Sind (z.B.) die leicht herleitbaren Formeln „O~(p∧~p)", „Oq→O(p∨q)" und „O~p→O~(p∧q)" wirklich plausible Theoreme in der vorgeschlagenen Deutung? Man versuche einmal für „p" „Die Räuber schlagen den Reisenden zusammen" und für „q" „Sam hilft dem Reisenden" (die dritte Formel ist unter Anspielung auf Lk 10, 29–37, in der Literatur als Paradox des barmherzigen Samariters bekannt).

(5) Wie soll man eigentlich deontisch perfekte Alternativen genau konzipieren? Soll eine *relevante* deontisch perfekte Alternative w' zu einer Welt w tatsächlich eine mögliche Welt sein, in der *keiner* etwas tut, was er nicht darf, und die damit der Wirklichkeit sehr unähnlich ist? Unsere Verpflichtungen bestehen doch in der unvollkommenen Wirklichkeit, gerade weil sie unvollkommen ist.

Ähnlichkeit von möglichen Welten

Das legt den folgenden Gedanken nahe: Die relevanten Alternativen sollten der Bewertungs-Welt *ziemlich ähnlich* sein. „Ziemlich ähnlich" ist allerdings ein Begriff, der einer *formalen* Semantik zunächst fremd sein muss. Man kann ihn jedoch ganz gut mit Hilfe von dem Modell hinzugefügten Ähnlichkeitsabständen simulieren (diese Idee wurde von Nortmann ausgearbeitet in (89)). Nur geht das über die simple hier vorgestellte Semantik deutlich hinaus.

Ursprünglich entwickelt wurde die Technik der Ähnlichkeitsabstände 1973 von David Lewis für eine andere wichtige Anwendung ((86), (87)): die Analyse von kontrafaktischen Konditionalsätzen, also Sätzen der Form „Wenn es nicht der Fall gewesen wäre, dass p, dann wäre es auch nicht der Fall gewesen, dass q". Solche Sätze spielen ihrerseits für die Analyse von Kausalaussagen eine große Rolle, wie man seit John Stuart Mills „System of Logic" (III 5) weiß und wie es jeder Richter, der Kausalitätsfragen nach der so genannten Äquivalenztheorie der Kausalität beurteilt, bestätigen wird (vgl. z.B. 149, 3.Teil §6,3)). Die technischen Details von Lewis' Vorschlag lassen sich in einer Einführung nicht darstellen. Die Grundidee ist aber gut nachvollziehbar: Dafür, dass „Wenn es nicht der Fall gewesen wäre, dass p, dann wäre es auch nicht der Fall gewesen, dass q" in w wahr ist, sollte man zwar nicht fordern, dass es *überhaupt keine* mögliche Welt gibt, in der „p" falsch ist und „q" trotzdem wahr. Aber in einer Welt, in der „p" falsch wird und „q" trotzdem wahr bleibt, muss eine Menge Dinge sehr anders sein als in w. Dagegen sollte in allen w *ziemlich ähnlichen* Welten, in denen „p" falsch ist, auch „q" falsch sein. Lewis' genialer Einfall war, dass man das auch so formulieren kann: Zumindest einige „~p-und-~q" -Welten sind w ähnlicher als *jede* „~p-und-trotzdem-q" –Welt. Die *Kriterien* für den Ähnlichkeitsabstand zwischen möglichen Welten sind stark umstritten.

Counterfactuals: Was wäre, wenn...?

In der deontischen Logik hat das Problem situationsabhängiger Gebote dazu geführt, dass man oft neben „O" und „P" eine zweistellige Relation „com" (von „commitment") notiert, die zu lesen ist als „...verpflichtet auf..." (vgl. z.B. 89).

(6) Was tun mit sich widersprechenden Normen und Pflichtenkollisionen? Die vielleicht größten Schwierigkeiten für den hier skizzierten Ansatz der deontischen Logik bieten einander widersprechende Normen und Pflichtenkollisionen. Man kann sich fragen, ob Aussagen, die den Formeln „Op" und „O~p" intuitiv entsprechen, nicht doch manchmal zusammen wahr sind. „Op" und „O~p" können im Sinne der hier skizzierten deontischen Logiken aber nie zusammen wahr sein. Es kann ja nicht in *allen* relevanten Alternativen zur Bewertungswelt „p" und auch „~p" wahr sein. Leider kommen Pflichtenkollisionen aber vor, und manchmal sind sie unlösbar: Was ist, wenn A nur entweder B oder C retten kann und beiden gleich

Deontische Konflikte

nahe steht? (vgl. die Kommentierung von StGB §35 in 149, S.142–146). Freilich gerät im Hinblick auf solche Fälle jedes Rechtssystem an seine Grenzen. Es ist also vielleicht nicht verwunderlich, wenn es der deontischen Logik ähnlich ergeht.

Übungen

1) Formalisieren Sie mit „p" für „Es gibt jemanden, der raucht", „q" für „Gerd raucht" und „r" für „Man nimmt die Schilder hier ernst" : [1] „Wenn Rauchen nicht verboten ist, ist es erlaubt" [2] „Rauchen ist erlaubt, es ist aber auch erlaubt, nicht zu rauchen" [3] „Gerd raucht nicht, obwohl es ihm erlaubt ist" [4] „Gerd raucht, obwohl es ihm nicht erlaubt ist" [5] „Wenn man die Schilder hier ernst nimmt, dann ist Rauchen sowohl erlaubt als auch verboten".

2) Anstelle des typischen D-Axioms findet man oft „$O{\sim}p \to {\sim}Op$". Beweisen Sie, dass es sich jeweils um äquivalente Varianten handelt. Wie steht es mit „${\sim}Pp \to {\sim}Op$" ?

3) Leiten Sie aus der Annahme „$Op \land O{\sim}p$" zusammen mit dem typischen D-Axiom einen Widerspruch her. Tipp: Leiten Sie im Verlaufe des Beweises zunächst „$O{\sim}p \to {\sim}Pp$" her.

4) Nehmen Sie an, eine formale Sprache zur Verfügung zu haben, in der sowohl die Operatoren „N" („Es ist notwendig, dass") und „M" („es ist möglich, dass") als auch die deontischen Operatoren vorkommen (eine detaillierte Definition einer solchen Sprache ist für diese Übung nicht nötig; sie findet sich z.B. in 89). Formalisieren Sie in dieser Sprache das Prinzip des römischen Juristen Celsus (2. Jh.): „Ultra posse nemo obligatur" („Über das Können hinaus wird niemand verpflichtet", überliefert in den Digesten des Corpus Iuris des Justinian (=150), 50,17,185). Formalisieren Sie ferner Kants in der Formulierung „Du kannst, denn du sollst" bekannten Grundsatz (fast wörtlich so in 128, AA-Seite 30, 159). In welchem Verhältnis stehen beide Formeln zueinander?

5) Zur vollständigen Axiomatisierung der gemischten Sprache aus Übung 4 ist über die Axiome von S5 für „N" und DS5 für „O" hinaus wenigstens ein weiteres Axiom nötig. Welche Formel wäre angesichts von Kants Diktum ein plausibler Kandidat?

7.3 Epistemische Logik

Doxastische
Ausdrücke

Epistemische Logik (von griechisch epistêmê = Wissen) ist die Logik von Aussagen darüber, was eine Person glaubt oder weiß, was sie glaubt zu wissen, wovon sie überzeugt ist oder was sie für möglich hält. Man kann sie deshalb etwas genauer auch die Logik doxastischer Einstellungen nennen (von griechisch doxa = Meinung). Doxastische Einstellungen sind in der Philosophie sehr wichtig. Das zeigen schon diejenigen Dialoge Platons, in denen Sokrates herausbekommt, dass sein Gesprächspartner glaubt, etwas zu wissen, aber es nicht wirklich weiß. Dennoch waren die Zusammenhänge zwischen verschiedenen doxastischen Einstellungen bis in die 60er Jahre des 20. Jahrhunderts der logischen Analyse nicht zugänglich. Dann stellte sich heraus, dass sich bestimmte Arten von Modallogik als epistemische Logiken deuten ließen. Seit etwa 1980 weiß man (v.a. durch Arbeiten von Wolfgang Lenzen), wie sich eine alle wichtigen doxastischen Ausdrücke umfassende epistemische Logik definieren lässt (19).

Für die Bewertungskontexte kann man es wieder bei der Deutung belassen, dass es sich bei ihnen um mögliche Welten handelt. Warum das geht, ist allerdings etwas schwerer zu sehen als im Fall der deontischen Logik. Angenommen, Fred befindet sich in der Welt w_1. In w_1 gibt es Autos, und Fred weiß das auch. Er weiß damit in w_1, dass er sich nicht in einer Welt ohne Autos befindet. Aber damit (und mit allem anderen, was er weiß) weiß er natürlich noch nicht, wie die Welt, in der er sich befindet, in allen Einzelheiten beschaffen ist. Das weiß kein Mensch. Fragt er sich, in welcher möglichen Welt er sich befindet, so kann er keine genaue Antwort geben. Vielmehr bleiben mehrere Kandidaten im Spiel, nämlich gerade all die Welten, in denen das der Fall ist, wovon er weiß, dass es der Fall ist (also alle Welten, in denen es Autos gibt, Wasser nass ist etc.). Untereinander werden sich diese Welten unterscheiden, aber nur in dem, wovon Fred nichts weiß: In einer dieser Welten gibt es Marsianer, in einer anderen nicht etc.

Wie lässt sich das in eine formale Semantik übersetzen? Wir können w_1 einfach die Menge der möglichen Welten zuweisen, in denen (neben jeweils vielem anderen) all das der Fall ist, wovon Fred in w_1 weiß, dass es in w_1 der Fall ist: die Menge der mit Freds Wissen in w_1 über w_1 kompatiblen Welten. Sie soll i.F. $\mathbf{W}_{w1}$ heißen. Für jede andere mögliche Welt (mit Fred darin), in der er vielleicht anderes weiß, machen wir es genauso. Dass es gerade darum geht, wie *Fred* von w_1 aus die Welt sieht, könnte man *dazu* notieren (z.B. als „$\mathbf{W}_{w1,\,Fred}$"). Aber man kann es sich auch sparen. Denn pro Modell der üblichen epistemischen Logik kann man nur die doxastischen Zustände *einer* Person berücksichtigen. Aussagen der Form „Fred glaubt, dass Anna weiß, dass..." sind für die hier vorgestellte Art von epistemischer Logik noch nicht zugänglich.

Bei der Zuweisung von $\mathbf{W}_{w1}$ ist eine sehr wichtige Bedingung zu beachten: w_1 muss selbst zur Menge der mit Freds Wissen in w_1 kompatiblen Welten gehören. Denn man kann nur wissen, was wahr ist (fachsprachlich: „Wissen ist veridisch").

Beachtet man die Einschränkung, dass w_1 selbst in $\mathbf{W}_{w1}$ enthalten sein muss (etc.), so ergibt sich eine plausible Möglichkeit, einen Modaloperator „W" einzuführen, der sich im angegebenen Beispiel deuten lässt als „Fred weiß, dass". Man definiert eine Zugänglichkeitsrelation A_w zwischen möglichen Welten einfach so, dass genau dann w' von w aus über A_w zugänglich ist, wenn w' zu $\mathbf{W}_w$ gehört. Nun hält man fest:

$$\ldots V(W\alpha, w) = 1 \text{ gdw für jedes } w' \text{ mit } w'A_w w \text{ gilt: } V(\alpha, w') = 1.$$

Man sieht sofort, dass sich „W" ein boxartiger Modaloperator ist. Die Beachtung der Einschränkung führt dazu, dass aus „Wp" sofort „p" folgt und also „Wp → p" allgemeingültig ist, ganz, wie man das für einen Wissensoperator haben möchte. Denn A_w muss, da man die Einschränkung beachtet, reflexiv sein. Außerdem wird man fordern, dass A_w seriell ist (d.h. dass jeweils wenigstens eine Welt überhaupt zugänglich ist), dass A_w transitiv ist und dass die über A_w zugänglichen Welten, was ihre Zugänglichkeit untereinander angeht, nicht zerfasern (vgl. zur technischen Motivation 19, S.199). „p → Wp" ist dagegen nicht allgemeingültig. Denn wenn „p" für

Wissen und mögliche Welten

Nur Wahres kann man wissen!

Der Wissensoperator

etwas steht, das Fred über w_1 nicht weiß, so wird sich realistischerweise auch eine Welt in $\mathbf{W}_{w1}$ finden, in der „p" falsch ist, obwohl „p" in w_1 selbst wahr ist.

Der „W"-Operator ist wegen dieser Forderungen für A_W axiomatisch gesehen etwas mehr als eine S4-Box. Das Zerfaserungsverbot lautet genau genommen: Wenn zwei Welten von einer Welt w aus zugänglich sind, dann gibt es auch wieder eine Welt, die von ihnen beiden aus zugänglich ist (so genannte Konvergenz, vgl. 19, S.157f). Dazu passt das folgende Axiomenschema: ⌜~W~ Wα →W ~W~α⌝. „~W~" ist hier gewissermaßen eine ausnotierte Raute. Denn „~W~" hat keine intuitiv eingängige Deutung: nicht zu wissen, dass etwas nicht der Fall ist, lässt zu viele Möglichkeiten offen.

Ist „W" vielleicht sogar ein S5-Operator? Nein. Denn dann wäre das typische S5-Axiom „~W~ W p → Wp" allgemeingültig. Und dann bekäme man mit aussagenlogischer Kontraposition und Löschen einer doppelten Negation „~Wp → W~Wp". Das ist aber nicht allgemeingültig, wie sich mit der typischen Situation in Platons frühen Dialogen veranschaulichen lässt. Die Formel besagt ja: „Wenn jemand etwas nicht weiß, dann weiß er, dass er es nicht weiß." Wenn das so wäre, hätte Sokrates nichts mehr zu tun. Denn alle seine Bemühungen gehen darauf, Leuten erst einmal klar zu machen, was sie alles nicht wissen.

"„Überzeugt sein", „für möglich halten", „glauben""

Die ermutigenden Ergebnisse für den Begriff des Wissens lassen vermuten, dass man für „überzeugt sein, dass", „es für möglich halten, dass" und „glauben, dass" ganz ähnlich verfahren kann und so schnell Operatoren mit den folgenden Deutungen erhält:

```
W = (Fred) weiß, dass
Ü = (Fred) ist überzeugt, dass
M = (Fred) hält es für möglich, dass
G = (Fred) glaubt, dass
```

Für „Ü" und „M" trifft die Vermutung zu. „Ü" ist wieder eine Box. „M" ist die Raute zu „Ü", also als „~Ü~" definiert. Die Menge der über $A_Ü$ zugänglichen Welten $\mathbf{Ü}_w$ lässt sich verstehen als die Menge der Welten, von denen Fred es in w für möglich hält, dass es sich bei ihnen um w handelt. Sie ist in der Regel kleiner als $\mathbf{W}_w$, denn man ist normalerweise von mehr überzeugt, als man weiß. Das Wenige, was man weiß, ist mit mehr möglichen Welten kompatibel als das Viele, von dem man überzeugt ist. $\mathbf{W}_w$ ist Teilmenge von $\mathbf{Ü}_w$, denn was man weiß, davon wird man überzeugt sein (wenn auch das Umgekehrte meist nicht gilt). Die Zugänglichkeitsrelation für „Ü" ist nicht reflexiv, denn sonst müsste „Üp → p" gelten. Es ist aber nicht alles, wovon man überzeugt ist, wahr.

Überraschenderweise kann auch „Ü" durch eine Definition eingeführt werden. Man kann deshalb letztlich auf Ü-Mengen und auf eine spezielle Zugänglichkeitsrelation für „Ü" verzichten. Einer felsenfesten Überzeugung wird man vielleicht Ausdruck verleihen mit den Worten: „Ich wüsste nicht, dass ich das nicht weiß". Das lässt sich mit dem „W"-Operator ausdrücken als „~W~W". Wenn man „Ü" so definiert, kann man beweisen, dass sich dieses Zeichen so verhält, wie wenn man es mit $A_Ü$ einführt.

„Glauben, dass" hat sich – ebenfalls überraschenderweise – als viel schwieriger herausgestellt (vgl. dafür 19 Kap. 4 und Kap. 6, S.200-214). In der Anwendung wird man in der Regel weniger mit der komplizierten wahrscheinlichkeitstheoretischen Semantik für Formeln mit „G" arbeiten als vielmehr mit den Gesetzen, die man für das Verhalten dieses Operators kennt. „G" hat gewisse Züge einer Box, ist aber *noch nicht einmal* eine K-Box, da erstaunlicherweise ein Box-Verteiler dafür unplausibel wäre (für eine schöne, hier zu weit führende Motivation vgl. 19, S.37).

Eine umfassende Axiomatik, die alle genannten doxastischen Ausdrücke verbindet, ist Lenzens Kalkül E*. Der Kern dieses Herleitungsspiels ist die beschriebene S4.2-Axiomatik für „W". Dazu kommen (neben einigen komplizierteren Prinzipien für den „G"-Operator) die folgenden intuitiv einleuchtenden Axiome:

Rationalitäts-Annahme:	G1: $\ulcorner G\alpha \to {\sim}G{\sim}\alpha \urcorner$	Typisches D-Axiom für „G"
Hierarchie-Axiom:	E*1: $\ulcorner W\alpha \to G\alpha \urcorner$	Wissen impliziert Glauben.
Selbsttransparenz:	E*3: $\ulcorner G\alpha \to WG\alpha \urcorner$	Man weiß, was man glaubt,...
	E*4: $\ulcorner {\sim}G\alpha \to W{\sim}G\alpha \urcorner$	und auch, was nicht.

Als weitere Prinzipien der doxastischen Selbsttransparenz lassen sich in E* beweisen: $MGp{\to}Gp$, $\ddot{U}p{\to}W\ddot{U}p$, $\ddot{U}p{\to}GWp$, $Gp{\equiv}GGp$, $Mp{\to}\ddot{U}Mp$ und $\ddot{U}p{\to}\ddot{U}\ddot{U}p$. Außerdem lassen weitere recht plausible Hierarchien beweisen (vgl.19 Kap. 6): $Wp \to \ddot{U}p$, $\ddot{U}p \to Gp$, $\ddot{U}p \to Mp$, $Wp \to Gp$ und $Wp \to Mp$, $Gp \to Mp$. Mit der Definition von „Ü" lässt sich außerdem aufgrund der für „W" geltenden Gesetze beweisen, dass „Ü" eine DS5-Box ist.

Bei aller Systematisierung ergeben sich jedoch mit dem Wissensoperator „W" Probleme. Sie wiegen besonders schwer, denn sie sind nicht technischer Natur, sondern betreffen die intuitive Deutung, die letztlich über die Anwendbarkeit einer Logik entscheiden muss. Es fragt sich nämlich:

Probleme der epistemischen Logik

(1) Soll man überhaupt das typische S4-Axiom annehmen?
(2) Soll man überhaupt für „W" den Boxverteiler und die NEC-Regel annehmen? Sollte „W" überhaupt ein K-Operator sein?

Natürlich kann man sich beides nicht aussuchen, sondern ist durch die formale Semantik für „W" darauf festgelegt: Das S4-Axiom z.B. wird ja durch die Transitivität von A_w erzwungen. Aber entspricht die formale Semantik von „W" wirklich dem, was wir unter „wissen" verstehen?

Das typische S4-Axiom besagt in der epistemischen Deutung: Wenn man etwas weiß, dann weiß man, dass man es weiß. Für viele Fälle, z.B. logische oder mathematische Beweise, ist das plausibel. Doch wie steht es mit unbewusstem Wissen (vgl. 68)?

Noch fundamentaler als das S4-Axiom sind Boxverteiler und NEC-Regel. Aber sie werfen auch ein vielleicht noch tiefer gehendes intuitives Problem auf. Man sieht das an zweierlei:

(1) Die NEC-Regel lässt sich sofort auf jedes aussagenlogische Theorem anwenden. Das ist von der formalen Semantik her insofern verständlich,

als aussagenlogische Theoreme in *allen* möglichen Welten gelten und alle mit Freds Wissen kompatiblen möglichen Welten trivialerweise mögliche Welten sind. Soll man aber wirklich sagen, Fred wisse von jedem aussagenlogischen Theorem, dass es wahr ist? Dasselbe Problem ergibt sich übrigens für „Ü" und „G", für die sich ja NEC-Regeln als Hilfsregeln herleiten lassen.

(2) Der Boxverteiler und die NEC-Regel erlauben die Herleitung der Hilfsregel DR 1 von K (vgl. den Anhang 1 am Ende dieses Buchs), die mit „W" die folgende Gestalt hat:

$$\text{DR1 mit „W" :} \vdash \alpha \to \beta \Rightarrow \vdash W\,\alpha \to W\,\beta.$$

Nun kommt es vor, dass man etwas weiß, aber sich nicht bewusst ist, was das, was man weiß, für logische Konsequenzen hat. Andernfalls könnte man sich das Lernen mühsamer Beweistechniken sparen. Wenn β eine logische Konsequenz von α ist, so ist $\ulcorner \alpha \to \beta \urcorner$ allgemeingültig und somit in einem vollständigen Kalkül herleitbar. Dann erlaubt aber DR1 immer das folgende Argument:

*	1 $W\alpha$		Hyp
	2 $\alpha \to \beta$		als herleitbar angenommen
	3 $W\alpha \to W\beta$	2,	DR1
*	4 $W\beta$	1,3	E$\to$ (m.p.).

Demnach weiß, wer weiß, dass etwas wahr ist, auch immer alles, was daraus folgt! Dasselbe Argument für „Ü" ergibt, dass, wer von etwas überzeugt ist, auch immer von dessen logischen Konsequenzen überzeugt ist. Und dasselbe Argument für „G" (das trotz fehlendem Boxverteiler möglich ist, vgl. 19, S.47f) ergibt, dass, wer etwas glaubt, auch alle logischen Konsequenzen davon glaubt.

Rationalität und diskursive Verpflichtungen

Man kann dafür argumentieren, dass das gar nicht so unplausibel ist (19, S.44–48). Eine Möglichkeit, das zu tun, ist, zu überlegen, worauf sich jemand mit der Behauptung, etwas zu wissen, von etwas überzeugt zu sein, oder etwas zu glauben, in einem rationalen Gespräch festgelegt hat, wenn man ihm zeigt, dass das diese oder jene logischen Konsequenzen hat. in diesem Fall wäre es tatsächlich fair, von ihm zu fordern: „Dann musst du aber auch behaupten, zu wissen / für sicher zu halten / zu glauben, was daraus folgt." Eine Theorie solcher „diskursiver Verpflichtungen" hat aber erst Robert Brandom Mitte der 90er Jahre des 20. Jahrhunderts ausgearbeitet (79, 80).

Als Fazit zur epistemischen Logik lässt sich zunächst festhalten: Sie eröffnet eine zuvor nicht erreichbare umfassende systematische Perspektive auf doxastische Einstellungen und Ausdrücke zu deren Beschreibung wie „wissen", „überzeugt sein", „glauben" und „für möglich halten". Doch worauf man sie mit Gewinn anwendet, hängt auch davon ab, was man gerade genau unter „wissen" verstehen will. Die formale Sprache enthüllt nicht etwa, was „wissen" eigentlich bedeutet. Sie zwingt zur Klärung und verdeutlicht Konsequenzen. Das ist typisch für die angewandte Logik in der Philosophie.

Übungen

1) Plausibilisieren Sie mit Beispielen: Die Formeln „Üp → p", „p → Mp", „Mp → p", „Gp → Üp", „Gp → GWp" sind nicht allgemeingültig; die Formeln „Üp → ~Ü~ p", „Üp ≡ ~M~p", „Üp → ÜÜp", „Mp → ÜMp", „MWp → Üp" und auch „~G~Wp → Üp" (19, S.72) sind allgemeingültig.

2) Plausibilisieren Sie mit Beispielen: Die Formeln „Mp ∧ Mq → M(p ∧ q)", „Ü(p ∨ q) → (Üp ∨ Üq)", sind nicht allgemeingültig; die Formeln „Üp ∨ Üq → Ü(p ∨ q)", „M(p ∨ q) → (Mp ∨ Mq)" und „Mp ∨ Mq → M(p ∨ q)" sind allgemeingültig.

3) Plausibilisieren Sie mit Beispielen: Die Formeln „Gp ∧ ~Üp", „Mp ∧ M~p" sind erfüllbar, die Formeln „Üp ∧ Ü~p", „Wp ∧ W~p", „Gp ∧ G~p" aber nicht.

4) Beweisen Sie von „Üp → Gp" ausgehend „Gp → Mp". Tipp: Substituieren Sie „~p" für „p" und benutzen sie G1.

5) Diskutieren Sie angesichts der These, dass Wissen veridisch ist, die Bedeutung und den möglichen Wahrheitsgehalt der folgenden Aussage: „Dass es Hexen gab, gehörte im 16. Jahrhundert einfach zum Wissen der Zeit."

6) Erklären Sie, warum der Satz „Ich weiß, dass ich nichts weiß" (der übrigens in keiner seriösen Quelle Sokrates in den Mund gelegt wird) selbstwidersprüchlich ist. Wie steht es mit dem Satz „Was ich nicht weiß, das glaube ich auch nicht zu wissen" (vgl.114, 21d)? Entspricht ihm eine Formel der epistemischen Logik? Falls ja, welche Eigenschaften hat sie (allgemeingültig? kontradiktorisch? erfüllbar?)? Wie steht es mit „W~Wp"?

7) Lesen Sie die vierte Meditation der „Meditationen über die erste Philosophie" von René Descartes. Erarbeiten Sie, wie Descartes dafür argumentiert, dass W_w und $Ü_w$ im Idealfall identisch sind. In welchem Verhältnis stehen dann die Formeln „Wp" und „Üp" und die Formeln „~Wp" und „~Üp" zueinander?

8) Informieren Sie sich über die Hauptthesen Kants in der „Transzendentalen Dialektik" der „Kritik der reinen Vernunft" (127). Diskutieren Sie mit „p" für „Es gibt Freiheit" das Verhältnis der Formeln „W~p", „~Wp", „W~Wp", „W~W~p", „Üp", „Gp", „Mp" und „M~p" zueinander. Welche davon unterschreibt Kant? Welche sind äquivalent? (Tipp: Definieren Sie „M" allein mit Hilfe von „W" ohne den Umweg über „Ü".)

7.4 Zeitlogik

Die Zeitlogik hat sich seit ihrer Entdeckung durch Arthur Prior Ende der 50er Jahre des 20 Jahrhunderts (vgl. 22) zu einem großen Untergebiet der angewandten Modallogik entwickelt, das im Rahmen einer Einführung, die Modallogiken mit behandelt, nicht fehlen darf. In diesem Rahmen ist aber nur eine Skizze möglich. Sie soll nur einen kleinen Ausschnitt des ganzen Gebiets abbilden, indem sie die folgende Frage beantwortet: Ist es möglich, mit einer temporal gedeuteten Modallogik die grundlegenden Eigenschaften der Zeitachse der klassischen Physik nachzubilden? Die Antwort ist: ja.

Typisch für die Zeit ist, dass sich an ihr zwei Richtungen unterscheiden lassen: Vergangenheit und Zukunft. Typisch für die Zeitlogik ist es deshalb, dass sie zwei boxartige und zwei rautenartige Operatoren enthält: eine Vergangenheits-Box und eine Vergangenheits-Raute sowie eine Zukunfts-Box und eine Zukunfts-Raute. Die Vergangenheits-Box wird notiert als „H" („has been the case", „history"), die Vergangenheits-Raute als „P"

Vergangenheit und Zukunft

Zeitlogische
Operatoren

(„past"); die Zukunfts-Raute wird notiert als „F" („future"), die Zukunfts-Box als „G" („always *going* to be the case").

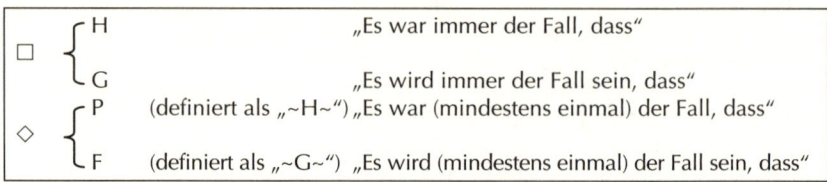

□ {	H		„Es war immer der Fall, dass"
	G		„Es wird immer der Fall sein, dass"
◇ {	P	(definiert als „~H~")	„Es war (mindestens einmal) der Fall, dass"
	F	(definiert als „~G~")	„Es wird (mindestens einmal) der Fall sein, dass"

Die Kontexte werden in der Zeitlogik als Zeitstellen gedeutet. Das können Tage oder Stunden sein. Für die Zeitachse der klassischen Physik sind es natürlich *Zeitpunkte.*

Die atomaren Formeln werden als Aussagen *ohne Zeitangabe* gedeutet, die an einem Zeitpunkt wahr, an einem anderen falsch sein können. „p" kann z.B. stehen für „Es regnet in Rostock" (aber *nicht* für „Es regnet in Rostock am 8.12.04 um 13:12"). Damit die angegebene Deutung der Operatoren möglich ist, muss die Zugänglichkeitsrelation für die Vergangenheitsbox als „liegt vor" interpretiert werden können, die Zugänglichkeitsrelation für die Zukunfts-Box als „liegt nach". Dazu lassen sich einige interessante Beobachtungen machen:

Die „früher als"-
Relation

1. Sowohl „liegt vor" als auch „liegt nach" sind asymmetrisch: Wenn ein Zeitpunkt t vor einem Zeitpunkt t' liegt, so liegt t' nicht vor t. Und wenn t nach t' liegt, so liegt t' nicht nach t. Daraus folgt: „liegt vor" und „liegt nach" sind irreflexive Relationen: Kein Zeitpunkt liegt vor oder nach sich selbst.
2. „liegt vor" und „liegt nach" sind aber transitive Relationen, da für beliebige Zeitpunkte t, t', t" gilt: Wenn t vor t' liegt und t' vor t" liegt, dann liegt t vor t". Und wenn t nach t' liegt und t' nach t", dann liegt t nach t".
3. Die Relation „liegt vor" ist die konverse Relation zu „liegt nach" (und umgekehrt): Ein Zeitpunkt t' liegt genau dann vor einem Zeitpunkt t, wenn t nach t' liegt.

Linearität der Zeit

Sollen die Zeitpunkte eine Zeit*achse* bilden, so müssen sie nacheinander liegen und dürfen nicht etwa nebeneinander liegen (es ist für *Zeitpunkte* schwer zu verstehen, was es heißen sollte, dass sie nebeneinander liegen; die Redeweise kommt aber in der Literatur oft vor, wenn es um Zustände an Zeitpunkten in verschiedenen möglichen Welten geht). Der Ausschluss des Nebeneinander von Zeitpunkten lässt sich mit der folgenden Forderung erreichen:

Für alle t, t' gilt: entweder liegt t vor t' oder t' vor t oder t=t'.

Die Zeitpunkte auf der Zeitachse der klassischen Physik weisen zudem eine Reihe von weiteren interessanten Eigenschaften auf:
(1) Es gibt keinen ersten Zeitpunkt.
(2) Es gibt keinen letzten Zeitpunkt.
(3) Die Zeitpunkte sind dicht geordnet, d.h.: Zwischen zwei verschiedenen Zeitpunkten liegt immer noch ein dritter.

Streng genommen sind sie nicht nur dicht, sondern sogar kontinuierlich geordnet, d.h. es gibt auch Zeitpunkte wie „√2 Sekunden nach 12". Auch diese Eigenschaft ist zeitlogisch erfassbar (22, S.71), soll aber hier nicht weiter interessieren.

Hält man alle genannten Forderungen in der Modelldefinition fest, so ergibt sich, dass für die Modelle im Sinne der Definition die folgende Axiomatik korrekt und vollständig ist (Beweis in (161) II, 89–133; streng genommen reicht bei der Transitivität und bei der Dichte sogar *ein* Schema (vgl. z.B. 100, S.73 f.)):

$\ulcorner G(\alpha \to \beta) \to (G\alpha \to G\beta)\urcorner$	$\ulcorner H(\alpha \to \beta) \to (H\alpha \to H\beta)\urcorner$	verdoppelter Boxverteiler
$\ulcorner FF\alpha \to F\alpha\urcorner$	$\ulcorner PP\alpha \to P\alpha\urcorner$	Transitivität
$\ulcorner \alpha \to GP\alpha\urcorner$	$\ulcorner \alpha \to HF\alpha\urcorner$	Konversen-Axiome (K_t)
$\ulcorner PF\alpha \to (P\alpha \vee \alpha \vee F\alpha)\urcorner$	$\ulcorner FP\alpha \to (P\alpha \vee \alpha \vee F\alpha)\urcorner$	Linearität
$\ulcorner G\alpha \to F\alpha\urcorner$	$\ulcorner H\alpha \to P\alpha\urcorner$	Randlosigkeit
$\ulcorner F\alpha \to FF\alpha\urcorner$	$\ulcorner P\alpha \to PP\alpha\urcorner$	Dichte

Herleitungsregeln: m.p., Subst, NEC für „G" und „H".

Erklärungsbedürftig sind die Konversen-Axiome, die Linearitäts-Axiome, die Randlosigkeitsaxiome und die Dichteaxiome.

(1) Die Konversen-Axiome entsprechen der Forderung, dass die beiden Zugänglichkeitsrelationen Konversen zueinander sind. „p → GPp" ist als eine Art Gesetz der Unwiderruflichkeit des Gegenwärtigen sehr plausibel („Was jetzt der Fall ist, davon wird es immer der Fall sein, dass es der Fall war"). „p → HFp" („Was jetzt der Fall ist, stand immer bevor") hat zwar einen gewissen deterministischen Touch. Für eine Logik der Zeit*achse* ist es aber ebenfalls völlig plausibel.

(2) Dass das oben aufgeführte Axiomen-Schema für die Achseneigenschaft wirklich ein Nebeneinander von Kontexten verbietet, sieht man am besten, wenn man sich überlegt, wieso es andernfalls falsifiziert werden könnte. Liegen Kontexte „Richtung Zukunft" nebeneinander, so kann nämlich Folgendes passieren:

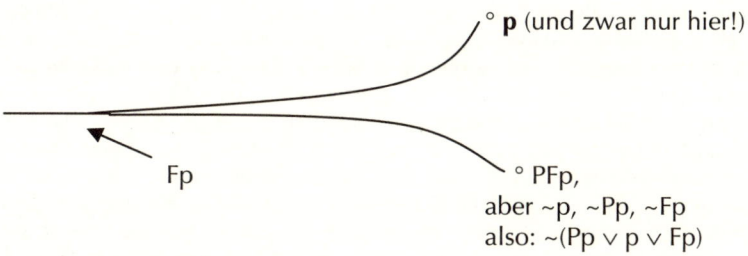

$^\circ$ **p** (und zwar nur hier!)

Fp

$^\circ$ PFp,
aber ~p, ~Pp, ~Fp
also: ~(Pp ∨ p ∨ Fp)

„PFp" wird unten wahr, weil gilt: Indem man von unten aus weit genug zurück und dann wieder nach vorn geht, kann man den „p"-Kontext erreichen.

Um sich das Axiom „Richtung Vergangenheit" plausibel zu machen, kann man sich das Spiegelbild zu diesem Beispiel vorstellen.

(3) Die Randlosigkeits-Axiome sind eigentlich Axiome für die Serialität der Zugänglichkeitsrelationen in Richtung Zukunft und in Richtung Vergangenheit: An jedem Kontext gibt es einen weiteren in Richtung Zukunft

Zeitlogische Axiome

Anfang und Ende der Zeit?

und in Richtung Vergangenheit. Tatsächlich würde (z.B.) „G~(p∧~p) → F~(p∧~p)" am Zeitenende falsifiziert: Es kommt kein Zeitpunkt mehr, an dem der Nichtwiderspruchssatz falsifiziert würde ("~F(p∧~p)" bzw. „G~(p∧~p)"); aber es kommt auch keiner mehr, an dem er verifiziert wird („~F~(p∧~p)").

Ende der Zeit

$$\xrightarrow{\hspace{4cm}} \circ$$

G~(p∧~p) ∧ ~F~(p∧~p),
also: ~ (G~(p∧~p) → F~(p∧~p))

Dichte (4) Dass „Fp → FFp" ein Dichte-Axiom ist, macht man sich wieder daran klar, wann es falsifiziert werden könnte: Es müsste dann zwar „Fp" wahr, aber „FFp" falsch sein. Das kann nur an der *letzten* Zeitstelle vor einer „p"-Zeitstelle sein. Bei dicht geordneten Zeitpunkten gibt es aber keinen letzten Zeitpunkt vor einem „p"-Zeitpunkt.

Übung
Lesen Sie als zeitlogische Formeln vor: [1] Fp ∧ ~Fp [2] Pp ∧ P~p [3] Fp ∧ ~Gp [4] Pp ∧ ~Hp [5] p ∧ F~Pp [6] p ∧ FP~p. Welche der Formeln sind erfüllbar, welche nicht?

7.5 Zusammenfassung und Literaturhinweise

Zusammenfassung
In diesem Kapitel ließ sich zeigen, dass sich Varianten der Modallogik als deontische Logik, als epistemische Logik und als Zeitlogik deuten lassen: (1) Die deontische Logik ist die Logik von Ausdrücken wie „geboten", „verboten" und „erlaubt". Einen Operator „O", der sich verhält wie der Box-Operator in der allgemeinen Modallogik, kann man lesen als „es ist geboten, dass", den entsprechenden rautenartigen Operator „P" (definiert als „~O~") als „es ist erlaubt, dass". „Es ist verboten, dass" stellt sich als „O~" bzw. „~P" heraus. Typisch ist, dass an die Stelle des deontisch unplausiblen Axioms „Op → p" das plausible „Op → Pp" tritt. So attraktiv dieser Grundansatz ist, so ergeben sich doch im Detail für eine einfache deontische Logik erhebliche Probleme. (2) Die epistemische Logik ist die Logik von doxastischen Ausdrücken wie „Wissen", „Glauben" und „Überzeugtsein", die sich durch boxartige Operatoren „W", „Ü" und den annähernd boxartigen Operator „G" wiedergeben lassen. „W" und „G" haben keine intuitiv deutbaren Rauten-Varianten. „~Ü~" = „M" lässt sich deuten als „X hält es für möglich, dass". „W" impliziert „Ü", und „Ü" impliziert „G". „W" ist stärker als eine S4-Box und etwas schwächer als eine S5-Box. Es gilt „Wp → p" : Wissen ist veridisch. (3) In der Zeitlogik gibt es eine Zukunfts- und eine Vergangenheits-Box: „G" („es ist immer der Fall, dass") und „H" („es war immer der Fall, dass") und die entsprechenden Rauten „F" und „P". Sie sind aufeinander bezogen durch die typischen Axiome „p → GPp" und „p → HFp".

Literaturhinweise
Das Standardwerk zur allgemeinen Modallogik ist Hughes / Cresswell (16). Ein wichtiges, aber sehr technisches Überblickswerk ist Gabbay / Guenthner (161). Eine brauchbare kurze Einführung ist der Anfang von GAMUT (3), Band II. Ausführ-

liche deutschsprachige Einführung in die philosophischen Logiken: 17. Das deutsche Standardwerk zur epistemischen Logik ist Lenzen (19). Zur deontischen Logik immer noch zum Einstieg brauchbar: Hilpinen (18). Spezieller, aber gut lesbar: Nortmann (89). Sehr kurz: 10. Überblickswerk zur Zeitlogik: Øhrstrøm/Hasle (20). Meilensteine der Geschichte der Zeitlogik in deutscher Übersetzung bei Kienzle (21).

8.   Nichtklassische Logiken

In diesem Kapitel geht es um Logiken, in denen Prinzipien voneinander entkoppelt und zum Teil aufgegeben sind, die in der klassischen zweiwertigen Aussagenlogik untrennbar verbunden sind: die intuitionistische Logik, die dreiwertige Logik (und, als Variante davon: die fuzzy logic), die parakonsistente Logik und die Supervaluationstechnik. Anwendungen, z.B. das Seeschlachtproblem, werden skizziert.

8.1   Die Entkopplung von logischen Prinzipien

Feinanalyse der logischen Prinzipien

In Kap. 2 hatte sich herausgestellt, dass man logische Prinzipien nicht unverbunden einsetzt, sondern dass dazwischen Verbindungen bestehen können, *wenn* man bestimmte Voraussetzungen macht. So hatte es sich z.B. als zwingend erwiesen, den Satz vom ausgeschlossenen Dritten („A oder [nicht: A]") zu akzeptieren, wenn man den Nichtwiderpruchssatz („nicht: (A und [nicht:A])") akzeptiert *und außerdem* gewisse Annahmen über die Negation macht (z.B. dass sich zweimal „nicht:" hintereinander gegenseitig löscht). Und es hatte sich als sehr plausibel erwiesen, den Nichtwiderspruchssatz mit dem Konsistenzprinzip („Keine Aussage hat mehrere der zwei Wahrheitswerte ‚wahr' und ‚falsch'") zu assoziieren und den Satz vom ausgeschlossenen Dritten mit dem Bivalenzprinzip („Jeder Satz hat mindestens einen der zwei Wahrheitswerte ‚wahr' und ‚falsch'") – zumindest wenn man nicht gerade über zukünftige Seeschlachten sprechen wollte. Sehr genau betrachtet ist sowohl das Konsistenzprinzip als auch das Bivalenzprinzip noch einmal eine Kombination je zweier Prinzipien. Das wird deutlich, wenn man die folgenden drei noch fundamentaleren Prinzipien ausdrücklich formuliert (wofür bisher noch kein Anlass bestand):

> Zwei-insgesamt-Prinzip : Es gibt genau zwei Wahrheitswerte: „wahr" und „falsch".
>
> Höchstens-einer-auf-einmal-Prinzip: Keine Aussage erhält mehr als einen Wahrheitswert auf einmal.
>
> Mindestens-einer-auf-einmal-Prinzip: Keine Aussage bleibt bei irgendeiner Gelegenheit ohne Wahrheitswert.

Denn nun lässt sich das Konsistenzprinzip verstehen als *Konjunktion* von Zwei-insgesamt-Prinzip und Höchstens-einer-auf-einmal-Prinzip. Und das Bivalenzprinzip lässt sich verstehen als Konjunktion von Zwei-insgesamt-Prinzip und Mindestens-einer-auf-einmal-Prinzip. Alle bisher erwähnten formalen Sprachen bzw. Herleitungsspiele dafür haben die Paketlösung für alle genannten Prinzipien nachvollzogen, weil sie auf dem Spiel AL basierten:

(1) Einer wff wurde (ggf. pro Kontext) nicht mehr als ein (K-Prinzip), aber doch mindestens einer der Werte 1 und 0 (B-Prinzip) zugeordnet, wobei der Wert 1 in der Deutung als „wahr" und der Wert 0 als „falsch" interpretiert wurde.

(2) Es galt grundsätzlich:

$\vDash\ \sim(\alpha \wedge \sim\alpha)$ NWS

$\vDash\ \alpha \vee \sim\alpha$ SAD

$\vDash\ \alpha \equiv \sim\sim\alpha$ DN

$\alpha \wedge \sim\alpha \vDash \beta$ EFQ („ex falso quodlibet")

Zeichenerklärung: Das metasprachliche Zeichen „$\vDash$" *zwischen* Formeln oder Schemata bedeutet: Es kommt nie vor, dass das ihm Vorangehende den Wert 1 erhält und das ihm Folgende zugleich den Wert 0.

Man kann das formale Gegenstück zum Zwei-ingesamt-Prinzip das {1,0}-Prinzip, das formale Gegenstück zum Höchstens-einer-auf-einmal-Prinzip das Ballungsverbot und das formale Gegenstück zum Mindestens-einer-auf-einmal-Prinzip das Lückenverbot nennen. Das K-Prinzip stellt sich dann als Konjunktion von {1,0}-Prinzip und Ballungsverbot, das B-Prinzip als Konjunktion von {1,0}-Prinzip und Lückenverbot heraus.

Als nichtklassische Logiken sollen hier solche formalen Sprachen bezeichnet werden, in denen irgendetwas davon nicht gilt, d.h. in denen K-Prinzip, B-Prinzip, NWS, SAD, DN oder EFQ aufgegeben werden. Nichtklassische Logiken sind ein großes und spannendes Forschungsgebiet. Es ist unmöglich, in einer Einführung mehr als einen ersten Eindruck zu vermitteln. Ein solcher Eindruck am Ende einer Einführung ist dennoch sinnvoll, weil er den Horizont erweitert: Man ahnt, was alles denkbar ist - zumindest probeweise. Ein erster Eindruck von nichtklassischen Logiken lässt sich strukturieren als Reihe von denkbaren Antworten auf die folgende Frage: Wie soll es überhaupt möglich sein, die genannten Prinzipien voneinander zu entkoppeln; muss man nicht, wenn man eines davon aufgibt, alle aufgeben, so dass völlige Regellosigkeit die Folge ist?

Die Antwort ist: Man muss nicht, sondern man kann die genannten Prinzipien erstaunlich weitgehend entkoppeln. Das lässt sich an vier besonders wichtigen Beispielen zeigen:

1. In der intuitionistischen Logik werden {1,0}-Prinzip, Ballungsverbot und Lückenverbot (und damit K-Prinzip und B-Prinzip) sowie NWS und EFQ gehalten, aber SAD und DN aufgegeben.

2. In der mehrwertigen Logik wird das {1,0}-Prinzip aufgegeben und damit auch K-Prinzip und B-Prinzip; NWS und SAD werden aufgegeben; Ballungsverbot und Lückenverbot bleiben aber in Kraft, ebenso EFQ und DN, letzteres allerdings aus etwas seltsamen Gründen.

3. Bei Verwendung der so genannten Supervaluationstechnik wird das {1,0}-Prinzip und auch das K-Prinzip gehalten; das Lückenverbot und damit auch das B-Prinzip wird aber aufgegeben. Trotzdem behält man nicht nur NWS, DN und EFQ, sondern auch SAD bei!

4. In der parakonsistenten Logik wird das {1,0}-Prinzip und das B-Prinzip beibehalten, aber das Ballungsverbot und damit auch das K-Prinzip wird ebenso aufgegeben wie EFQ. Trotzdem behält man in gewisser Weise NWS, SAD und DN bei (freilich bei einem ziemlich exotischen Begriff von Allgemeingültigkeit).

Beispiele für nichtklassische Logiken

	Intuitionismus	mehrwertige Logik	Supervaluations-technik	parakons. Logik
[1,0]-Prinzip	+	–	+	+
Ballungsverbot	+	+	+	–
Lückenverbot	+	+	–	+
K-Prinzip	+	–	+	–
B-Prinzip	+	–	–	+
SAD	–	–	+	(+)
DN	–	+	+	(+)
NWS	+	–	+	(+) [!]
EFQ	+	+	+	–

Frage der Anwendbarkeit

Das alles ist *technisch* möglich. Lassen sich die dabei entstehenden Spiele plausibel deuten? Gibt es *wirklich* Wahrheitswertlücken oder gar Wahrheitswertballungen, Gegenbeispiele zum Satz vom ausgeschlossenen Dritten, zum Negationsprinzip NEG oder gar zum Nichtwiderspruchssatz? Das ist eine ganz andere Frage. Aber auch zu zeigen, *dass* das eine andere Frage ist, ist Ziel des Kapitels.

Übung: Schreiben Sie K-Prinzip und B-Prinzip genau auf.

8.2 Der Grundgedanke der intuitionistischen Logik

Intuitionistische Semantik: S4 als AL getarnt

Carla ist eine brilliante Detektivin. Sie behauptet grundsätzlich nur das, wofür sie einen Beweis in der Tasche hat. Wenn sie z.B. sagt „Mr.X ist der Mörder", dann meint sie damit: „Ich habe einen Beweis dafür in der Tasche, dass Mr.X der Mörder ist". Wenn sie sagt „Mr.X ist nicht der Mörder", dann meint sie: „Ich habe einen Beweis dafür in der Tasche, dass Mr.X nicht der Mörder ist". Carla protokolliert ihre Erfahrungen nach Abschluss einer Ermittlung vorsichtshalber in einer Geheimsprache, die völlig unauffällig als AL getarnt ist, tatsächlich aber ziemlich anders funktioniert: S4+ (vgl. 23).

Auf der Ebene der Syntax ist die Sprache S4+ genauso definiert wie S4, nur dass statt der Tilde das Zeichen „–" verwendet wird und statt des Pfeils das Zeichen „⊃". Das ist eine bloße Umetikettierung. Aber die schafft Platz dafür, die Tilde und den Pfeil *per Definition einzuführen* wie folgt:

Intuitionistische Abkürzungen
⌐~α⌐ kürzt ⌐□ – α⌐ ab, und ⌐α → β⌐ kürzt ⌐□(α ⊃ β)⌐ ab.

Semantisch ist S4+ genau so definiert wie S4 bis auf drei Besonderheiten:
(1) Die Bewertungsfunktion, die bei der Definition von S4 „V" heißt, nennt man nun „$^{Proto}V$". Das ist wieder bloß ein neues Etikett.

(2) Die Semantik enthält neben der Forderung der Reflexivität und Transitivität noch die folgende Zusatzforderung für die Zugänglichkeitsrelation A:

„Was man hat, das hat man": Für jede *atomare* Formel α und jedes k, k' aus W gilt: wenn $^{Proto}V(\alpha, k) = 1$ und k' A k, dann $^{Proto}V(\alpha, k') = 1$.

Das heißt: Wenn α ein Satzbuchstabe ist und an k den Wert Protowert 1 erhält, so pflanzt sich dies in alle von k aus zugänglichen Kontexte fort und er erhält in keinem davon je wieder den Wert 0. Wenn α an k den Wert 0 erhält, so muss sich das aber *nicht* fortpflanzen.
(3) V ist nun *zusätzlich* definiert wie folgt:

$V(\alpha, k)=1$ gdw $^{Proto}V(\alpha, k)=1$ und $V(\alpha, k)=0$ gdw $^{Proto}V(\alpha, k)=0$, *wenn* sich α mit den intuitionistischen Abkürzungen *ohne* Box, „–" oder „$\supset$" notieren lässt.

Der V-Wert weicht also nie vom Protowert ab. Aber der Effekt ist: Formeln, die sich nicht als AL-Formeln tarnen lassen, werden für einen V-Wert einfach nicht beachtet.

Das Ergebnis ist formal gesehen eine Modallogik, die – perfekt verkleidet – auf der Oberfläche aussieht wie AL! Was V-Werte angeht, so ist klar: Nur die Werte 1 und 0 werden vergeben, pro Kontext nicht mehr als einer von beiden, aber doch mindestens einer von beiden: {1,0}-Prinzip, Ballungsverbot und Lückenverbot (und damit K-Prinzip und B-Prinzip) sind also in Kraft.
Was kann Carla mit ihrer Geheimsprache anfangen? Angenommen, sie befindet sich in einer Zimmerflucht im Seitenflügel eines alten Schlosses, der drei Räume enthält: k_1, k_2 und k_3. Sie ist im ersten der drei Räume. Die Tür ist hinter ihr zugefallen und sie kann das Schloss nur durch den dritten Raum wieder verlassen. Sie sucht nach einem ganz bestimmten Brief: einem Geständnis von Mr.X, Schuld am Tod von Lady Y zu sein. Er ist das einzig denkbare Beweisstück und lässt sich, wenn überhaupt, nur in einem der drei Räume finden. *Wenn* Carla den Brief findet, steckt sie ihn vorsichtig in ihre Tasche und nimmt ihn mit: Was man hat, das hat man. Es sind nun mehrere Situationen denkbar, u.a. die folgenden:
(1) Carla findet bereits im ersten Raum das Geständnis. Wenn „p" steht für „Hier ist das Geständnis von Mr.X", so ist also $V(p, k_1) = 1$. Sie hat es dann auch im zweiten und dritten Raum in der Tasche, es ist also auch $V(p, k_2)=1$ und $V(p, k_3) = 1$. Es ist dann klarerweise $^{Proto}V(\Box–p, k_1) = 0$, also $V(\sim p, k_1)=0$. Schließlich kann sie in keinem Raum sowohl den Brief in der Tasche haben als auch nicht in der Tasche haben. Diese Überlegung zeigt auch, dass „$\Box–(p \wedge \Box–p)$" bzw. „$\sim(p \wedge \sim p)$" grundsätzlich den Wert 1 haben muss: Für Carlas Geheimsprache gilt das NWS-Prinzip. Außerdem ist klar: Von $V(\alpha,k)=1$ darf man auf $V(\sim\alpha,k)=0$ schließen. Zuguterletzt lässt sich feststellen: $V(\sim\sim p, k_1)=1$. Man kann also sagen: Von „p" lässt sich auf „$\sim\sim p$" schließen.

Begründung: „$\Box–p$" ("nirgends, wo ich ab jetzt noch hinkomme, habe ich den Beweis in der Tasche") ist nicht nur für k_1 falsch, sondern auch für *jeden* Raum, in den Carla, den Beweis in der Tasche, von k_1 aus gehen kann. Man hat also: $^{Proto}V(\Box–\Box–p, k_1)=1$.

(2) Carla findet bereits im ersten Raum einen Abschiedsbrief der absolut vertrauenswürdigen Lady Y, der beweist, dass es gar kein Mord war. Sie wird dann in keinem der drei Räume ein Geständnis in der Tasche haben, sondern einen Beweis für die Unschuld von Mr.X. Man hat dann $^{Proto}V(\Box{-}p, k_1) = 1$, und Carla kann notieren: $V({\sim}p, k_1) = 1$ (und außerdem $V(p, k_1) = 0$; von $V({\sim}\alpha,k)=1$ darf man auf $V(\alpha,k)=0$ schließen).

(3) Carla findet im ersten Raum gar nichts, weder einen Schuldbeweis noch einen Unschuldsbeweis, das Geständnis befindet sich aber im dritten Raum. In diesem Fall ist $V(p, k_1) = 0$. Überraschend ist: Es ist auch $V({\sim}p, k_1) = 0$. Denn man hat $V(p, k_3) = 1$. Es erhält damit nicht für jeden Raum „$-p$" den Wert, was zur Folge hat: $^{Proto}V(\Box{-}p, k_1) = 0$.

Kein SAD Die Konsequenzen sind spektakulär:
1. Carla kann offenbar weder allgemein von $V(\alpha, k) = 0$ auf $V({\sim}\alpha, k) = 1$ schließen noch von $V({\sim}\alpha, k) = 0$ auf $V(\alpha, k) = 1$.
2. Das Zeichen „$\vee$" ist für S4+ genauso definiert wie für AL. Man erhält also $V(p \vee {\sim}p, k_1) = 0$. Der SAD gilt für Carlas Geheimsprache nicht! Das ist insofern plausibel, als sie nur Gerichtsfestes behauptet und im ersten Raum weder beweisen kann, dass Mr.X Lady Y umgebracht hat, noch beweisen kann, dass nicht.
Kein Gesetz der doppelten Negation 3. Es stellt sich trotz $V(p, k_1)=0$ heraus: $V({\sim}{\sim}p, k_1)=1$. Das bedeutet, dass Carla von $V({\sim}{\sim}p, k_1) = 1$ nicht auf $V(p, k_1) = 1$ schließen darf.

Begründung: In k_3 befindet sich das Geständnis, so dass man erhält: $^{Proto}V(p, k_1) = 1$. Man bekommt deshalb $^{Proto}V(\Diamond p, k_1) = 1$, $^{Proto}V(\Diamond p, k_2) = 1$ und $^{Proto}V(\Diamond p, k_3) = 1$, also $^{Proto}V(\Box\Diamond p, k_1) = 1$, also $^{Proto}V(\Box{-}\Box{-}p, k_1) = 1$, also $V({\sim}{\sim}p, k_1) = 1$. Vorsicht: Man kann nicht *allgemein* von $V({\sim}p)=0$ auf $V({\sim}{\sim}p) = 1$ schließen!

Die intuitionistische Logik wurde natürlich nicht zum Erzählen von Detektivgeschichten erfunden, sondern entstand, auf Anregung des niederländischen Mathematikers Brouwer in den 20er Jahren des 20.Jh. als Logik für eine ernst zu nehmende Mathematik-Theorie, die Wahrheit mit konkreter Beweisbarkeit identifiziert und die in den 70er Jahren des 20. Jh. von Michael Dummett zu einem umfassenden Ansatz in der theoretischen Philosophie ausgearbeitet wurde (51, kritisch: 94, Kap. 8). Die nicht gerade nahe liegende Idee, dass man diese Logik semantisch gesehen am besten als kaschiertes S4 versteht, stammt von Gödel (11, S.200 f.).

Kein indirekter Beweis Man mag eher skeptisch sein, ob das intuitionistische Programm eine große Zukunft hat, denn es fällt schwer, auf das seit Aristoteles bewährte Verfahren des indirekten Beweises zu verzichten. Dass man das als Intuitionist tun müsste, sieht man am passenden Herleitungsspiel für die intuitionistische Logik. Angesichts der hochkomplizierten Semantik ist es überraschend, dass ein solches Herleitungsspiel einfach zu beschreiben ist: Es handelt sich dabei schlicht um K-AL ohne die Regel DN (3, S.140). Daraus folgt sofort, dass alle intuitionistisch herleitbaren Formeln auch AL-allgemeingültig sind (während das Umgekehrte nicht gilt). Es ist verblüffend, was sich alles *nicht* mehr herleiten lässt, sowie man DN nicht mehr zur Verfügung hat, z.B. „$p \vee {\sim}p$" und auch z.B. „${\sim}(p \wedge q) \rightarrow ({\sim}p \vee {\sim}q)$" (der Rest der De Morgan'schen Gesetze gilt). Das liegt daran, dass man viele Formeln nur auf dem Weg des indirekten Beweises herleiten kann. Der hat, mit α als Beweisziel, die typische Form

```
 *   1      ~α                 Hyp
...* n       β          ...    ...
...* m      ~β          ...    ...
 *   m+1    ⊥          n, m    E~
     m+2    ~~α        1, m+1  I~
     m+3    α          m+2     DN
```

Bis auf den letzten Schritt ist der Intuitionist einverstanden. Den letzten Schritt muss er aber ablehnen, weil es ja für ihn vorkommen kann, dass ⌜$\sim\sim\alpha$⌝ wahr und α trotzdem falsch ist.

Übungen
1) Fertigen Sie eine genaue Skizze der Situation in Carlas Schloss an.
2) Informieren Sie sich in der angegebenen Literatur über die philosophische Motivation Brouwers und Dummetts für den Intuitionismus.

8.3 Mehrwertige Logik

Warum sollte jede Aussage nur entweder wahr oder falsch sein können? In Kap. 2 und in Kap. 6 sind uns schon Aussagen begegnet, für die man vielleicht den Gedanken attraktiv findet, dass sie weder wahr noch falsch sind: „Es wird morgen zu einer Seeschlacht kommen" und „Der gegenwärtige König von Frankreich ist kahl" (Näheres zur zweiten Anwendung: 3, Kap. 5.5.3). Warum sollte man also nicht einmal versuchen, das Spiel AL um einen dritten Wahrheitswert zu einer Sprache AL3 zu erweitern? Diese Pionierarbeit hat Łukasiewicz bereits um 1920 geleistet (11, S.135–149). Wffs von AL3 sind syntaktisch genauso definiert wie wffs für AL. Die Bewertungsfunktion V ist aber, von AL abweichend, definiert als eine Funktion, die jeder wff einen der *drei* Werte 1, 0 oder ½ zuweist! Der Wert ½ wird dabei als „unbestimmt" gedeutet. Die interessante Frage ist, wie man die Junktoren definieren soll. Łukasiewicz' Vorschlag (vgl. 3, Kap. 5.5.2; 23, Kap. 7.3) lässt sich mit um die Ecke notierten Werttabellen (vgl. Kap. 2) wie folgt aufschreiben:

(Randnotizen: Ein dritter Wahrheitswert. Dreiwertige Junktoren)

α	1	½	0
~α	0	½	1

∧	β 1	β ½	β 0
α 1	1	½	0
α ½	½	½	0
α 0	0	0	0

∨	β 1	β ½	β 0
α 1	1	1	1
α ½	1	½	½
α 0	1	½	0

→	β 1	β ½	β 0
α 1	1	½	0
α ½	1	1	½
α 0	1	1	1

Das {1,0}-Prinzip ist offensichtlich aufgegeben und durch ein {1,½,0}-Prinzip ersetzt worden. Das K-Prinzip und das B-Prinzip sind damit auch aufgegeben, da sie das {1,0}-Prinzip voraussetzen. Es gilt aber weiter das Ballungsverbot: Keine Formel bekommt mehr als einen der drei Werte auf einmal. Und es besteht das Lückenverbot: Jede Formel bekommt mindestens einen der drei Werte. Auch sonst ist AL3 im Vergleich zu AL ziemlich konservativ:

(1) Denkt man sich die Spalten weg, in denen der Wert ½ eine Rolle spielt, so bekommt man genau die Werttabellen für AL. Solange keine Aussagen mit dem Wert ½ ins Spiel kommen, verhalten sich die Junktoren genau wie zuvor. Daraus folgt sofort, dass jede AL3-allgemeingültige Formel (also jede Formel, die bei beliebiger Verteilung der Werte 1, ½ und 0 auf ihre atomaren Teilformeln immer den Wert 1 erhält) auch eine AL-allgemeingültige Formel ist.

(2) Nimmt man die Werte ausnahmsweise tatsächlich als Zahlen, so lässt sich schon für AL die Werttabelle für „∧" erschöpfend beschreiben mit dem Motto: „Im Zweifelsfall gewinnt der Kleinere". Schließlich ist 0 kleiner als 1. Das Motto ist plausibel, denn für die Konjunktion gelten strenge Regeln: *Eine* falsche Komponente macht sie schon falsch. Schon für AL lässt sich dagegen die Werttabelle für „∨" erschöpfend beschreiben mit dem Motto: „Im Zweifelsfall gewinnt der Größere". Schließlich ist 1 größer als 0. Auch dieses Motto ist plausibel, denn für die Alternation gelten lockere Regeln: *Eine* wahre Komponente macht sie schon wahr. Für AL3 gelten diese Mottos einfach weiter, und auch das lässt sich motivieren: Ist „p" wahr und „q" unbestimmt, so überträgt sich die Unbestimmtheit auf die starke Behauptung „p und q"; „p oder q" ist in diesem Fall aber wahr, denn es wäre ja sogar wahr, wenn „p" wahr und „q" *falsch* wäre. Ist „p" falsch und „q" unbestimmt, so ist „p und q" auch falsch – schließlich wäre es ja sogar falsch, wenn „p" falsch und „q" *wahr* wäre; „p oder q" ist dagegen in diesem Fall unbestimmt, denn wenigstens „q" ist ja nicht falsch.

Für den Negator bleibt kaum eine andere Wahl, als dass die Negation einer unbestimmten Formel wieder unbestimmt sein soll. Im Beispiel mit der Seeschlacht *will* man ja gerade, dass sowohl „Es wird morgen eine Seeschlacht stattfinden" unbestimmt ist als auch „Es wird morgen *keine* Seeschlacht stattfinden". Die Pfeil-Verbindung ist etwas weniger eingängig, aber es wird sich herausstellen, dass man auch ohne sie schon genug Probleme hat.

Einige Formeln stellen sich leicht als AL3-allgemeingültig heraus, z.B. „p→p" oder die Kontraposition „(~q → ~p) → (p → q)". Auch das Prinzip DN gilt weiter, freilich aus einem ziemlich seltsamen Grund: Wenn „p" den Wert ½ hat, dann auch „~p" und dann auch „~~p". Eine Pfeil-Verbindung mit zwei unbestimmten Komponenten bekommt aber wieder den Wert 1.

Das Problem: kein NWS AL3 lässt sich zwar fast ebenso sparsam korrekt und vollständig axiomatisieren wie AL (23, S.226; 11, 150–152 (Wajsberg 1931); ein Kalkül des natürlichen Schließens ist allerdings recht kompliziert (101)). Es gibt aber sehr viele Formeln, die AL-allgemeingültig, aber nicht AL3-allgemeingültig sind. So ist etwa SAD aufzugeben: Hat „p" den Wert ½, so auch „~p" und also auch „p ∨ ~p". „p ∨ ~p" bekommt also nicht in jedem Fall den Wert 1 und ist nicht allgemeingültig. Das wird man für das Seeschlacht-Problem vielleicht zunächst noch willkommen heißen. Definitiv unwillkommen dürfte es jedoch sein, dass „~(p ∧ ~p)" nicht allgemeingültig ist – zumindest für jemand, der Widersprüchen nichts abgewinnen kann. Doch leider ist das so: Wenn auch „(p ∧ ~p)" wenigstens nie *wahr* werden kann, so wird es doch *unbestimmt,* wenn „p" unbestimmt ist – und damit auch seine Negation „~(p ∧ ~p)". Diese Formel erhält also nicht immer den Wert 1; sie ist ebenso wenig allgemeingültig wie „p ∨ ~p".

Trotz dieses zweifelhaften Ergebnisses hat sich eine Art der Erweiterung des Spiels AL3 ausgerechnet dort als als sehr nützlich herausgestellt, wo es vielleicht gar nicht als *Logik* verwendet wird: in der Steuerungstechnik (28). Die folgende Erweiterung von AL3 ist ein einfaches Beispiel für eine sogenannte „fuzzy logic" und soll hier deshalb fuzzy AL heißen. Fuzzy AL ist im Prinzip definiert wie AL3, nur dass V jetzt *jeden Wert zwischen 0 und 1* annehmen kann. Deutet man fuzzy AL als Logik, so ist die Grundidee, dass Aussagen mehr oder weniger wahr sein können. So könnte man z.B. dem Gedanken etwas abgewinnen, dass die Aussage „Es ist hell" jeden Morgen während des Sonnenaufgangs kontinuierlich wahrer wird. In der Nacht ist sie zu 0% wahr (V(p)=0), in der Dämmerung ist sie vielleicht zu 20 % wahr (V(p)=0,2), erst bei vollem Tageslicht zu 100 % (V(p)=1). Es ist nicht völlig klar, wie man dann mit komplexen Aussagen umgehen soll, aber das Einfachste ist, für Konjunktion und Alternation wieder die Regeln „Im Zweifelsfall gewinnt der Kleinere" bzw. „Im Zweifelsfall gewinnt der Größere" zu übernehmen. Für die Negation von α bietet es sich an, ihr als V-Wert die *Differenz* zwischen V(α) und 1 zuzuweisen: Wenn „p" für „Es ist hell" steht, so sollte „~p" für „Es ist dunkel" stehen. Wenn es zu 20 % hell ist, so ist es zu 80% dunkel. Also ist es plausibel, wenn man in der ersten Morgendämmerung bei V(p)=0,2 auf V(~p)=0,8 kommt. Die übliche Semantik für die Pfeil-Verbindung lässt die philosophische Radikalität einer Interpretation von fuzzy AL als Logik ahnen: V(α→β) hat den Wert 1, wenn α *mindestens so wahr* ist *wie* β; ist α *wahrer als* β, so ist V(α→β) um gerade soviel geringer als 1 wie α *wahrer* ist *als* β. Dies lässt sich am ehesten für eine Wahrscheinlichkeitsdeutung von fuzzy AL motivieren: Ist man sich bezüglich β mindestens so sicher wie bezüglich α, so wird man mit voller Überzeugung auf „Wenn α, dann β" wetten, ist man sich bezüglich α sicherer, so wird man mit gerade soviel geringerer Überzeugung auf „Wenn α, dann β" wetten als man von α überzeugter ist als von β.

*Fuzzy Logic:
Grade der Wahrheit*

Übung
„p" stehe für „Alle Primzahlen sind grün". Wie würde ein Vertreter der dreiwertigen Logik wohl den Wahrheitswert dieser Aussage beurteilen, und wie würde er den Wahrheitswert von „~p" motivieren? Was würde ein Vertreter der klassischen (zweiwertigen) Aussagenlogik dazu sagen?

8.4 Parakonsistenz und Wahrheitswertballungen

Auch wenn fuzzy AL schon ziemlich exotisch ist, so bleibt doch zumindest noch das Ballungsverbot in Kraft: Keine Formel bekommt mehr als einen Wert zwischen 0 und 1. In der parakonsistenten Logik wird dieses Prinzip (und damit auch das K-Prinzip) aufgegeben. Kurz: Nach Ansicht eines ernsthaften Vertreters der parakonsistenten Logik können Aussagen zur selben Gelegenheit sowohl wahr als auch falsch sein: Es gibt wahre Widersprüche. Der Pionier der parakonsistenten Logik seit den 80er Jahren

Wahre Widersprüche?

des 20. Jahrhunderts, der australische Logiker Graham Priest, wirbt unermüdlich für philosophische Anwendungen der parakonsistenten Logik. Er plädiert dafür, dass Wahrheitswertballungen tatsächlich vorkommen (er nennt sie „truth-value gluts"). So meint er:

- Paradoxien wie die Russell-Paradoxie (vgl. Kap. 6) sind sowohl wahr als auch falsch (23, Kap. 7.7).
- Sich widersprechende Normen (vgl. Kap. 7) sind zugleich wahr und auch falsch (23, Kap. 7.6).
- Sowohl in der Quantentheorie als auch im Sinne des „dialektischen" Bewegungsbegriffs von Hegel ist die Aussage „Objekt o ist jetzt hier" oft sowohl wahr als auch falsch (90).

Wahrheitswert- *ballungen* *(„truth value gluts")* Eine einfache Form einer parakonsistenten Sprache ist in der Literatur unter dem Namen RM_3 bekannt (23, Kap. 7.4.7). Syntaktisch besteht zwischen AL und RM_3 kein Unterschied. Semantisch gesehen ist der Unterschied dramatisch: V weist nicht mehr einzelne Werte zu, sondern Mengen von Werten. Als V-Werte zur Auswahl stehen dabei {1}, {0} und {1,0}. Bei *atomaren* Formeln reicht es, einfach festzuhalten, dass das erlaubt sein soll. Steht „p" für „O ist jetzt hier" und ist V(p)= {1,0}, so wird dies gedeutet als: Die Aussage, dass O jetzt hier ist, ist wahr und auch falsch. Die entscheidende Frage ist wieder: Wie definiert man die Wertverteilung für komplexe Formeln mit Junktoren? Man sollte erwarten, dass das sehr kompliziert ist. Tatsächlich sehen die Werttabellen, die das festlegen, einfach *fast* so aus wie für AL3:

Parakonsistente *Junktoren*

∧	β {1}	β {1,0}	β {0}	∨	β {1}	β {1,0}	β {0}	→	β {1}	β {1,0}	β {0}
α {1}	{1}	{1,0}	{0}	α {1}	{1}	{1}	{1}	α {1}	{1}	{0}	{0}
α {1,0}	{1,0}	{1,0}	{0}	α {1,0}	{1}	{1,0}	{1,0}	α {1,0}	{1}	{1,0}	{0}
α {0}	{0}	{0}	{0}	α {0}	{1}	{1,0}	{0}	α {0}	{1}	{1}	{1}

	α {1}	{1,0}	{0}
	~α {0}	{1,0}	{1}

Gegenüber den AL3-Tabellen für „~", „∧" und „∨" ist bloß 1 durch {1} ersetzt, 0 durch {0} und ½ durch {1,0}. Einzig beim Pfeil ist die Abweichung etwas größer (die Begründung dafür führt hier zu weit; vgl. 23, S.122). Man kann das für „~" so motivieren: Wenn „p" wahr ist, ist „~p" falsch, und wenn „~p" falsch ist, ist „p" wahr. Wenn also „p" wahr und falsch ist, so muss „~p" falsch und auch wahr sein. Für „∧" ist die Idee: Wenn auch nur eine der Komponenten einer Konjunktion *auch* falsch ist, darf die Konjunktion nicht *nur* wahr werden, sondern muss zumindest *auch* falsch sein. Für „∨" ist sie: Wenn auch nur eine der Komponenten einer Alternation *auch* wahr ist (selbst wenn sie obendrein noch falsch ist), so sollte das dafür genügen, dass die Alternation wenigstens *auch* wahr ist.

Das Problem der *Allgemeingültigkeit* In RM_3 bleibt, anders als bei mehrwertigen Sprachen, das {1,0}-Prinzip in Kraft. Außerdem besteht nach wie vor ein Lückenverbot: Jede wff bekommt bei jeder Gelegenheit zur Wertverteilung mindestens einen Wert ab – oft ja sogar zwei. Auch das B-Prinzip, das ja bloß die Kombination von {1,0}-Prinzip und Lückenverbot ist, bleibt in Kraft.

Ziemlich überraschend ist, dass *in gewissem Sinn* NWS, SAD und DN gelten: „~(p ∧ ~p)", „p ∨ ~p", „p → ~~p" und „~~p → p" erhalten in jedem Fall *auch* den Wert 1.

Begründung

Ist „p" entweder nur 1 oder nur 0, so ist „~(p ∧ ~p)", „p ∨ ~p", „p → ~~p" und „~~p → p" grundsätzlich *nur* 1: Für diese Fälle weicht ja schon AL3 gar nicht von AL ab, und die Werttabellen für RM$_3$ gehen für alle hier relevanten Fälle einfach aus denen für AL3 hervor. Interessant sind also nur Fälle, in denen „p" sowohl den Wert 1 als auch den Wert 0 erhält. „~p" und „~~p" erhält dann auch beide Werte. „p ∧ ~p" erhält deshalb ebenfalls beide Werte und deshalb laut Werttabelle auch „~(p ∧ ~p)", ebenso „p ∨ ~p", „p → ~~p" und „~~p → p". Wenn sie beide Werte erhalten, so heißt das, dass sie in jedem Fall *auch* den Wert 1 erhalten.

Definiert man Allgemeingültigkeit (wie bisher durchgehend) als „erhält in jedem möglichen Fall den Wert 1", so ergibt sich also: Alle genannten Formeln sind allgemeingültig.

Es ist hierzu leicht der folgende Protest vorstellbar: „Mit ‚erhält immer den Wert 1' war doch eigentlich immer gemeint: ‚erhält immer *nur* den Wert 1' oder ‚erhält nie den Wert 0'; bei der Deutung zu sagen, ‚~(p ∧ ~p)' könne zwar falsch werden, sei aber dennoch allgemeingültig, setzt einen ganz verdrehten Begriff von Allgemeingültigkeit voraus." Der Vertreter der parakonsistenten Logik wird entgegnen, dass man nach im engen Sinn allgemeingültigen Formeln (immer *nur* wahr) lange suchen kann, da kein Junktor auf den Input {1,0} für alle Komponenten den Output {1} liefert.

Ein tiefer gehender denkbarer Einwand gegen die parakonsistente Logik ist: „Man darf nicht zulassen, dass ein Widerspruch je wahr wird; denn aus einem Widerspruch darf man Beliebiges folgern: ex falso quodlibet. Wenn man *alles* folgern darf, dann hat man aber offenbar gar keine Logik mehr vor sich, sondern die totale Regellosigkeit." Die *technische* Antwort ist: Es ist für die parakonsistenten Logik gerade typisch, dass das Prinzip EFQ nicht gilt: Auch Widersprüche führen nicht zur Anarchie. Es kann zwar - anders als bei allen anderen Logiken dieses Kapitels - vorkommen, dass „p ∧ ~p" u.a. auch *wahr* wird; nur ist das völlig kompatibel damit, dass „q" *nur* falsch ist. Es gilt *nicht*: p ∧ ~p ⊭ q. Nur: Wie *kann* man, von technischen Argumenten abgesehen, einen üblichen Beweis für das EFQ-Prinzip wie den folgenden überhaupt ablehnen (der übrigens sinngemäß bereits aus dem 14. Jahrhundert überliefert ist (12, 31.22))?

Kein
ex falso quodlibet

*	1	p ∧ ~p	Hyp
*	2	p	1, E∧
*	3	p ∨ q	2, I∨
*	4	~p	1, E∧
*	5	q	3,4, AL: disj. modus tollendo ponens

Die Antwort im Sinne der parakonsistenten Logik ist: „Der Schritt zur 5. Zeile ist abzulehnen. Der disjunktive modus tollendo ponens der stoischen Aussagenlogik ist nicht gültig." Das ist im Sinne der Grundidee der parakonsistenten Logik konsequent. Denn das Argument besagt, von unten nach oben gelesen: „‚q' muss wahr sein; denn ‚~p' ist wahr; *wenn ‚~p' wahr ist, ist ‚p' nicht wahr*; ‚p' ist also nicht wahr; wenn nun obendrein ‚q' nicht wahr wäre, dürfte auch ‚p ∨ q' nicht wahr sein; ‚p ∨ q' ist aber wahr." Der kursiv gesetzte Schritt steht aber dem Grundgedanken der parakonsistenten Logik ganz entgegen. Ihr zufolge kann es ja vorkommen, dass sowohl „~p" als auch „p" wahr ist (und zugleich beides falsch). Dem Einwand, diese Logik sei alles andere als alltäglich, wird ein Verfechter der parakonsistenten Logik damit begegnen, dass für alle Bereiche mit konsistentem Input seine Logik genau so funktioniert wie AL, sie also eigentlich ganz konservativ ist.

Übung
Graham Priest motiviert in einem Aufsatz (90) die parakonsistente Logik damit, dass nach Hegel Bewegung der „daseyende Widerspruch selbst" ist, da dasselbe Objekt in Bewegung im selben Moment „zugleich hier und nicht hier" ist (134, Anmerkung 3 zu Punkt C in Teil I, Buch 2, Abschn.1, Kap. 2). Wie kann man das als Anwendung für die parakonsistente Logik plausibel machen?

8.5   Supervaluationen und Wahrheitswertlücken

Die in Bezug auf AL-Gesetze konservativste – und vielleicht deshalb attraktivste – nichtklassische Logik ist die so genannte Supervaluationstechnik, die der bedeutende Wissenschaftstheoretiker Bas van Fraassen 1966 entwickelt hat (82, 83). Sie ist für viele Probleme zumindest ein Lösungskandidat, u.a. die Logik der Quantentheorie (vgl. z.B. 29, 30) oder das Problem der leeren Namen (vgl. auch 24, 25, 26). Sehr gut motivieren lässt sie sich für das Seeschlachtproblem. Im Zusammenhang mit diesem Problem wird sie üblicherweise für Sprachen mit zeitlogischen Operatoren eingesetzt (99; vgl. zur Zeitlogik Kap. 7.4). Am einfachsten erklären lässt sich ihre Grundidee aber ohne irgendwelche Modaloperatoren.

Proto-Werte und Wahrheitswerte

Stellen wir uns dafür eine Sprache $^{Super}AL$ vor, die wie folgt funktioniert. Die Syntax ist dieselbe wie für AL. Es gibt, wie in S4+, eine Funktion $^{Proto}V$, die *Proto*-Werte vergibt. Ein $^{Proto}V$-Wert wird nicht einfach für eine mögliche Welt vergeben, sondern für eine mögliche Welt („w") *zu einer Zeit* („t"). Jeder wff wird für eine mögliche Welt zu einer Zeit der Proto-Wert 1 oder 0 zugeordnet. Die Proto-Werte werden nicht als „wahr" oder „falsch" gedeutet, sondern sind reine Verrechnungseinheiten. Die Junktoren sind für $^{Proto}V$ wie AL-Junktoren definiert. Man hat also z.B.:

$$... \quad ^{Proto}V(\sim\alpha, \langle w,t \rangle) = 1 \qquad gdw \; ^{Proto}V(\alpha, \langle w,t \rangle) = 0.$$
$$^{Proto}V(\alpha \lor \beta, \langle w,t \rangle) = 1 \qquad gdw \; ^{Proto}V(\alpha, \langle w,t \rangle) = 1 \; oder \; ^{Proto}V(\beta, \langle w,t \rangle) = 1$$

Die atomaren Formeln „p", „q" etc. stellt man sich als Aussagen mit Zeit- bzw. Datumsangabe vor. „p" steht also z.B. für „Es findet zu t_2 eine Seeschlacht statt". Zwischen den möglichen Welten besteht eine Zugänglichkeitsrelation, die mit dem Zeitpunkt variiert: w und w' sind *zu t* genau dann Alternativen zueinander, wenn sie bis einschließlich t inhaltlich identisch sind, wenn also bis einschließlich t in ihnen genau dasselbe passiert. Zusätzlich wird V nun definiert wie folgt:

$V(\alpha, \langle w,t \rangle)=1$ gdw für jede zu Zeit t mit w zugängliche Welt w' gilt:
$$^{Proto}V(\alpha, \langle w,t \rangle)=1;$$
$V(\alpha, \langle w,t \rangle)=0$ gdw für jede zu Zeit t mit w zugängliche Welt w' gilt:
$$^{Proto}V(\alpha, \langle w,t \rangle)=0.$$

Klarerweise besteht für V-Werte ein Ballungsverbot; und, da nur 1 und 0 zur Auswahl stehen, gilt damit auch das K-Prinzip. Besteht auch ein Lückenverbot, und gilt deshalb das B-Prinzip? Nein. Angenommen w_1 und w_2 seien bis zu einschließlich t_1 inhaltlich identisch. t_1 liegt vor t_2. In w_2 findet zu t_2 eine Seeschlacht statt, in w_1 findet zu t_2 keine Seeschlacht statt. Man hat also $^{Proto}V(p,\langle w_1,t_1\rangle)=0$, $^{Proto}V(\sim p,\langle w_1,t_1\rangle)=1$, $^{Proto}V(p,\langle w_2,t_1\rangle)=1$ und $^{Proto}V(\sim p,\langle w_2,t_1\rangle)=0$. Wie steht es mit den V-Werten von „p" und „~p" für w_1 und t_1? Es gibt keine! Das passt bestens zur Idee, dass Aussagen über zukünftige Seeschlachten weder wahr noch falsch sind. Hier wird dieser Gedanke aber nicht dahingehend konkretisiert, dass es einen Wahrheitswert „unbestimmt" gibt wie in der dreiwertigen Logik. Vielmehr wird angenommen, dass es einfach Wahrheitswertlücken („truth-value gaps") gibt. Die Wirklichkeit ist noch nicht weit genug gediehen. Man wird vernünftigerweise $V(p,\langle w,t\rangle)=1$ deuten als „,p' ist bei bis zu einschließlich t w-artiger Wirklichkeit wahr" und $V(p,\langle w,t\rangle)=0$ deuten als „,p' ist bei bis zu einschließlich t w-artiger Wirklichkeit falsch". Und wir befinden uns nun einmal weder *in* w_1 noch *in* w_2, sondern einfach in der Wirklichkeit, in der sowohl w_1 als auch w_2 noch Kandidatinnen für die Verwirklichung sind.

Doch könnte das nicht alles ein Vertreter der dreiwertigen Lösung auch sagen? Wozu also der technische Aufwand mit der Unterscheidung von V-Werten und Proto-Werten? Und was ist eigentlich der große Unterschied zwischen „unbestimmt" und Lücke? Das sieht man, wenn man sich fragt: Wie steht es mit den V-Werten von „p ∨ ~p", „~(p ∧ ~p)", „p ≡ ~~p" für w_1 und t_1? Die Antwort ist: Alle diese Formeln erhalten immer den V-Wert 1. Sie sind genauso allgemeingültig wie in AL! Schließlich ist $^{Proto}V(p \vee \sim p,\langle w,t\rangle)$ wegen der Semantik für die Junktoren für jedes beliebige w und t immer 1, also auch für jede Alternative für w_1 zu t_1. Genau das ist aber gefordert, damit man $V(p \vee \sim p,\langle w_1,t_1\rangle)=1$ erhält. Mit allen anderen AL-allgemeingültigen Formeln verhält es sich genau so. Das kann man sich wie folgt plausibel machen: Sollte es nicht klar sein, dass morgen entweder eine Seeschlacht stattfindet oder keine, selbst wenn weder „Es findet morgen eine Seeschlacht statt" noch „Es findet morgen keine Seeschlacht statt" schon heute wahr ist?

Das Beispiel zeigt deutlich, dass es hier nicht um *reine* Logik geht: Für die Lösung des Seeschlachtproblems konkurriert die Supervaluationstechnik nicht nur mit dem dreiwertigen Ansatz, sondern auch mit mehreren gut ausgearbeiteten indeterministischen Ansätzen auf klassischer Grundlage (einen Überblick vermittelt 84). Wer einen davon befürwortet, wird ebenfalls der Meinung sein, dass die morgige Seeschlacht noch keine ausgemachte Sache ist, den Gedanken an Lücken oder Unbestimmtheit aber ablehnen. Ein Determinist wird keinen der Vorschläge akzeptieren. Logik in der Philosophie kann dazu dienen, inhaltlich gehaltvolle Thesen zu explizieren. Sie steht nicht etwa in fragwürdiger Reinheit über ihnen.

Übung
Quine hat 1953 den Gedanken, dass im Seeschlacht-Fall die Alternation der Aussagen „Es findet morgen eine Seeschlacht statt" und „Es findet morgen keine Seeschlacht statt" wahr ist, obwohl weder das eine noch das andere Alternationsglied wahr ist, als „Aristotle's phantasy" bezeichnet (93). Diskutieren Sie diese Auffassung.

Wahrheitswertlücken
(„truth value gaps")

Geltung der AL-Theoreme

8.6 Zusammenfassung und Literaturhinweise

Zusammenfassung

In diesem Kapitel wurden Optionen der Logik vorgestellt, die möglicherweise eine befreiende Wirkung haben, selbst wenn (oder gerade weil) sie zum Teil denkerisch waghalsig erscheinen könnten: In der intuitionistischen Logik gelten die formalen Gegenstücke zu Bivalenz- und Konsistenzprinzip und zum Nichtwiderspruchssatz, aber die formalen Gegenstücke zum Gesetz der doppelten Negation und zum Satz vom ausgeschlossenen Dritten gelten nicht. In der dreiwertigen Logik (und ihrer Erweiterung auf unendlich viele Wahrheitswerte, der fuzzy logic) gilt das formale Gegenstück zum Bivalenzprinzip nicht mehr. In der parakonsistenten Logik gilt das formale Gegenstück zum Konsistenzprinzip und zum „ex falso quodlibet" nicht mehr. Die Supervaluationstechnik eröffnet eine Perspektive darauf, wie eine Alternation wahr sein kann, selbst wenn beide Alternationsglieder nicht wahr sind. Schon die Möglichkeit der vorgestellten formalen Sprachen zeigt: Es gibt nicht *die* Logik und folglich auch nicht die Gesetze *der* Logik, sondern nur die Gesetze jeder einzelnen Logik, für deren Anwendung aber zunächst philosophisch zu argumentieren ist. Jedenfalls ist angesichts der Vielfalt von gut ausgearbeiteten Systemen bei der Ansicht, „die" Logik könne in einem gewissen Fall nicht weiterhelfen, ebenso Vorsicht geboten sein (*welche* Logik?) wie bei der Ansicht, in gewissen Fällen komme man nur mit „der" Logik bestimmter Arten von Menschen oder bestimmter Weltgegenden weiter (wie sieht die genau aus?). Das alles schließt nicht aus, dass manche Logiken besser sind als andere.

Literaturhinweise

Mit Graham Priests „An Introduction to Non-Classical Logic" (23) gibt es ein didaktisch perfektes Buch für den Einstieg in die nichtklassischen Logiken, das nicht nur die von Priest selbst vertretene parakonsistente Logik, sondern alle hier vorgestellten Ansätze und vieles mehr (z.B. Relevanzlogik) behandelt. Die bisher einzige deutschsprachige Einführung in die parakonsistente Logik (81) ist höchstens flankierend zu Priest benutzbar. Eine etwas ausführlichere, gute Einführung in die dreiwertige Logik findet sich bei GAMUT (3, Bd.I. Kap. 5). Deutsches Standardwerk dazu ist Blau (27). Das wichtigste philosophische Werk zum Intuitionsmus ist Dummett (51). Ein kurzer, aber ziemlich anspruchsvoller Überblick über Lösungen zum Seeschlachtproblem ist zu finden bei Harada (84).

9. Ausblick und Fazit

In der folgenden Schlussbemerkung sollen kurz mögliche Trends in der Logik angedeutet werden, und es soll eine sehr kurze Bilanz gezogen werden, was sich mit der vorliegenden Einführung vielleicht erreichen ließ.

9.1 Wie geht es weiter?

Die Logik hat sich in der kurzen Zeit vom späten 19. Jahrhundert bis heute in einem Ausmaß weiterentwickelt wie in keiner anderen Phase ihrer 2300 Jahre alten Geschichte. Es ist unmöglich, vorherzusagen, welche neuen Wege sie noch beschreiten wird. Es ist zu vermuten, dass ihre technische Komplexität als Disziplin der modernen Mathematik, als Werkzeug für die Informatik und als Werkzeug für die Erforschung der sogenannten Künstlichen Intelligenz noch zunehmen wird. Ob eine Steigerung der Komplexität für philosophische Anwendungen sinnvoll ist, wird die Zeit zeigen müssen. Ein Trend, der sich für philosophische Anwendungen abzeichnet, lässt sich vielleicht am besten mit den Stichworten „Liberalisierung des Begriffs des Schlusses" und „Öffnung in Richtung einer Theorie des kommunikativen Handelns" andeuten.

Weiterhin großes Interesse besteht z.B. gegenwärtig daran, die inhaltliche Komponente der „Wenn... dann" -Verbindung besser mit formalen Mitteln nachzuvollziehen, als das zur Zeit möglich ist (zumindest warum das ein *Problem* ist, ließ sich in Kap. 4 schon erklären). Ein – technisch allerdings aufwändiger – Ansatz ist die so genannte Relevanzlogik („relevant logic" (23)). *[Randnotiz: Relevanzlogik, nichtmonotones Schließen, formale Linguistik]*

Bei der Erforschung des so genannten nichtmonotonen Schließens wird eine aufgrund begrenzter Information vertretene Behauptung als berechtigte Konklusion anerkannt, auch wenn die Behauptung bei besserer Information nicht mehr als gerechtfertigt gelten kann. Das ist bei Schlüssen, soweit sie in diesem Buch behandelt wurden, nicht möglich: Die Prämissenmenge reichte entweder zur Konklusion hin oder nicht. Aber es ist nicht gesagt, dass die Logik nur das Schließen in diesem engen Sinn untersuchen sollte und nur in diesem Bereich erfolgreich sein kann. Die Grenzen zur – hier völlig ausgeklammerten – formalen Linguistik könnten dabei noch fließender werden, als sie es zum Teil heute schon sind (schon klassische Grenzfälle: 49, 50, 52).

Der Computer ist in der Welt; ohne die völlig zweckfrei begonnene Grundlagenforschung der modernen Logik wäre er es nicht. Es könnte sein, dass in Zukunft wieder gerade diejenigen Fähigkeiten des Menschen, die so ganz anders sind als die Fähigkeiten von informationsverarbeitenden Maschinen, ins Zentrum des Interesses auch der formalen Wissenschaften rücken. Wie sich hier z.B. die Betonung des Menschen als normatives Wesen und die davon ausgehende Kommunikationstheorie Robert Brandoms (79, 80) auf die Logik auswirken wird, ist noch nicht abzusehen. *[Randnotiz: Normativität]*

9.2 Eine Frage des Stils

Aufklärung

Wie auch immer sich die Logik weiter entwickelt, so kann sie zugleich auf ihrem jeweils erreichten Stand in vielen kleinen konkreten Stuationen der Diskussion aufklärende Wirkung entfalten. Denn bei aller angebrachten Skepsis im Grundsätzlichen gilt die Bemerkung Arthur Priors, die Analyse fehlerhafter Argumente sei eine Aufgabe, die sich immer wieder neu stellt – so wie Aufräumen, Rasenmähen oder Rasieren (91, S.10 der Einleitung). In diesem Buch sollte einiges Handwerkszeug für diese Aufgabe vermittelt werden. Dabei gilt auch heute, was William von Ockham vor fast 700 Jahren formulierte (70, Prolog §2):

> „Die Logik..., anders als ein materielles Werkzeug, verbraucht sich nicht durch häufigen Gebrauch, sondern durch die intensive Ausübung jeder anderen Wissenschaft erfährt sie ständigen Zuwachs".

Die besonderen Techniken, etwa zur Beherrschung der Spiele AL und PL, sind dabei nicht das Wichtigste. Zwei andere Punkte sind wichtiger als Technik.

Analyse

Der eine Punkt ist: Eine Einführung in die Logik setzt den Leser massiv einem bestimmten Denkstil aus, den man den analytischen Stil nennen mag. Ein Stil ist nicht definierbar und nichts direkt Lehrbares. Man probiert ihn durch Imitation. Man kann dazu kommen, ihn abzulehnen – dies aber nur, wenn man ihn zuvor kennengelernt hat. Dazu war hier Gelegenheit.

Autonomie

Der zweite Punkt ist: Schon die harmlosen Spiele AL und PL zeigen nicht nur, wie eine Handvoll Regeln Bedeutung gewinnen kann. Sie zeigen auch in einem kleinen Bereich, wie man sich selbst ganz frei Regeln oder Gesetze geben kann, die dann dadurch Regeln sind, dass man sie als verbindlich ansieht. Damit ist die Logik überraschenderweise ein Beispiel für etwas, das man eher allein im Zusammenhang mit der Ethik zu treffen vermutet: Autonomie.

Übung:
Emancipate yourselves from mental slavery – none but ourselves can free our minds (155).

9.3 Literaturhinweise

Das Stichwort einer Theorie des kommunikativen Handelns ist Habermas zu verdanken, der es in 140 freilich methodisch ganz anders (und nicht formal) ausführt. Zum Begriff der Aufklärung vgl. 129. Zur Relevanzlogik einführend: 23. Brandoms Hauptwerk ist das 1000-seitige „Making It Explicit" (79), eine schneller lesbare, sehr gelungene Einführung sein „Articulating Reasons" (80).

Danke!

Dass dieses Buch lesbar ist, hat mit vielen Menschen zu tun, von denen ich einigen besonders danken möchte:

1. Georg Meggle und Christoph Fehige haben vor nun schon ziemlich langer Zeit in Münster eine sehr gelungene Einführung in die formale Logik angeboten.

2. Einen größeren Teil des Materials und die Methode haben viele Teilnehmer meiner einführenden Logikkurse in Rostock zwischen 2000 und 2005 getestet. Das hat viel Arbeit gemacht. Sie haben viele Fehler bemerkt und Klarstellungen veranlasst. Mein Dank für die Unterstützung bei der Durchführung der Kurse gilt den TutorInnen Angela Mahnke, Kristina Goede, Corina Stroessner, Jan Algenstaedt und Jendrik Stelling.

3. Die Kapitel 7 und 8 konnte ich durch mehrere fortgeschrittene Logik-Kurse in Münster und Rostock vorbereiten. Allen Teilnehmern und Markus Schmitz als Mitveranstalter eines der Kurse in Rostock danke ich dafür.

4. Bei der – zunächst gar nicht geplanten – Realisierung des Buchs als Teil der vorliegenden Reihe haben mich Dieter Schönecker, Bernd Villhauer, Dirk Palm und Wolfgang Spohn unterstützt.

5. Als Methodentester und Testleser geholfen haben mir außerdem Guido Meiners, Caroline Sommerfeld-Lethen, Kathleen Falke, Berndt Strobach und besonders meine Frau Mechthild Strobach.

6. Ralph Schumacher und Hans Kraml verdanke ich einige Detailinformationen. Ludger Jansen, Uwe Meixner, Ulrich Nortmann und Kai Wehmeier haben mir zu ersten Versionen einiger Abschnitte wertvolle Hinweise gegeben. Alle dennoch in diesem Buch enthaltenen Fehler sind meine.

7. Mehr Details, als ich genau aufführen könnte, gehen auf die Anregung von Bertram Kienzle zurück. Ausdrücklich als seine Gedanken kennzeichnen möchte ich: (a) die semiotische Erklärung der Anführungsstriche (Kap. 5); (b) den Hinweis auf den Aufsatz (85) (vgl. Übung 5 zu Kap. 5.2); (c) die Überlegungen zur Reichweite des Problems der leeren Terme (Kap. 6.6).

Rostock, Juni 2005

Anhang 1: Beweise für einige modallogische Theoreme

Vgl. zu den metasprachlichen Abkürzungen Kap. 5.2. Zusatzlich stehe „AaT" für „Annahme als Theorem".

1. DR 1: $\vdash \ulcorner \alpha \to \beta \urcorner \Rightarrow \vdash \ulcorner \Box\alpha \to \Box\beta \urcorner$

1 $\alpha \to \beta$	AaT
2 $\Box(\alpha \to \beta)$	1, NEC
3 $\Box(\alpha \to \beta) \to (\Box\alpha \to \Box\beta)$	Box-Verteiler
4 $\Box\alpha \to \Box\beta$	2, 3, m.p.

2. $\vdash \ulcorner \Box\alpha \equiv \sim \Diamond \sim \alpha \urcorner$

1 $\sim \Diamond \sim p \equiv \sim \Diamond \sim p$	AL
2 $\sim \sim \Box \sim \sim p \equiv \sim \Diamond \sim p$	1, Def. $\Diamond$
3 $\Box p \equiv \sim \Diamond \sim p$	2, DN

3. $\vdash \ulcorner \Box\alpha \to \alpha \urcorner \Rightarrow \vdash \ulcorner \alpha \to \Diamond\beta \urcorner$

1 $\Box p \to p$	AaT
2 $\Box \sim p \to \sim p$	1, Subst $\sim p / p$
3 $p \to \sim \Box \sim p$	2, Kontraposition, DN
4 $p \to \Diamond p$	3, Def. $\Diamond$

4. $\vdash \ulcorner \Box\alpha \to \Box\Box\alpha \urcorner \Rightarrow \vdash \ulcorner \Diamond\Diamond\alpha \to \Diamond\beta \urcorner$

1 $\Box p \to \Box\Box p$	AaT
2 $\Box \sim p \to \Box\Box \sim p$	1, Subst $\sim p/p$
3 $\sim \Box\Box \sim p \to \sim \Box \sim p$	2, Kontrap.
4 $\sim \Box \sim \sim \Box \sim p \to \sim \Box \sim p$	3, DN
5 $\Diamond\Diamond p \to \Diamond p$	4, Def. $\Diamond$

5. $\vdash \ulcorner \alpha \to \Box\Diamond\alpha \urcorner \Rightarrow \vdash \ulcorner \Diamond\Box\alpha \to \alpha \urcorner$

1 $p \to \Box\Diamond p$	AaT
2 $\sim p \to \Box\Diamond \sim p$	1, Subst $\sim p/p$
3 $\sim p \to \Box \sim \Box \sim \sim p$	2, Def. $\Diamond$
4 $\sim p \to \Box \sim \Box p$	3, DN
5 $\sim \Box \sim \Box p \to \sim \sim p$	4, Kontraposititon
6 $\sim \Box \sim \Box p \to p$	5, DN
7 $\Diamond\Box p \to p$	6, Def. $\Diamond$

6. $\vdash \ulcorner \Diamond\alpha \to \Box\Diamond\alpha \urcorner \Rightarrow \vdash \ulcorner \Diamond\Box\alpha \to \Box\beta \urcorner$

1 $\Diamond p \to \Box\Diamond p$	AaT
2 $\Diamond \sim p \to \Box\Diamond \sim p$	1, Subst $\sim p/p$
3 $\Diamond \sim p \to \Box \sim \Box \sim \sim p$	2, Def. $\Diamond$
4 $\Diamond \sim p \to \Box \sim \Box p$	3, DN
5 $\sim \Box \sim \Box p \to \sim \Diamond \sim p$	4, Kontrap.
6 $\sim \Box \sim \Box p \to \Box p$	5, vgl. Bew.f.2.
7 $\Diamond\Box p \to \Box p$	6, Def. $\Diamond$

Anmerkungen:

(1) Die Beweise für 2. bis 6. funktionieren auch für die Gegenrichtung, wenn man sie von unten nach oben liest. Denn die AL-Kontraposition und das Gesetz der doppelten Negation sind Äquivalenzen.

(2) Man macht sich semantisch leicht klar:

(i) „$\Box(p \wedge q) \equiv (\Box p \wedge \Box q)$", (ii) „$\Diamond(p \wedge q) \to (\Diamond p \wedge \Diamond q)$", (iii) „$(\Box p \vee \Box q) \to \Box(p \vee q)$" und (iv) „$\Diamond(p \vee q) \equiv (\Diamond p \vee \Diamond q)$" sind K-allgemeingültig. Deshalb sind sie, wegen der Vollständigkeit der K-Axiomatik, auch herleitbar. Aber (v) „$(\Diamond p \wedge \Diamond q) \to \Diamond(p \wedge q)$" und (vi) „$\Box(p \vee q) \to (\Box p \vee \Box q)$" sind *nicht* K-allgemeingültig (für Gegenbeispiele setze man für „q" „$\sim$p" ein).

7. $\vdash \ulcorner \Diamond\alpha \to \Box\Diamond\alpha \urcorner, \ulcorner \Box\alpha \to \alpha \urcorner \Rightarrow \vdash \ulcorner \alpha \to \Box\Diamond\alpha \urcorner, \ulcorner \Box\alpha \to \Box\Box\alpha \urcorner$

1 $\Diamond p \to \Box\Diamond p$	AaT	
2 $\Box p \to p$	AaT	
3 $p \to \Diamond p$	2, vgl. oben den Beweis zu 3.	
4 $p \to \Box\Diamond p$	3,1, AL-Kettenschluss	1. Beweisziel
5 $\Box p \to \Diamond\Box p$	3, Subst $\Box p / p$	
6 $\Diamond\Box p \to \Box\Diamond\Box p$	1, $\Box p / p$	
7 $\Box p \to \Box\Diamond\Box p$	5, 6, AL-Kettenschluss	
8 $\Diamond\Box p \to \Box p$	1, vgl. oben den Beweis zu 6.	
9 $\Box\Diamond\Box p \to \Box\Box p$	8, DR 1	
10 $\Box p \to \Box\Box p$	7, 9, AL- Kettenschluss	2. Beweisziel

Um die Sprachen K bis S5 wirklich zu beherrschen, sollte man einige weitere Resultate kennen, die im Hughes / Cresswell (16) genau vorgestellt werden.

Anhang 2: Einige in den Kap. 2 und 4 erwähnte informale Argumente

NEG und Konsistenzprinzip legen auf den Nichtwiderspruchssatz fest: (1) Angenommen, „A und (nicht: A)" sei wahr. (2) Aus (1) folgt wegen der intuitiven Bedeutung von „und" zwischen Sätzen, dass „nicht: A" wahr ist. (3) Aus (2) folgt mit NEG 3 (von links nach rechts), dass „A" nicht wahr ist. (4) Aus (3) folgt mit NEG 3 (von links nach rechts), dass „A" falsch ist. (5) Aus (1) folgt wegen der Bedeutung von „und" zwischen Sätzen, dass „A" wahr ist. (6) Aus (4) und (5) folgt wegen der intuitiven Bedeutung von „und" zwischen Sätzen, dass „A" wahr und falsch ist. (7) Das Konsistenzprinzip besagt, dass „A" nicht wahr und falsch ist. (8) Zwischen (6) und (7) besteht ein Widerspruch; deshalb darf die Annahme (1) negiert werden und man erhält: „A und (nicht: A)" ist nicht wahr. (9) Aus (8) folgt mit NEG 2, dass „nicht: [A und (nicht: A)]" wahr ist, was zu beweisen war.

Nichtwiderspruchssatz, doppelte Negation und De Morgan ergeben den Satz vom ausgeschlossenen Dritten: (1) Angenommen, „nicht: (A oder [nicht: A])" sei wahr. (2) Dann folgt aus (1), dass „(nicht: A) und (nicht: [nicht: A])" wahr ist, weil „nicht: (α oder [nicht: α])" intuitiv dasselbe bedeutet wie „[nicht:α] und [nicht: (nicht: α)]" (kurz: „weder... noch"!). (3) Aus (2) folgt, weil sich zweimal „nicht" direkt hintereinander gegenseitig löscht, dass „A und (nicht:A)" wahr ist. (4) Der Nichtwiderspruchssatz besagt, dass „nicht: (A und [nicht: A])" wahr ist. (5) Zwischen (3) und (4) besteht ein Widerspruch; deshalb darf die Annahme (1) negiert werden und man erhält: „nicht: nicht: (A oder [nicht: A])". (6) Aus (5) folgt, weil sich zweimal „nicht" direkt hintereinander gegenseitig löscht, dass „(A oder [nicht: A])" wahr ist.

NEG führt auf das Gesetz der doppelten Negation: 1. Fall: A ist wahr. Dann ist „nicht: A" nach NEG 1 nicht wahr. Dann ist „nicht: (nicht: A)" nach NEG 2 wahr (Einsetzung „nicht: A" für). 2. Fall: „nicht: (nicht: A)" ist wahr. Dann ist „nicht: A" nach NEG 2 (v.r.n.l.!) nicht wahr (Einsetzung „nicht: A" für α). Dann ist A nach NEG 1 (v.r.n.l.!) wahr. 3. Fall: A ist nicht wahr. Dann ist nach NEG 2 (v.l.n.r.) „nicht: A" wahr. Dann ist nach NEG 1 „nicht: (nicht: A)" nicht wahr (Einsetzung: „nicht: A" für α). Dann ist nach NEG 3 „nicht: (nicht: A)" falsch (Einsetzung „nicht: (nicht: A)" für α). 4. Fall: „nicht: (nicht: A)" ist nicht wahr. Dann ist „nicht: A" nach NEG 1 wahr (v.r.n.l., Einsetzung „nicht: A" für α). Dann ist „A" nach NEG 2 (v.r.n.l.) nicht wahr. Dann ist „A" nach NEG 3 falsch.

Literaturverzeichnis

I) Einführungen in die Logik

(1) Barwise, Jon / Etchemendy, John: Language, Proof and Logic. New York 1999 [mit preisgekrönter Lernsoftware].

(2) Copi, Irving: Introduction to Logic. 11. Auflage. Upper Saddle River (New Jersey) 2001. 9. Auflage dt. als: Einführung in die Logik. München 1998.

(3) GAMUT, L.T.F. [niederländisches Autorenkollektiv der Universitäten Groningen, Amsterdam und UTrecht]: Logic, Language and Meaning. 2 Bände. Chicago 1991.

(4) Kutschera, Franz von / Breitkopf, Alfred: Einführung in die moderne Logik. Freiburg / München 1971 u.ö.

(5) Mates, Benson, Elementary Logic. 2. Auflage. Oxford 1972. Dt. als: Elementare Logik. Prädikatenlogik erster Stufe. 2. Auflage. Göttingen 1978.

(6) Nortmann, Ulrich: Sprache, Logik, Mathematik. Eine andere Einführung in die Logik. Paderborn 2003.

(7) Prior, Arthur N.: Formal Logic. Oxford 1962.

(8) Quine, Willard Van Orman: Methods of Logic. Revised Edition. New York / Chicago 1964. Dt. Übersetzung von Dirk Siefkes als: Grundzüge der Logik. Stuttgart 1974 u.ö.

(9) Salmon, Wesley: Logic. 3. Auflage. Upper Saddle River (New Jersey) 1983. Dt. als: Logik. Stuttgart 1983.

(10) Zoglauer, Thomas: Einführung in die formale Logik für Philosophen. Göttingen 1997.

II) Geschichte der Logik

(a) Überblickswerke und Textsammlungen

(11) Berka, Karel / Kreiser, Lothar: Logik-Texte. Berlin 1971 u.ö. [leider zur Zeit vergriffen und daher nur in Bibliotheken zugänglich].

(12) Bochenski, Joseph M.: Formale Logik. Freiburg/ München 1956 u.ö.

(13) Kneale, Martha / Kneale, William: The Development of Logic. Oxford 1962 u.ö.

(b) Die beiden wichtigsten Einzelwerke der Logikgeschichte

(14) Aristoteles: Analytica Priora [Erste Analytiken]. Standard-Ausgabe für den griechischen Text in: Aristotelis Opera, hg. von E. Bekker, Berlin 1831. Verbesserter griechischer Text: Oxford 1989 [Oxford Classical Texts]. Zur Zeit keine wirklich gute deutsche Übersetzung im Handel; z.Z. noch am besten ist die Übersetzung von Eugen Rolfes, Leipzig (später: Hamburg) 1921 u.ö., als: Lehre vom Schluss (des Organon dritter Teil) oder Erste Analytik.
Empfohlene Übersetzung mit ausgezeichnetem Kommentar: Robin Smith: Aristotle, Prior Analytics, transl., with introduction, notes, and commentary, Indianapolis 1989.

(15) Frege, Gottlob: Begriffsschrift, eine der arithmetischen nachgebildete Formelsprache des reinen Denkens. Halle / S. 1879. Zugänglich in: Begriffsschrift und andere Aufsätze. 2. Auflage. Mit E. Husserls und H. Scholz' Anmerkungen herausgegeben von Ignacio Angelelli. Hildesheim 1964 (5. Auflage 1998).

III) Modallogiken (Kap. 4.5, Kap. 7)

(a) Überblick, Standard, Lehrbücher

(16) Hughes, George E. / Cresswell, Maxwell J.: A New Introduction to Modal Logic. London 1996 [*das* Standardlehrbuch der Modallogik].

(17) Stuhlmann-Laeisz, Rainer: Philosophische Logik: Eine Einführung mit Anwendungen. Paderborn 2002.

(b) Deontische Logik

(18) Hilpinnen, Risto (Hg.): Deontic Logic. Introductory and Systematic Readings. Dordrecht 1971.

(c) Epistemische Logik

(19) Lenzen, Wolfgang: Glauben, Wissen und Wahrscheinlichkeit. Wien / New York 1980 [*das* deutschsprachige Standardwerk zur epistemischen Logik].

(d) Zeitlogik

(20) Hasle, Per / Øhrstrøm, Peter: Temporal Logic. From Ancient Ideas to Artificial Intelligence. Dordrecht 1995.

(21) Kienzle, Bertram (Hg.): Zustand und Ereignis. Frankfurt / M. 1994 [für an Zeitlogik Interessierte unverzichtbare Sammlung klassischer Texte, kein Lehrbuch].

(22) Prior, Arthur N.: Past, Present and Future. Oxford 1967 [grundlegend, aber sehr anspruchsvoll].

IV) Nichtklassische Logiken, Kap. 8

(a) Allgemein

(23) Priest, Graham: An Introduction to Non-Classical Logic. Cambridge 2001 [sehr gut lesbare elementare Einführung, nicht nur zu Priests eigener

parakonsistenter Logik, sondern auch zu Intuitionismus, Supervaluationen, Fuzzy Logic und Relevanzlogik].

(b) Freie Logik

(24) Bencivenga, Ermanno: Free Logics, in (161), Band III, S.373–426.
(25) Lambert, Karel (Hg.): Philosophical Applications of Free Logic. Oxford 1991.
(26) Lambert, Karel: Free Logics: Their Foundations, Character and Some Implications Thereof. St. Augustin 1997.

(c) drei- und mehrwertig

(27) Blau, Ulrich: Die dreiwertige Logik der Sprache. Berlin 1978.
(28) Drösser, Christoph: FuzzyLogic. Methodische Einführung in krauses Denken. Reinbek 1994. [elementar, populärwissenschaftlich].
(29) Mittelstaedt, Peter: Quantum Logic. Dordrecht 1976.
(30) Forrest, Peter: Artikel „Quantum Logic" in: Craig, Edward (Hg.): The Routledge Encyclopedia of Philosophy. London 1998.

V) Erwähnte Klassische Texte der modernen Logik oder der Analytischen Philosophie

(31) Carnap, Rudolf: Überwindung der Metaphysik durch logische Analyse der Sprache, in: Erkenntnis 2 (1931), S.219–241.
(32) Carnap, Rudolf: Meaning and Necessity. Chicago / London 1947.
(33) Frege, Gottlob: Die Grundlagen der Arithmetik. Eine logisch-mathematische Untersuchung [1884]. Auf der Grundlage der Centenarausgabe hg. von Christian Thiel. Hamburg 1988 [andere benutzbare Ausgabe: Stuttgart 1987].
(34) Frege, Gottlob: Funktion und Begriff. Vortrag gehalten am 9.1.1891 vor der Jenaischen Gesellschaft für Medizin und Naturwissenschaft, Jena. Zugänglich in: ders.: Funktion, Begriff, Bedeutung. Hg. und eingeleitet von Günter Patzig. Göttingen 1962 u.ö., S.17–39; inzwischen auch Neuausgabe, hg. von Mark Textor. Göttingen 2002.
(35) Frege, Gottlob: Über Begriff und Gegenstand. In Vierteljahresschrift für wissenschaftliche Philosophie 16 (1892), S.192–205. Zugängliche Ausg.: vgl. (34), S.66–80.
(36) Frege, Gottlob: Über Sinn und Bedeutung. In: Zeitschrift für Philosophie und philosophische Kritik, Neue Folge 100 (1892), S.25–50. Zugängliche Ausg.: vgl. (34), S.40–65.
(37) Frege, Gottlob: Der Gedanke [1918]. Zugängliche Ausg.: ders.: Logische Untersuchungen. Hg. und

eingeleitet von Günter Patzig. Göttingen 1966 (4. Auflage 1993), S.30–53.
(38) Kripke, Saul: Naming and Necessity [drei Vorträge in Princeton am 20., 22. und 29.1.1970]. Revised Edition. Oxford 1980. Dt. als: Name und Notwendigkeit. Frankfurt / M. 1981.
(39) Kripke, Saul: Wittgenstein on Rules and Private Language. Cambridge / Mass. 1982.
(40) Popper, Karl R.: Logik der Forschung. Wien 1934.
(41) Quine, Willard Van Orman: Word and Object. Cambridge / Mass. 1960. Dt. von Joachim Schulte als: Wort und Gegenstand. Stuttgart 1980.
(42) Quine, Willard Van Orman: Meaning and Truth. In: ders.: Philosophy of Logic. Cambridge / Mass. 1970, S.1–14.
(43) Quine, Willard Van Orman: On What There Is [zuerst erschienen: 1948]. Zugänglich in: In: ders.: From A Logical Point of View. Cambridge / Mass. 1953, S.1–19.
(44) Russell, Bertrand: On Denoting. In: Mind 1905, S.479–493.
(45) Russell, Bertrand / Whitehead, Alfred North: Principia Mathematica. 3 Bände. Cambridge 1910–1913.
(46) Tarski, Alfred: Der Wahrheitsbegriff in den formalisierten Sprachen [dt. Übersetzung eines 1933 auf Polnisch veröffentlichten Textes]. Zuerst erschienen in: Studia philosophica, vol. I, 1935, S. 261–405.
(47) Verein Ernst Mach (Hg.): Wissenschaftliche Weltauffassung. Der Wiener Kreis. Wien 1929 [„Manifest des Wiener Kreises", Hauptverfasser vermutlich Otto Neurath].
(48) Wittgenstein, Ludwig: Tractatus Logico-Philosophicus [1918]. In: ders.: Werke in acht Bänden, Band I. Frankfurt / M. 1984.

VI) Semantik, Sprechakte, Wahrheit (soweit nicht unter V) erwähnt)

(49) Austin, John L.: How to Do Things with Words [1955]. Oxford 1976. Dt. als: Zur Theorie der Sprechakte. Stuttgart 1989.
(50) Chomsky, Noam: Cartesian Linguistics. New York 1965.
(51) Dummett, Michael: Elements of Intuitionism. Oxford 1977.
(52) Grice, Paul: Studies in the Way of Words, Cambridge / Mass 1989 [im Rückblick zusammenfassend; Grundgedanken von Grices Theorie gehen zurück bis 1957].
(53) Prior, Arthur N.: The Doctrine of Propositions and Terms. London 1976.

(54) Sainsbury, Richard M.: Paradoxes. 2. Auflage. Cambridge 1995. Dt. als: Paradoxien. 2. Auflage. Stuttgart 2001.

(55) Skirbekk, Gunnar (Hg.): Wahrheitstheorien. Frankfurt / M. 1977.

(56) Tugendhat, Ernst / Wolf, Ursula: Logisch-semantische Propädeutik. Stuttgart 1983.

VII) Weitere erwähnte Texte aus dem Bereich der Logik und analytischen Philosophie

(a) Texte vor 1879 und Literatur dazu

(57) Aristoteles: Kategorienschrift [= Cat.]. Griechischer Text: Minio-Paluello, L. (Hg.): Aristotelis categoriae et liber de interpretatione. Recogn. brevique adnotatione critica instruxit, Oxford 1949 u.ö. Empfohlene Übersetzungen: (1) Aristoteles, Kategorien, dt. von Klaus Oehler. Berlin 1997. (2) Kategorien (des Organon erster Teil); Vorangeht: Des Porphyrius Einleitung in die Kategorien. Übersetzt von Eugen Rolfes. Leipzig (später: Hamburg) 1925 u.ö.

(58) Aristoteles: De interpretatione [De int.]. Griechischer Text. Text: vgl. (57). Empfohlene Übersetzung: Weidemann, H.: Aristoteles Peri hermeneias, übersetzt und erläutert von H. Weidemann. 2., veränderte Auflage, Berlin 2002.

(59) Corcoran, John: Aristotle's Natural Deduction System. In: ders. (Hg.): Ancient Logic and its Modern Interpretations. Dordrecht 1974, S.85–132.

(60) Corcoran, John: Completeness of an Ancient Logic, in: Journal of Symbolic Logic 37 (1972), S.696–702 [der in (59) ausgesparte Vollständigkeitsbeweis für das dort vorgestellte System].

(61) Ebert, Theodor: Warum fehlt bei Aristoteles die 4. Figur? in: Archiv für Geschichte der Philosophie 62 (1980), S.13–31. Nachdruck in: A. Menne / N. Öffenberger (Hg.): Formale und nicht-formale Logik bei Aristoteles. Hildesheim 1985, S. 148–166.

(62) Leibniz, Gottfried Wilhelm: Abhandlung ohne Überschrift. Vorarbeit zur allgemeinen Charakteristik (I). In: Die philosophischen Schriften des G.W. Leibniz. Hg. von C.I. Gerhardt, Band VII. Nachdruck: Hildesheim 1978, S.198-205. Dt. Übersetzung in (12), S.321.

(63) Leibniz, Gottfried Wilhelm: Non inelegans specimen demonstrandi in abstractis. Gerhardt-Ausgabe (vgl. (61)), Band VI.

(64) Leibniz, Gottfried Wilhelm: Fragments et Opuscules inédits de Leibniz. Extraits des manuscrits de la Bibliothèque royale de Hanovre. Hg. von Louis Couturat. Paris 1903.

(65) Leibniz, Gottfried Wilhelm / Clarke, Samuel: Correspondance Leibniz-Clarke, présentée d'après les manuscrits originaux des bibliothèques de Hanovre et de Londres. Hg. von A. Robinet. Paris 1957. Empfohlene dt. Übersetzung: Volkmar Schüller: Der Leibniz-Clarke Briefwechsel. Berlin 1991.

(66) Nortmann, Ulrich: Modale Syllogismen, mögliche Welten, Essentialismus. Eine Analyse der aristotelischen Modallogik. Berlin / New York 1996.

(67) Petrus Hispanus: Summulae Logicales [13.Jh.]. Gedruckt: Venedig 1572. Nachdruck Hildesheim 1981.

(68) Strobach, Niko: Plato - Mystic and/or Sceptic? In: Ruch Filozoficzny, Polskie Towarzystwo Filozoficzne, Tom LIX, Numer 2 (2002), S.247–253.

(69) Weidemann, Hermann: Aristoteles über die Reduzierbarkeit aller gültigen syllogistischen Modi auf die beiden universellen Modi der ersten Figur (An.pr. I 7, 29b1-25), in: Avgelis, Nikolaos / Peonidis, Filimon (Hg.): Aristotle on Logic, Language and Science. Thessaloniki, 1997, S.75–83. Englische Fassung „Aristotle on the reducibility of all valid syllogistic moods", in: History and Philosophy of Logic 25 (Feb. 2004), S.73–78.

(70) William von Ockham: Summa Logicae. Band I von: Guillelmi de Ockham Opera philosophica [OP]. Hg. unter Leitung des Institutum Franciscanum. St. Bonaventure / N.Y. 1974ff. Wichtige Ausschnitte zugänglich in: ders.: Texte zur Theorie der Erkenntnis und der Wissenschaft (lat./dt.). Hg. von R. Imbach. Stuttgart 1984.

(b) 1879 – ca. 1950

(71) Frege, Gottlob: Grundgesetze der Arithmetik. Begriffsschriftlich abgeleitet. 2 Bde, Jena 1893 und 1903. Nachdruck: Hildesheim 1998. Neuauflage mit Corrigenda von Christian Thiel.

(72) Henkin, Leon: The Completeness of the first-order functional calculus. In: The Journal of Symbolic Logic 14 (1949), S.159–166.

(73) Husserl, Edmund: Logische Untersuchungen; Band 1, Prolegomena zur reinen Logik [1900]. In: Husserliana [Werkausgabe] Band 18. Den Haag 1975.

(74) Łukasiewicz, Jan: Aristotle's Syllogistic. Oxford 1967.

(75) Sheffer, Henry Maurice: A Set of Five Independent Postulates for Boolean Algebras, with Applications to Logical Constants. In: Transactions of the American Mathematical Society 14 (1913), S.481–488.

(76) Strawson, Peter F.: On Referring, in: Mind 69 (1950), S.320–344.

(77) Wright, Georg Henrik von: Deontic Logic, in: Mind 60 (1951), S.1–15.

(c) Texte nach 1951

(78) Belnap, Nuel / Perloff, Michael / Xu, Ming: Facing the Future, Oxford: Oxford University Press 2001.

(79) Brandom, Robert: Making It Explicit. Reasoning, Representing and Discursive Commitment. Cambridge / Mass. 1994. Dt. Übersetzung von Eva Gilmer und Hermann Vetter als: Expressive Vernunft. Begründung, Repräsentation und diskursive Festlegung. Frankfurt / M. 2000.

(80) Brandom, Robert: Articulating Reasons, An Introduction to Inferentialism, Cambridge/ Mass. 2000. dt. Übersetzung von Eva Gilmer als: Begründen und Begreifen. Frankfurt / M. 2001.

(81) Bremer, Manuel: Wahre Widersprüche. Einführung in die parakonsistente Logik. St. Augustin 1998 [bitte nur zusammen mit (24) verwenden].

(82) Fraassen, Bas van: Singular Terms, Truth-Value Gaps and Free Logic. In: Journal of Philosophy 63 (1966), 481–495.

(83) Fraassen, Bas van: Presupposition, Implication and Self-Reference. In: Journal of Philosophy 65 (1968), 136–152.

(84) Harada, Kimio: Indeterministische Zeitlogik. In: (21), S.236–376.

(85) Hintikka, Jaakko: Overcoming „Overcoming Metaphysics Through Logical Analysis of Language" Through Logical Analysis of Language, in: Dialectica 45 (1991), No 2-3, S.203–218.

(86) Lewis, David: Counterfactuals. Oxford 1973.

(87) Lewis, David: Causation. In: Journal of Philosophy 70 (1973), 556-567. Wieder abgedruckt in: ders.: Philosophical Papers, Vol. II Oxford 1987. Dt. Übersetzung in: G. Posch (Hg.): Kausalität – Neue Texte. Stuttgart 1981.

(88) Meixner, Uwe: Einführung in die Ontologie [in der vorliegenden Reihe erschienen]. Darmstadt 2004.

(89) Nortmann, Ulrich: Deontische Logik ohne Paradoxien. Semantik und Logik des Normativen. München 1989.

(90) Priest, Graham: Inconsistencies in Motion. In: American Philosophical Quarterly 22 (1985), S.339–346.

(91) Prior, Arthur: Logic and the Basis of Ethics. Oxford 1949.

(92) Putnam, Hilary: Reason, Truth and History, New York 1981. Dt. als: Vernunft, Wahrheit und Geschichte, Frankfurt / M. 1982.

(93) Quine, Willard Van Orman: On a so-called Paradox. In: Mind 62 (1953), S.65–67.

(94) Read, Stephen: Thinking about Logic. An Introduction to the Philosophy of Logic. Oxford 1995.

(95) Stegmüller, Wolfgang: Probleme und Resultate der Wissenschaftstheorie und analytischen Philosophie. Teil:3: Strukturtypen der Logik. Berlin 1984.

(96) Stein, Edward: Without Good Reason. Oxford 1996.

(97) Stuhlmann-Laeisz, Rainer: Das Sein-Sollen-Problem. Eine modallogische Studie. Stuttgart-Bad Cannstatt 1983.

(98) Tamaki, Itsuo: Syllogistic and Calculus of Classes. In: Logique et analyse 17 (1974), S.191–196.

(99) Thomason, R.: Indeterminist Time and Truth-Value Gaps. In: Theoria 36 (1970), S.264–281. Dt. Übersetzung von B. Kienzle als „Indeterministische Zeit und Wahrheitswertlücken" in (21), S.190–209.

(100) Wölfl, Stefan: Kombinierte Zeit- und Modallogik. Berlin 1999.

(101) Baaz, Matthias / Fermuller, Christian / Zach, Richard: Systematic Construction of Natural Deduction Systems for Many-valued Logics [1993]. Im Internet unter:

http://www.ucalgary.ca/~rzach/papers/mvnd.pdf.

(d) Biografien und Werkeinführungen

(102) Monk, Ray: Bertrand Russell. The Spirit of Solitude. Bd. 1: 1872–1921. London 1996.

(103) Kenny, Anthony: Frege. London 1995.

VIII) Für Belege angeführte andere Texte aus dem Bereich der Philosophie

(a) Antike

(104) Aristoteles: Metaphysik. Empfohlene Ausgabe: griechisch / dt., übersetzt von Hermann Bonitz, neu bearbeitet von Horst Seidl. Hamburg 1989. 2 Bände.

(105) Aristoteles: Physik. Benutzbare Ausgabe: gr./dt. (Hans Günter Zekl). Hamburg 1988, 2 Bände.

(106) Diels, Hermann (Hg.): Die Fragmente der Vorsokratiker. Griechisch und Deutsch. Berlin 1903. 5. Auflage hg. von Walter Kranz. Berlin 1934 [Diels / Kranz = DK].

(107) Diogenes Laertios: Peri biôn, dogmatôn kai apophthegmatôn tôn en philosophia eudokimesantôn. Empfohlene Ausgabe (gr./engl.): Lives of eminent philosophers. Übersetzung: R.D. Hicks. London 1991 [Loeb Classical Library]. Verfügbare dt. Übersetzung als: Leben und Lehre der Philosophen. Übersetzt von Fritz Juerss. Stuttgart 1998.

(108) Aulus Gellius: Noctes Atticae. Verfügbare zweisprachige Ausgabe: The Attic Nights of Aulus Gellius. Translated by J.C. Rolfe [Loeb Classical Library]. London 1961.

(109) Hülser, Karlheinz: Die Fragmente zur Dialektik der Stoiker. Neue Sammlung der Texte mit deutscher Übersetzung und Kommentaren [FDS]. 4 Bände. Stuttgart-Bad Cannstatt 1987f.

(110) Kirk, Geoffrey S./ Raven, John E. / Schofield, Malcolm. The Presocratic Philosophers. Cambridge

1957. 2. Auflage: 1983. Dt. von Karlheinz Hülser als: Die vorsokratischen Philosophen. Stuttgart 2001.

(111) Long, Anthony A. / Sedley, David: The Hellenistic Philosophers. 2 Bände. Cambridge 1987. Dt. von Karlheinz Hülser als: Die hellenistischen Philosophen.

(112) Platon: Euthyphron. Empfohlene Ausgabe: ders.: Werke in acht Bden., griechisch / dt. Hg. von G.Eigler, [revidierte] deutsche Übersetzung von Friedrich Schleiermacher. Darmstadt 1990, Bd.1.

(113) Platon: Laches. In (112), Bd.1.

(114) Platon: Apologie. In (112), Bd.2.

(115) Platon: Theätet. In (112), Bd.6.

(116) Platon: Sophistes. In (112), Bd.6.

(117) Porphyrius: Isagogê (Einführung in Aristoteles' Kategorienschrift). Zugänglich in (57).

(118) Sextus Empiricus: Adversus Mathematicos. Zugänglich in: R.G. Bury: Sextus Empiricus. Gr. / engl., 4 Bände. London 1933–49 (Loeb Classical Library).

(119) Sextus Empiricus: Sexti Empirici opera Pyrrhoneiôn Hypotypôseôn libros tres continens (Hg.: J. Mau). Bd. 1, Leipzig 1958. Sehr empfehlenswerte dt. Übersetzung von Malte Hossenfelder als: Grundriss der pyrrhonischen Skepsis. Frankfurt / M. 1968.

(b) Mittelalter

(120) Anselm von Canterbury: Proslogion. Lat. Text mit dt. Übersetzung zugänglich in: Kann Gottes Nicht-Sein gedacht werden? Die Kontroverse zwischen Anselm von Canterbury und Gaunilo von Marmoutiers, Lateinisch – Deutsch. Übersetzt, erläutert und herausgegeben von Burkhard Mojsisch, mit einer Einleitung von Kurt Flasch. Mainz 1989.

(121) Johannes Duns Scotus: Lectura I 39. Zugänglich in : Jaczn, A. / Veldhuis, H. u.a. (Hg.): Contingency and Freedom. Dordrecht 1994.

(122) Thomas von Aquin: De veritate. Zugängliche Ausgabe: A. Zimmermann (Hg.): Thomas von Aquin. Von der Wahrheit (De veritate, Quaestio I), lat. / dt., Hamburg 1986.

(123) Thomas von Aquin: Summa contra gentiles [SCG]. Empfohlene Ausgabe: K. Albert / K. Allgaier u.a. (Hg.): 1. bis 4. Buch, lat. / dt. Darmstadt 2001.

(124) Thomas von Aquin: Summa Theologiae [ST]. In: Sancti Thomae Aquinatis doctoris Angelici opera omnia iussu impensaque Leonis XIII [Leonina], Bd. 7, Rom 1982. Zugängliche zweisprachige Ausgabe von SCG I 10–15 und ST I 2.1–3: H. Seidl (Hg.): Thomas von Aquin. Die Gottesbeweise in der „Summe gegen die Heiden" und der „Summe der Theologie". Lat. / dt. Hamburg 1982.

(c) 17.–19.Jh.

(125) Descartes, René: Meditationes de prima philosophia [1641]. Empfohlene Ausgabe: lat. / dt. (Gerhart Schmidt). Stuttgart 1986.

(126) Hume, David: A Treatise of Human Nature [1739]. In: ders.: The Philosophical Works (4 Bde), hg. v. T.H. Green und T.H. Grose [Works], Bd.1 + 2, London 1886, Reprint Aalen 1964.

(127) Kant, Immanuel: Kritik der reinen Vernunft [KrV], B-Ausgabe von 1787. In: Kants gesammelte Schriften, hg. von der königlich preußischen Akademie der Wissenschaften zu Berlin, Berlin 1900ff. (Akademie-Ausgabe [AA]), Bd.3.

(128) Kant, Immanuel: Kritik der praktischen Vernunft. In: AA (vgl. (127)), Bd.5.

(129) Kant, Immanuel: Beantwortung der Frage „Was ist Aufklärung?". In: AA (vgl.(127)), Bd.8. [auch mehrfach im Internet].

(130) Leibniz, Gottfried Wilhelm: Essais de Théodicée sur la bonté de Dieu, la liberté de l'homme et l'origine du mal [Theodicée]. In Bd VI der Gerhardt-Ausgabe (vgl. (62)). Empfohlene Übersetzung in: ders.: Philosophische Schriften, frz. / dt., hrsg. und übersetzt von H.H. Holz und H.Herring, Frankfurt/M. 1965 (2. Auflage 1986), Bd.2.1, 2.2.

(131) Locke, John: An Essay Concerning Human Understanding [1690]. Hg. von P. Nidditch. 2. Auflage. Oxford 1979.

(132) Spinoza, Benedictus: Ethica. Verfügbare zweisprachige Ausgabe in der Übersetzung von J.Stern, revidiert von I. Rauthe-Welsch. Stuttgart 1990.

(d) 19. Jh.

(133) Fichte, Johann Gottlieb: Grundlage der gesammten Wissenschaftslehre [1794/95]. In: ders.: Gesamtausgabe der Bayerischen Akademie der Wissenschaften. Hg. von R.Lauth. Stuttgart-Bad Cannstadt 1962ff., Bd.2.

(134) Hegel, Georg Wilhelm Friedrich: Wissenschaft der Logik. In: Werke in 20 Bänden [Suhrkamp]. Frankfurt / M. 1991. Band 6.

(135) Hegel, Georg Wilhelm Friedrich: Phänomenologie des Geistes. In: Werke (vgl. (134)), Bd.5.

(136) Mill, John Stuart: Utilitarianism. Zugänglich z.B. in: A. Ryan (Hg.): J.S. Mill and Jeremy Bentham. Utilitarianism and Other Essays. London 1987, S.272–338 [vielfach auch im Internet]. Gute dt. Übersetzung von Dieter Birnbacher als: Der Utilitarismus. Stuttgart 1976 (2. Auflage 2000).

(137) Nietzsche, Friedrich: Die Fröhliche Wissenschaft. In: ders.: Sämtliche Werke, Kritische

Studienausgabe [KSA], hg. v. G. Colli und M. Montinari, München / Berlin 1980, Bd. 3.

(e) nach 1900

(138) Foucault, Michel: Les mots et les choses. Paris 1966. Dt. Übersetzung von Ulrich Koeppen als: Die Ordnung der Dinge: eine Archaeologie der Humanwissenschaften. Frankfurt / M. 1974 u.ö.
(139) Eco, Umberto: Semiotik und Philosophie der Sprache. München 1985.
(140) Habermas, Jürgen: Theorie des kommunikativen Handelns. 2 Bände. Frankfurt/M. 1981.
(141) Moore, George Edward: Principia Ethica. Cambridge 1903.
(142) Plantinga, Alvin: The Nature of Necessity. Oxford 1974.
(143) Quante, Michael: Einführung in die allgemeine Ethik [in der vorliegenden Reihe erschienen]. Darmstadt 2003.

IX) Weitere erwähnte Werke und Texte

(a) Mathematik

(144) Aczel, Amir D.: Die Natur der Unendlichkeit. Mathematik, Kabbala und das Geheimnis des Aleph. Reinbek 2002. [gut lesbare populärwissenschaftliche Einführung zu unendlich großen Mengen; die historische Verpackung ist nicht zu ernst zu nehmen, bei biografischen Details ist im Zweifelsfall Fraenkel (145) heranzuziehen].
(145) Cantor, Georg: Gesammelte Abhandlungen mathematischen und philosophischen Inhalts. Hg. von E. Zermelo, nebst Lebenslauf Cantors von A. Fraenkel. Berlin 1930. Nachdruck: Hildesheim 1972 [der Text von Fraenkel bietet seriöse Informationen zum tragischen Schicksal Cantors; die bahnbrechenden Original-Aufsätze Cantors sind auch für Nichtmathematiker überraschend gut lesbar].
(146) Euklid: Die Elemente. Empfohlene Übersetzung von Clemens Thaer: Die Elemente von Euklid. Ostwalds Klassiker der exakten Wissenschaften Band 235. Nachdruck Thun 1997. Zugängliche Ausgabe für wichtige Teile des Originaltexts: I.Thomas (Hg.): Greek Mathematical Works. 2 Bände, gr. / engl. [Loeb Classical Library]. Band 1: Thales to Euclid. London 1939.
(147) Hofstadter, Douglas R.: Gödel, Escher, Bach: an Eternal Golden Braid. New York 1979. Dt. als: Gödel, Escher, Bach: ein endlos geflochtenes Band. Stuttgart 1991 (u.ö.).

(148) Nagel, Ernest / Newman, James R.: Goedel's Proof. New York 1958 u.ö. Dt. als: Der Gödelsche Beweis, 4. Auflage. München 1987.

(b) Jura

(149) Haft, Fritjof: Strafrecht Allgemeiner Teil. 8. Auflage. München 1998.
(150) Digesta Justiniani Augusti. Hg. von Paul Krüger und Theodor Mommsen. Berlin 1868/1870, 2 Bände.

(c) andere erwähnte Werke

(151) Aubrey, Thomas: Brief Lives. Hg. von Richard Barber. Woodbridge 2004 [viele Versionen auch im Internet].
(152) Jorge Luis Borges, Das Eine und die Vielen. Essays zur Literatur. München 1966.
(153) Feldmann, Rötger [Künstlername: Brösel]: WERNER: Bescheid. Flensburg 1997.
(154) Goethe, Johann Wolfgang: Faust: der Tragödie erster und zweiter Teil; Urfaust. Hg. und kommentiert von Erich Trunz. München 2002 (u.ö.).
(155) Marley, Bob: Redemption Song [1980]. Veröffentlicht z.B. als Track 11 von „Legend", erschienen bei Island Records 1984.
(156) Public Enemy: 911 is a joke. Track 3 von: Fear of a black planet. Columbia (Sony) 1990.
(157) Puccini, Giacomo: Turandot. Partitur: Mailand 1925 u.ö.

X) Relevante Nachschlagewerke

(158) Craig, Edward (Hg.): The Routledge Encyclopedia of Philosophy. London 1998.
(159) Edwards, Paul (Hg.): The Encyclopedia of Philosophy. New York 1967ff.
(160) Flew, Antony: A Dictionary of Philosophy. London 1979 u.ö. [elementar geschrieben, günstig und für den Einstieg zu empfehlen – freilich recht orthodox-analytisch]
(161) Gabbay, Dov / Guenthner, F. (Hg.): Handbook of Philosophical Logic. Kluwer 1983ff [das umfangreichste Überblickswerk zur Logik überhaupt; sehr technisch. Erschienen sind bisher vier von 18 geplanten Bänden. Für Modal- und besonders Zeitlogik einschlägig ist Band 2, für nichtklassische Logiken Band 3].
(162) The Stanford Encyclopedia of Philosophy. Hg. vom Metaphysics Research Lab Center for the Study of Language and Information der Stanford University. Im Internet unter: http://plato.stanford.edu.

XI) Zeitschriften und Internet

a) Zeitschriften

Die führenden Fachzeitschriften für Logik sind naturgemäß stark spezialisiert und für den Anfänger noch nicht wirklich lesbar. Ist ein Artikel in einer der folgenden Zeitschriften erschienen, so kann man davon ausgehen, dass er zur Erscheinungszeit von wissenschaftlichem Interesse war, genau begutachtet wurde und sich unter vielen Einsendungen durchsetzen konnte: Journal of Mathematical Logic, The Journal of Symbolic Logic, Journal of philosophical Logic, Studia Logica, Journal of Logic and Computation, Notre Dame Journal of Formal Logic.

Stärker philosophisch ausgerichtet, aber in analytischer Tradition oft mit Anwendungen formallogischer Methoden gefüllt und traditionell von besonderem Ansehen sind die folgenden Zeitschriften: Erkenntnis, Synthese, Analysis, Mind.

Eine sehr begrüßenswerte Brücke zwischen formallogischen Methoden und philosophischen und philosophiehistorischen Anwendungen schlägt das von Albert Newen und Uwe Meixner herausgegebene Jahrbuch „Philosophiegeschichte und logische Analyse".

b) Internet

Bei der Beschäftigung mit Logik ist das Internet vermutlich noch nützlicher als im übrigen Bereich der Geisteswissenschaften. Denn auch hochqualifizierte Logiker tendieren dazu, viel ins Netz zu stellen: neue Ergebnisse ebenso wie Unterrichtsmaterial. Die Umstellung der Fachzeitschriften auf E-Publikationen ist in vollem Gange.

Die präzise Fachterminologie der Logik kommt einer Stichwortsuche mit der Suchmaschine sehr entgegen (man gebe zum Test einmal das Stichwort „Fuzzy Logic" bei Google ein). Für speziellere Fragen ist denn auch die Suchmaschine der richtige Einstieg. Die Seriosität der Ergebnisse muss man, wie immer, mit gesundem Menschenverstand einschätzen.

Eine *sehr* beeindruckende Linkseite ist die folgende englischsprachige Adresse aus Dänemark: http://www.philog.ruc.dk/philinks.html. Hier finden sich nicht nur Links zu allen bedeutenden Fachzeitschriften, sondern auch viele Links zu automatischen Theorem-Testern und interaktiven Übungsseiten. Das Internet bietet hier vielfätige Trainingsmöglichkeiten für den Anfänger.

E-Texte klassischer Philosophen findet man ebenfalls über die Suchmaschine. Die Menge wächst ständig. Zum Zitieren ist die Textgrundlage natürlich anhand einer wissenschaftlichen Ausgabe zu überprüfen.

Dankenswerterweise finden sich mehrere Klassiker Freges unter http://www.gavagai.de.

In der Qualität einem ausgezeichneten gedruckten Nachschlagewerk gleichrangig, freilich noch im Wachsen begriffen, ist die elektronische Stanford Encyclopedia of Philosophy (162). Artikel sollten grundsätzlich unter Nennung der (in der Regel namhaften) Autoren zitiert werden.

Sachregister

Personenregister